주목받지 못한 존재

19세기 영국 노동계급여성의 삶과 재현

주목받지 못한 존재

19세기 영국 노동계급여성의 삶과 재현

정미경 著

한국학술정보㈜

책 머리에

　영국의 19세기는 정치·경제·사상의 측면에서 영국의 지각을 뒤흔들어 놓은 격동의 시대였다. 영국 사회가 직면한 급격한 변화는 농업 중심의 경제에서 산업자본주의로 경제구조가 변화됨에 따라 새롭게 등장한 고용주와 노동자의 관계를 통해서 살펴볼 수 있다. 금전관계에 기초한 새로운 노사의 계약관계는 노동자들로 하여금 중류층에 대항해서 자신들의 계급적 이해를 증진시키고자 하는 노동운동을 낳았으며 노동계급남성들은 이를 통해서 계급적 정체성을 확립해가고 있었다. 또한 당대 영국은 계급관계뿐만 아니라 성적 관계에 있어서도 혁명적인 움직임을 보임으로써, 이제까지 의문없이 받아들여졌던 가부장제를 거부하는 여성들의 목소리는 당대남성들의 성적 특권을 위협하기 시작하였다. 그러나 계급과 성에 관한 기존 권력관계를 타파하려는 이러한 당대 운동들 역시 또 다른 권력관계를 전제하였다는 점에서 한계를 가지고 있었다. 노동계급남성의 이해를 중심으로 했던 노동운동과 중·상층여성들의 특권적 위치를 옹호하였던 초기 페미니즘 운동은 "노동계급여성"의 존재를 배제하였다는 점에서 또 다른 권력관계를 낳았기 때문이다.

　이 책은 19세기 영국의 성적/계급적 이데올로기에 의해서 이중으로 억압받던 노동계급여성에 관한 것으로, 이들의 성적/계급적 위상에 대한 역사적 고찰과 문학, 특히 소설과 자서전에 나타나는 재현의 양상에 대해서 관심을 가지고 있다. 2, 3, 4장에서는 노동계급여성의 문제를 그들을 억압하는 범주의 하나인 계급의 차원에서, 그리고 5, 6장에서는 또 다른 범주인 성의 차원에서 살펴볼 것이다. 2장에서는 노동계급여성의 삶을 구체적으로 조명해 보기 이전에 '보편적 여성'에 대한 자유주의페미니즘의 주장과 더불어 '여성들'이라는 개념을 제시할 것이며, 산업화 이후 여성노동자들의 위상변화를 점검할 것이다. 또한 노동계급여성들을 중·상층여성과 차별화 시키는 다양한 요소들 즉, 교육, 결혼, 재산법, 임금노동 등을 통해서 역사와 문학적 재현 속에 나타난 여성노동자들의 현실에 주목할 것이다. 특히, 여성노동자들을 중·상층여성과 비교하여 부정적인 속성을 가진 것으로 규정하고 있는 이분법적 계급코드를 통해서 여성들 간의 차별을 구소화하고 있는 빅토리아조의 계급이데올로기에 대한 근본적인 접근을 시도할 것이다.

3장에서는 두 계급의 여성들의 관계를 통해서 노동계급여성들의 또 다른 계급적 현실에 접근할 것이다. 당대 페미니스트들에 의해서 '자매애'로 연결되었다고 믿어졌던 두 계급의 여성들의 관계가 현실과 소설 혹은 여성노동자들의 자서전 속에서 어떻게 묘사되고 있는지를 통해서 이들 여성들 간에 존재하는 계급적 벽의 본질과 한계를 살펴볼 것이다. 또한, 개인주의의 대두와 경제구조의 혁명이 노동계급으로 하여금 새로운 고용관계에 눈뜨게 만들었다는 일반적인 논의가 노동계급여성에게도 그대로 적용될 수 있었는지를 '하녀'라는 '시대착오적인' 여성 직업을 통해서 설명함으로써, 남성노동자들과도 차별화될 수밖에 없었던 여성노동자들의 특수한 경험에 주목할 것이다.

4장에서는 노동계급여성의 계급이동의 문제를 "가정이데올로기"가 이들에게 미친 영향의 측면에서 그리고 남성노동자들의 계급이동과의 비교를 통해서 살펴보겠다. 우선, 가정이라는 사적영역을 여성에게 할당하고 한가한 숙녀의 삶을 이상화시킨 가정이데올로기가 욕망과 갈등으로 점철된 노동계급여성들의 삶과 어떤 관련성을 가지고 있는지를 규명해 볼 것이다. 또한, 자조(self-help)를 바탕으로 계급이동을 약속한 노동계급남성들의 "성공의 복음"과 달리 "결혼"이라는 계급상승의 사다리를 통해서 성공신화를 이루고자 한 노동계급여성의 욕망을 추적해보고, 성공을 이룬 여성노동자들의 상향 이동 후의 모습을 통해서 노동계급여성에게 있어서 계급상승과 계급동질화에 영향을 미치는 요인들에 대한 계급적/문화적 접근을 시도할 것이다.

5장에서는 노동운동과 노동이론 속에 나타난 여성노동자의 위치를 통해서 평등추구 운동의 사각지대 속에 놓여있는 노동계급여성의 위상을 살펴보고, 노동시장에서의 여성노동자들의 착취와 저임금노동이 부르주아남성, 노동계급남성과의 밀접한 상호관련에 의해서 이루어지고 있는 노동계급의 역사를 조명할 것이다. 노동시장에서 톱니바퀴처럼 맞물려있는 이들의 삼각관계는 결국 성과 계급이라는 이중적인 차원에서 타자가 될 수밖에 없었던 노동계급여성의 소외의 역사를 입체적으로 규명해 주는 열쇠가 될 것이다. 부르주아에 의한 여성노동력 착취 그리고 남성노동자에 의해 주도되는 노동시장에서의 여성노동 배제 운동의 배후에서 부르주아남성이 이용하고 노동계급남성이 전유한 가정이데올로기가 어떤 역할을 했는지는 흥미로운 이슈가 될 것이다.

6장에서는 『메리 바튼』과 『시빌』이라는 19세기 소설을 통해서 이제까지 논의된 노동계급여성에 관한 이슈들을 문학적 재현 속에서 보다 자세하게 살펴보았다. 『메리 바튼』의 경우, 이 소설을 남성노동자의 남성성을 주장하는 텍스트로 읽은 한 비평가의 독법을 소개하고 이러한 독법이 가지고 있는 전제와 한계를 노동계급의 역사를 통해서 설명함으로써, 성적타자로서의 여성노동자의 목소리 회복이라는 새로운 관점에서 작품을 읽어갈 것이다. 『시빌』의 경우 역시, 남성노동자의 대의를 주장하는 소설 속에서 여성노동자의 존재가 소외될 뿐만 아니라 왜곡되어 나타나고 있다는 점을 지적함으로써 여성노동자의 존재와 목소리에 대해 침묵하는 당대 사회와 문학의 편견을 지적할 것이다.

노동계급여성이라는 존재를 찾기 위해서 필자는 19세기라는 긴 터널 속에서 당대의 정치, 경제, 역사, 철학, 문학을 더듬어 나가면서 파편화된 이들 존재의 부분들을 하나하나 맞추어 나가는 퍼즐게임을 하였다. 이 긴 여정에서 이들의 참혹한 현실과 마주치는 것보다 더 필자를 힘들게 했던 것은 이늘이 ㄱ 어디에서도 주목받지 못하고 있었다는 냉혹한 사실이었다.

그렇기 때문에 이들의 영혼과 육체가 온전히 담긴 실제의 모습을 그대로 담기 위한 이 여행은 때로는 좌절과 회의를 가져다 줄 때도 있었다. 어쩌면 '현대' 그리고 '한국'이라는 배경을 살아가고 있는 필자가 100여 년 전의 영국이라는 낯선 경험을 하느라 수년을 보냈다는 사실은 영문학을 전공하는 사람들만이 누릴 수 있는 사치로 보일지도 모르겠다. 그러나 이러한 경험을 통해서 필자는 지난 100여 년의 세월이 노동시장의 여성에게 가져다 준 놀라운 변화와 더불어 여전히 해결되지 않은 문제가 남아있는 현실을 직시할 수 있었다. 불과 30여 년 전 여성들이 척박한 노동현장에서 겪은 쓰라린 경험은 100여 년 전 영국 여성노동자들의 경험과 다르지 않으며, 일의 세계에서 편견과 장애의 벽을 넘어서는 문제는 현대의 여성들에게조차 수월한 일이 아님을 발견하기는 그리 어렵지 않다. 이런 점에서 이 책이, 현대와 미래의 여성들이 일의 세계에서 자신의 존재와 가치를 느낄 수 있고 '주목받는 존재'가 될 수 있는 작은 밑거름이 되었으면 하는 것이 필자의 바램이다. 마지막으로, 이 책은 많은 분들의 도움이 없었다면 불가능했다는 점을 언급하고 싶다. 암흑과 같은 분야를 헤쳐 나가도록 당신의 책장에서 한 권 한 권을 꺼내 조언해 주셨던 Patrick Brantlinger 교수님, 안경 너머로 필자의 이야기를 들어주시며 적절한 논평을 해주셨던 Susan Gubar 교수님, 빈곤한 자료로 허덕이던 필자에게 너무나 훌륭한 환경을 제공해 주신 인디애나대학교의 Stephen Watt 학장님, 그리고 긴 글을 꼼꼼하게 읽고 문제점들을 지적해 주신 이 석구 교수님께 감사의 마음을 전한다. 책을 쓰는 과정을 호기심 어린 눈으로 지켜보던 사랑하는 혜빈, 정빈 그리고 '일'의 세계에서 평생을 보내신 나의 어머니에게 이 책을 바친다.

차 례

표 목차

그림 목차

제1장 서 론

19세기 영국은 정치적 · 경제적 · 사회적 측면에서 겪은 다양하고도 급진적인 변화로 인해서 영국역사에서 주목받아왔다. 19세기에 서구문명의 중심지로서 세계 최강대국의 입지를 차지하고 있었던 영국은 "1780-1832년 사이에 토지가 권력의 주요수단이었던 귀족적 상업자본주의 사회로부터 다수의 영향력 있는 부르주아를 중심으로 하는 산업자본주의사회로 전환되어 가는 과정"[1]에 있었다. 영국은 이제까지 소수 귀족에 의해서 유지된 정치체제를 국민의 대표에 의해서 결정되는 의회체제로 전환하게 되었으며, 이에 동반하여 나타난 선거권의 확대로 민주주의와 개인주의의 이데올로기가 점차 확대되고 있었다. 이미 18세기에 증기기관과 기계의 도입으로 세계에서 처음으로 산업혁명을 이룬 영국은 농업에 의존하여왔던 경제구조가 급격하게 전환되어가고 있었다. 영국은 1890년까지 세계의 $\frac{1}{4}$을 식민지로 차지한 강력한 제국주의 국가로서 전 세계를 자국의 상품시장으로 만들고 이로부터 자본을 축적하였다. 산업화를 통한 새로운 경제체제의 도입은 '노동계급'과 자본을 소유한 '중류계급'을 형성하였으며, 특히 중류층의 부상은 영국의 정

---

1) Catherine Hall, "The Early Formation of Victorian Domestic Ideology," *Fit Work for Women,* ed. Sandra Burman (New York: St. Martin's Press, 1979), pp. 18-19.

치적·경제적 권력 구도의 변화를 가져오고 중류층의 이데올로기를 낳았다는 점에서 주목할 만하다. 그러나 정치·경제·사회적인 면에서 나타나는 영국 사회의 급격한 변화는 순기능과 더불어 이에 부수되는 다양한 문제들을 안고 있었다. 19세기 영국의 지각을 흔들어 놓은 변화들은 영국인들로 하여금 새로운 삶에 부수된 심각한 사회 문제를 경험하게 하였으며 이에 관해서 근본적인 질문을 던지게 만들었다.

영국이 자랑하던 진보와 발전은 그 부산물로 국내외의 문제들을 야기시켰다. 영국은 치열했던 제국주의 국가들 사이의 경쟁에서 거둔 승리에도 불구하고 식민지 내에서의 반란을 진압하여야 했고 "함대의 폭동, 프랑스의 공격, 아일랜드 반란에 대한 공포"[2]를 겪는 등 국외 문제에 골치를 앓았다. 뿐만 아니라 국내에서도 영국은 경제체제의 변화로 인한 문제점들에 직면하게 되었다. 산업자본주의 사회에 있어서 고용주와 노동자의 관계가 지주와 농노라는 개인 사이의 관계를 벗어나서 집단 대 집단의 관계로 변화되면서 영국이 겪게 된 문제는 바로 계급 간의 갈등과 충돌이라는 문제였다. 이것은 하인과 주인이라는 중세의 주종관계가 자본주의사회에서는 현금관계에 바탕을 둔 계급 간의 관계로 변화됨에 따라서 겪게 된 영국역사의 주목할 만한 사건이었다. 산업자본주의에서 발생하게 된 자본가와 노동자의 이해관계는 영국인으로 하여금 이전과는 다른 새로운 지배종속의 문제에 직면하게 만들었다.

> 맑스에 따르면, 부르주아 세계관의 환상들 중의 하나인 개인적이고 자기 만족적인 원자적인 인간의 모델조차도 여전히 인간이 개인적 종속으로부터 해방되는 것을 표현하고자 하였다. 이 해방이 제한되고 형식적이라 할지라도, 그것은 최종적이고 현실적인 해방의 궁극적 전개를 위해 필요한 전제로 남는다. 헤겔은 개인적-구체적

---

2) *Ibid*, p. 20.

종속(personal-concrete dependence)으로부터 보편성에 대한 일반
적 종속(general dependence upon the idea of universality)으로 진
행하는 것을 임의성으로부터의 궁극적 해방이자 자유의 궁극적 표
현으로 간주한다. 맑스는 이러한 공식을 받아들이지는 않지만, 종속
의 형태가 개인적인 반면에 숨겨진 잠재성이 나타날 중요한 단계를
그 안에서 발견한다. 그래서 추상적인 현금 관계(cash nexus)는 인
간종속의 마지막 형태가 된다. 개인적 종속의 소멸은 종속의 패턴
을 보편적으로 만들었다. 맑스에 따르면, 이러한 인간관계의 탈개인
화 양상은 그 [관계]의 합리성에 또한 기여한다. 자본주의 사회에
서 종속관계는 익명이고 일반적이며 추상적이다. 더 이상 농노A가
기사B에 의존하지 않지만, 한 집단은 한 계급으로서 다른 집단에
의존하게 된다. 그리하여 이것은 다른 계급을 형성하게 된다. 따라
서 계급관계의 중요성은 본질적으로 현대에 부각된다.[3]

헤겔이 임의성으로부터 해방된 자본주의의 인간관계에서 인간의 궁
극적 해방의 가능성을 보았던 반면에, 맑스는 이러한 헤겔의 믿음에 공
감하지 않았다. 자본주의의 탈개인화된 인간관계는 인간관계를 보다 합
리적으로 만드는데 공헌할 수 있는 반면, 이윤의 극대화라는 냉혹한 자
본주의 논리는 노동자들의 착취를 초래한다고 맑스는 보았다. 이러한
맑스의 예상과 진단은 바로 영국 사회가 직면한 계급문제를 말해주는
것이었다. 영국의 산업화와 토지 개혁과 같은 근대화 과정은 자영농민
(yeomen)들을 농업노동자로 전락시키거나 많은 농촌인구를 도시로 이
주시켰다. 영국은 이에 따라서 도시빈민의 문제, 도시슬럼가와 공해의
문제 등 산업화 초기의 전형적인 문제들을 안게 되었다. 대도시의 인구
집중현상과 공장지역노동자들의 삶은 의회와 정부의 각종 보고서뿐만
아니라 사회비평서와 신문, 정기간행물 등을 통해서 끊임없이 기록되었

---

3) Shlomo Avineri, *The Social and Political Thought of Karl Marx*
   (London: Cambridge UP, 1971), p. 164.

다. 이것들은 대부분 비위생적인 생활환경, 빈곤과 질병, 불리한 고용조건과 작업환경에서 고통받는 노동자들의 참담한 현실을 고발하였다.[4] 노동자들의 삶의 질은 이들을 고용한 자본가와의 이해와 직접적으로 관련되었다고 볼 때, 산업화 시대의 빈민들의 문제는 결국 계급 갈등의 차원에서 본격적으로 논의될 수밖에 없었다. 따라서 계급문제는 급격하고 규제없는 산업화의 부산물로서 많은 사회비평가들의 관심사가 되었으며 사회의 주요한 이슈로 등장하게 되었다.

카알라일은 『차티즘』(Chartism)(1839)에서, 프랑스 혁명은 여전히 완성되지 않았으며, "우리의 프랑스 혁명"을 영국에서 벌어지고 있는 계급투쟁에서 발견할 수 있다고 말하였다. 그는, 1789년 프랑스혁명 이래 프랑스가 노동계급 논쟁에 휩싸였듯이 영국에서도 노동계급에 관한 논쟁은 1831년 이래 영국사회의 "불길한 문제"가 되었으며, 그것에 관해서 무언가 말해지고 행해져야 할 시대적 요청이 있다고 언급한다. 스코틀

---

4) 노동자들의 현실에 관해서는 다음의 자료들을 참고할 것. Dr. Southwood Smith의 「런던 열 병원(the London Fever Hospital)에 관한 연례보고서」(1843); Peter Gaskell의 『영국의 생산인구』(*The Manufacturing Population of England*)(1833); 「어린이 고용위원회의 보고서」(Children's Employment Commission's Report)(1841, 1843)로 인용되는 「광산과 생산지역에서 어린이와 젊은이들의 고용에 관한 위원회의 조사보고서」("Report of Commission of Inquiry into the Employment of Children and Young Persons in Mines and Manufactories"); E. Chadwick의 「노동인구의 위생상태에 대한 보고서」("Report on the Sanitary Condition of the Labouring Population")(1842); Dr. Bisset Hawkins의 「공장조사위원회 보고서」("Report of the Factories Enquiry Commission")(1833); J. C. Symons의 『국내외의 예술과 장인들』(*Arts and Artisans at Home and Abroad*)(1839); 도시인구집중에 관한 모든 것을 비판한 Sir Archibald Alison의 『인구론』(*Principles of Population*)(1840); Richard Parkinson의 『맨체스트 빈민노동자의 현 상태에 대해서』(*On the Present Condition of the Labouring Poor in Manchester*)(1841); 의회청문회(Parliamentary Enquiry)보고서; 의회 문서(*Parliamentary Papers*)

랜드의 노동계급 출신이기도 한 카알라일은 노동계급의 불만족은 그들을 사납고 난폭하게 만들었으며, 그들의 "정신착란적 차티즘(delirious Chartism)은 이유가 없지는 않다"[5]고 노동계급이 주도한 차티즘을 옹호하였다. 그는 노동자들이 고용주와 우호적이고 상호 협조적인 결속에 의해서 맺어졌는지 혹은 적대와 반감 그리고 상호적 필요성에 의해서만 관련되었는지에 대해서 의문을 제기하고, 이런 상황에서 인간이 어떤 만족을 얻을 수 있을 지에 대해서 회의적인 태도를 보였다. 카알라일은, 영국 노동자들의 조건은 아일랜드 빈민과 거의 가까울 정도로 악화되었으며 노동자들은 풍요와 기아를 넘나듦으로써 "어둡고 억제하기 힘든 불만족"(black mutinous discontent)과 "비참한 감정"만을 가지게 되었다고 지적하고 이에 대한 책임을 중상층 고용주들에게 물었다.

그러나 카알라일은 노동계급의 인간적 권리를 옹호했음에도 불구하고, 그의 민주주의에 대한 생각에서 드러나듯이[6], 노동계급이라는 '대중'과 거리를 유지하였다. 그는 당시 노동계급으로부터 심한 반발을 샀던 1834년의 "신빈민법"(The New Poor Law)을 "게으르고 방탕한 사람들로부터 검약한 노동자들을 보호"[7]하는 수단이라고 보았으며, 노동계급은 그들보다 우월한 계급에 의해서 지배와 통제를 받아야 된다고 주장하였다. 카알라일에게 있어서 19세기 사회의 문제점은, 고용주의 이기심에 의해서 생존을 위협받는 노동계급의 삶뿐만 아니라 그들의 열악한 삶이 그들로 하여금 상류계급에 대한 존경과 믿음을 감소시키

---

5) Thomas Carlyle, *Chartism* (London: Chapman and Hall, 1858), p. 4.
6) 카알라일은 근본적으로 다수에 의한 정치체제인 민주주의에 대해서 회의적이었으며 민주주의가 그 본성상 자기소멸적(self-cancelling)이며 결국 무익하다고 보았다. *Ibid*, p. 33. 민주주의에 대한 카알라일의 이와 같은 견해는 시간이 흐를수록 더욱 강화되어서, "Latter-Day Pamphlets"(1850)와 "Shooting Niagara"와 같은 후기 작품에서 그는 민주주의 운동의 위험성을 강조하였다.
7) *Ibid*, p. 14.

고 반항과 보복심을 가지게 한다는 사실에 있었다. 그는 바스티유감옥을 부수는 난폭한 대중을 "문제있는 민족"[8]이라고 지적하고 대중들의 반란을 사탄의 반란에 비유하여 비난하였으며, 권위에 대한 복종이야말로 인간의 주요한 의무라고 규정하였다.

반면에 맑스와 엥겔스에게 있어서 계급의 문제는 노동자들의 권익에 초점을 맞추어 접근되었다. 영국 맨체스터에서 20개월 동안 노동자들의 삶을 관찰한 엥겔스는, 당대의 영국은 서로 다른 이해관계를 가진 노동자와 부르주아라는 두 종류의 이질적 민족이 살고 있는 "다른 두 나라"가 되었다고 진단하였다.

> 이런 상황에서 노동계급이 영국 부르주아와는 다른 민족이 될 것이라는 점은 놀라운 사실이 아니다. 중류계급은 그들과 가깝게 살고 있는 프롤레타리아트들보다는 세계의 다른 나라와 더 공통점을 가지고 있다. 노동자들은 언어, 사고, 개념, 관습, 도덕, 정치, 종교에 있어서 부르주아들과는 다르다. 그들은, 마치 그들이 민족에 의해서 구분되는 것처럼, 아주 다른 두 개의 국가를 형성한다. 대륙의 우리들은 두 나라 중 한 나라, 즉 영국 부르주아들만을 만났다. 그러나 영국의 미래에 보다 중요한 것은 인구의 다른 부분인 프롤레타리아트이다.[9]

엥겔스는 노동자들의 참상에 대해서는 카알라일과 인식을 같이하였지만, 계급문제의 초점을 노동자들의 위험한 반항에 두기보다는 부르주아들의 비도덕성에 두었다는 점에서 그와는 입장을 달리하였다. 엥겔스는, 지배계급의 대표자로서 공동체에 대해서 책임을 가지고 있는 부르주아들이 사회적 의무를 저버리고 자신들만의 이익을 위해서 노동자들을 착

---

8) *Ibid*, p. 56.
9) Frederick Engels, *The Condition of the Working-Class in England* (Stanford: Stanford UP, 1968), p. 139.

취한다는 점을 비판하였다. 그는 상류층에 대한 노동자들의 "야만적인 분노"를 비난한 카알라일과는 달리 이러한 분노야말로 노동자가 자신들이 비인간적으로 억압되었다는 것을 인식하고 중류층에 의해 강요된 노예상태로부터 스스로를 해방시킬 것임을 증명하는 증후라고 보았다.[10]

19세기 영국에서 제기되었던 지배·종속관계에 대한 근본적인 의문은 단지 계급의 문제에만 한정된 것은 아니었다. 산업화 과정에서 노동자들이 비인간화·물화되는 현실과 더불어, 인구의 반을 차지하는 여성의 종속에 대한 문제의식은 영국사회를 서서히 달구어 갔다. 여성들은 성에 의해서 부여된 자신들의 열등한 위치에 대해서 처음으로 저항의 목소리를 내기 시작하였다. 여성 문제가 기록된 역사 이래 존재해 왔다는 사실을 고려한다면 이러한 성의 이슈제기는 늦은 감이 있었다. 18세기말 이래 사회·경제·정치적 삶의 빠른 변화와 맞물려서 여성의 역할에 관한 문제는 공적 토론에서 빈번한 논쟁거리를 제공하였다. 논객들은 변화하는 사회조건과 여성에 대한 전통적인 기대를 조화시키려 하거나 혹은 새로운 사회경제적 상황에 여성의 역할을 적응시키기 위한 혁신적 제안을 하기도 하였다.[11]

역사적으로 살펴볼 때, 프랑스혁명은 영국 노동계급으로 하여금 자신들의 인권을 주장하도록 영향을 미쳤을 뿐만 아니라[12] 프랑스혁명에

---

10) *Ibid*, pp. 132-133.
11) S. Barbara Kanner, "The Women of England in a Century of Social Change, 1815-1914," *Suffer and Be Still*, ed. Martha Vicinus (Bloomington: Indiana UP, 1972), p. 178.
12) 셸리 부인(Lady Shelley)은 그녀의 일기에서, "프랑스혁명의 첫 충격 이후에 노동계급의 자각은 상류층을 떨게 만들었다. 모든 사람들은 그의 집을 정돈할 필요를 느꼈다."라고 적고 있다. Hall, p. 18. 프랑스혁명은 노동계급의 의식뿐만 아니라 유산자들을 뭉치게 하였다는 점에서 영국의 계급관계에 지대한 영향을 미쳤다.

서 주장된 남성의 권리를 여성에게 확대하도록 여성들을 자극하였다는 점에서 페미니즘의 역사에서도 중요한 의미를 갖는다. 울스톤크래프트 (Mary Wollstonecraft)는 『여권 옹호』(*A Vindication of the Rights of Women*)(1792)에서 이성, 개인적 독립, 개인의 자유라는 부르주아 혁명의 요구를 여성문제에 적용하였다. 그녀는 "남편의 신성권(divine right)은 왕의 신성권처럼 계몽의 시대에 도전받을 수 있다"고 보았으며, 로크와 루소의 합리적이고 자발적인 남성의 비전을 여성에게 확대하여서, "이성의 법칙에 기초한 시민권이 계급특권을 없애듯이 그것은 남성에 의한 여성종속을 없앤다"[13]라고 주장하였다. 울스톤크래프트는 종속적이고 복종적이며 시대에 뒤진 여성상을, 자발적이고 독립적인 합리적 자아의 여성상으로 대체시키고자 하였다.

울스톤크래프트로부터 본격적으로 논의되기 시작한 여성, 가족, 성 차별적 노동분리에 대한 논쟁은 18세기 말부터 사회조직에 관한 담론에서 중심이 되었다. 그러나 성의 평등에 관한 페미니스트의 믿음은 당시에는 혁명적인 사고였으며, 특히 1780년대부터 영국문화의 전반적 개혁을 주장하였던 복음주의자들로부터 강한 반대에 직면하였다. 여성의 위치를 가정의 영역 안에 재정의하는 것은 새로운 도덕을 창조하고 일상적인 삶을 재구성하려는 복음주의자들의 중요한 작업이었기 때문이다.[14] 일상적인 삶을 변화시키고자 한 복음주의자의 시도는 죄의 보편성과 그것에 대한 계속적인 투쟁의 필요성에 대한 믿음에 기초하였으며, 이러한 투쟁의 기본적인 영역은 바로 가정이었다. 복음주의자들은, 남녀는 동등하지 않으며 성은 본질적으로 다른 것이라고 주장함으로써 성의 문

---

13) Zillah R. Eisenstein, *The Radical Future of Liberal Feminism* (New York & London: Longman, 1981), p. 91.
14) Hall, p. 21.

제에 대해서 울스톤크래프트와는 기본적으로 다른 입장에서 출발하였
다. 복음주의자인 해나 모어(Hannah More)는 울스톤크래프트의 『여권
옹호』에 경악하였으며, 남녀가 분리된 영역을 차지한다는 점을 분명히
하였다. 모어는 어떤 자질과 기질을 특별히 "여성적"인 것으로 정의하
였으며, 문화적 차이라고 여겨지는 것들도 자연적인 것으로 간주하였다.
모어는, 여성은 본질적으로 섬세하고 연약하고 도덕적으로 약하며 이러
한 이유로 여성에게는 보다 많은 조심, 은거(retirement), 자제(reserve)
가 요구된다고 본 반면에, 남성은 인간 삶의 위대한 극장에서 보다 공적
인 모습을 보이도록 형성되었다고 주장하였다. 이러한 19세기의 "가정
이데올로기"(Domestic Ideology)15)에 의해서, 남성은 웅대함, 위엄, 힘
을 가진 반면에 여성은 편안함, 단순함, 순수함을 가진다고 여겨졌다.16)

19세기에 들어와서도 여성문제에 대한 논의는 계속되었으며, 1790년
대의 보수적 성 관념을 재정의하고 확대하려는 글들이 범람하였다.17)
여성문제는 19세기에 걸쳐 신문, 잡지와 같은 정기간행물, 사회비평서
와 문학 등에서 당대의 주요한 이슈로 빈번히 다루어졌으며, 가부장적

---

15) 가정이데올로기에 대해서는 이 책 pp. 161-169를 참고할 것.
16) *Ibid,* p. 25.
17) 당대의 여성문제에 관한 논의로는 다음의 논문을 참고할 것. "Women and
the Social System," *Fraser's Magazine* 21 (1840), pp. 689-702; "The
Female Character," *Fraser's Magazine* 7 (1833), pp. 591-601; "The
Changing Status of Women," *The Westminster Review* 128 (1887), pp.
818-828; "The Emancipation of Women," *The Westminster Review* 128
(1887), pp. 165-173; "The Subjection of Women," *The Westminster
Review* 93 (1870), pp. 63-89; "The Capacities of Women," *The
Westminster Review* 84 (1865), pp. 352-380; "The Capabilities and
Disabilities of Women," *The Westminster Review* 67 (1857), pp. 23-40;
S. Barbara Kanner, "The Women of England in a Century of Social
Change, 1815-1914," *Suffer and Be Still,* ed. Martha Vicinus
(Bloomington: Indiana UP, 1972), pp. 173-206.

인 사회 내에서 여성의 권리에 대한 주장은 위기감을 불러일으켰다. 에이턴(W. E. Aytonn)은 「여성의 권리」("The Rights of Woman")에서 여성들의 권익을 위해서 분투하는 숙녀들에게 여성의 공적영역 진입의 부적절함을 설명하고, 여성들은 가정의 의무에 만족하여야 하며 남녀의 영역분리 원칙을 거슬러서는 안 된다고 주장하였다.

> 신의 의지아 명령에 의해서 여성은 남성의 협력자로 의도되었다는 것에 이의를 제기할 수 없다는 것을 우리는 알고 있다. 어떤 예외가 사회의 인위적 형태에서 나올 수 있든지 간에, 그것은 기본적인 명제로 받아들여져야 한다. 여성에게 합당한 운명은 결혼하여 아이를 낳고 가사를 돌보고 남편의 조력자가 되는 것이다. 그것은 또한 기독교와 문명의 원칙이다. 그리고 의심할 바 없이 인간의 최고의 행복은 그러한 협정에서 발견된다. 남편은 가족부양자이며 그의 의무는 가족생계의 수단을 찾는 것이다. 매우 가난한 계급을 제외하고는 아내의 역할은 가정에 관한 것이며 또 그래야만 한다. 극도의 가난은 부부 모두가 일하도록 만들 수 있다. 그러나 그런 경우에서조차 일은 여성에게는 가장 적게 부담된다. 가족을 부양하기 위해서 최선을 다해야 하는 남편의 의무는 도덕적·법적인 명령이다.[18]

그러나 에이턴의 주장은 본질론적 견해를 바탕으로 전개되고 불합리하고 비이성적인 논조로 제기되었다는 점에서 문제점을 찾아볼 수 있다. 가령 여성이 변호사가 되는 것이 부적절한 이유로 그가 제시하는 것은, 적어도 기혼 여성변호사와 그녀의 남편 사이에는 비밀이 없으므로 의뢰인의 비밀을 여성변호사가 지킬 수 없다는 점, 의뢰인과 단 둘이 밀담을 하여야 한다는 것은 아내의 정조에 대한 남편의 의구심을 불러일으킨다는 점, 임신한 여성변호사가 출산으로 인해 재판에 참석하

---

18) W. E. Aytonn, "The Rights of Woman," *Blackwood's Magazine* 92 (1862), p. 190.

지 못하는 경우가 있다는 점이다.[19]

　여성 종속의 장구한 역사를 고려할 때 자신들의 목소리를 내기 시작한 여성들에 대한 남성들의 이와 같은 반작용은 당연한 것이기도 하다. 그러나 여성에 대한 보수적인 관념이 여전히 강했음에도 불구하고 여성의 문제는 오랜 시간을 걸쳐서 논의되는 과정에서 점차 19세기 영국인들에게 익숙해져갔다. 성의 문제는 시사만화(cartoon)에서도 종종 다루어짐으로써 여성문제에 대한 당대의 관심이 점차 보편화되어가고 있음을 입증하였다(그림 1 참조). 시사만화에서 과장되게 표현된 '남성적인 여성'의 모습은 독자들의 웃음을 자아냈지만 그 밑에는 관습을 거부하는 여성에 대한 남성들의 저항감과 여성들의 목소리가 들리기 시작하는데 대한 남성들의 불안감을 담고 있었다.

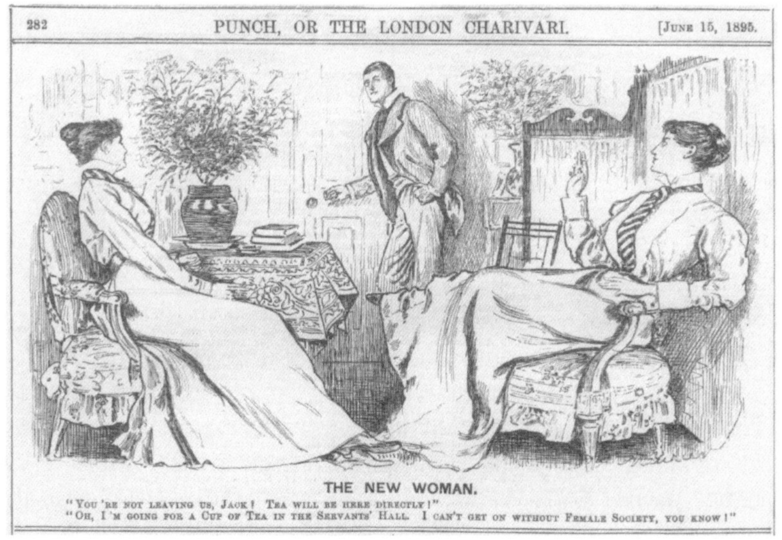

┃그림 1┃ 신여성[20]

---

19) *Ibid.* pp. 193-194.
20) Stanley Appelbaum and Richard Kell, eds., *Great Drawings and Illustrations from Punch 1841-1901* (New York: Dover Publications, 1981), p. 74.

　19세기 후반에 있었던 밀(John Stuart Mill)과 러스킨(John Ruskin)[21]의 여성문제에 관한 논쟁은 바로 18세기 말부터 싹트기 시작한 여성문제에 관한 논의를 집약적으로 보여주고 있다는 점에서 의미가 있다. 밀은 『여성의 종속』(*The Subjection of Women*)(1869)에서 여성의 실제적 위치에 대한 역사적 고찰뿐만 아니라 여성의 법적인 종속, 열악한 교육, 질식할 것 같은 아내의 윤리 등 빅토리아조의 제반 문제에 대한 공격을 시도하였다. 그러나, 울스톤크래프트가 『메리, 소설 그리고 여성학대』(*Mary, A Fiction and The Wrongs of Woman*) (1787), 『딸 교육에 관한 생각들』(*Thoughts on the Education of Daughters*)(1787), 『여권 옹호』(1792)와 같은 일련의 책들을 통해서 여성의 권리에 관한 문제를 제기한 지 반세기가 넘었지만, 밀의 논의는 그를 미친 사람 아니면 부도덕한 사람으로 간주하게 할 정도로 여전히 과격한 반응을 일으켰다.[22] 밀이 『여성의 종속』을 저술한 것이, 러스킨의 「여왕의 정원에 관해서」(1864)가 출판되기 3년 전인 1861년이었음에도 불구하고, 그가 이 책의 출판시기를 8년이나 미룰 수밖에 없었다는 사실은, 19세기 중반 이후가 지나서도 페미니즘의 토양이 성숙하기는 아직도 시기상조였음을 단적으로 증명해 준다.

---

21) 러스킨은 성차에 기초한 영역분리 원칙을 "자연"(Nature)이라고 선언함으로써 여성의 역할과 기질에 대한 전통적인 성적 전형에 집착하였으며, 「여왕의 정원에 관해서」("Of Queen's Gardens")에서 이러한 영역분리의 원칙을 여성의 권리를 주장하는 페미니스트들을 제압하는 기제로 사용하였다. Kate Millett, "The Debate over Women: Ruskin vs. Mill," *Suffer and Be Still: Women in the Victorian Age*, ed. Martha Vicinus (Bloomington: Indiana UP, 1972), p. 123.

22) *Ibid*, p. 124. 밀의 이 책에 대한 반응은 다음 논문을 참고할 것. M. Oliphant, "Mill on the Subjection of Women," *Edinburgh Review* 130 (1869), pp. 291-307; Anon. "The Subjection of Women," *The Westminster Review* 93 (1870), pp. 63-89; Michael S. John Packe, *The Life of John Stuart Mill* (New York: Capricorn Books, 1854), p. 495.

이처럼 19세기 영국사회의 지배·종속의 축을 형성한 계급과 성에 관한 지배이데올로기는 각각 노동계급문제와 여성문제를 초래하였지만 사실 이 두 가지 지배이데올로기가 복합적으로 작용할 때 발생하는 문제는 보다 심각한 것이었다. 당대의 노동계급여성의 문제는 바로 이러한 이중적 억압구조 속에서 쉽게 사회적으로 표면화되기 어렵다는 특성을 가지고 있었다. 이 책의 관심은 바로 19세기 영국사회에서 이중 종속체계에 갇힌 "노동계급여성의 삶과 재현"의 문제이다. 그러나 노동계급여성의 현실과 재현이라는 주제는, 당시 노동계급여성이 사회적인 관심의 사각지대에 있었을 뿐만 아니라 문학 속에서조차 익숙지 않은 소재였다는 점에서 접근하기가 쉽지 않다.

18세기에 들어와서 소설의 발생은 주로 상류층여성을 여주인공으로 등장시켰던 과거의 문학적 전통에서와 달리 하층계급여성도 주인공이 될 수 있다는 선례를 남김으로써 노동계급여성 문학에 있어서 획기적인 전기를 마련하였다. 리차드슨(Samuel Richardson)은 『파멜라』(*Pamela*)(1740)의 주인공을 하녀로 설정함으로써 사회의 하층계급여성을 문학의 소재로 끌어들였으며, 미덕을 통해서 주인과의 결혼이라는 보상을 받은 하녀의 이야기는 『샤멜라』(*Shamela*)라는 패러디를 낳는 등 당대 독자의 관심을 모았다.[23] 디포우(Daniel Defoe) 역시 『몰 플랜더스』(*Moll Flanders*)(1722), 『록사나』(*Roxana*)(1724)[24]에서 가난에 직면한 여성

---

23) 리차드슨의 첫 소설인 『파멜라』는 계급을 넘어선 결혼(interclass marriage)을 다루었다는 점에서 당시의 중·상류층 독자들을 분노케 하였으며, 필딩(Henry Fielding)의 패러디인 『샤멜라』는 이러한 부정적 반응 중의 대표적인 것이었다. Laura Fasick, "The Servant's body in Pamela and Lady Chatterley's Lover," *Vessels of Meaning: Women's Bodies, Gender Norms, and Class Bias from Richardson to Lawrence* (Illinois: Northern Illinois UP, 1997), p. 146.

24) 록사나는 15세에 아버지가 2000 파운느의 지참금을 주어서 그 지역의 유

의 파란만장한 삶의 역정을 흥미롭게 엮어내었다. 그러나 리차드슨이나 디포우의 소설에서 하층여성들의 삶은 그 일부분만이 조명되었을 뿐 당시 하층여성들의 계급적·성적 현실이 충분히 다루어지고 있지는 못하였다. 『파멜라』는 하녀가 상류층남성과의 관계에서 겪는 계급관계를 토대로 하고 있었지만 이것은 여성의 순결과 도덕성에 대한 관념에 압도되었으며, 『몰 플랜더스』나 『록사나』에서도 생계를 해결할 수단(직업)이 없는 가난한 여성이 생존하기 위해 분투하는 현실적인 측면은 성적으로 매력적인 비범한 여주인공의 모습에 가려서 주목되지 않았다. 18세기 소설 속의 하층계급여성들에 관한 묘사는 대체로 그 이전의 문학에서 보아왔던 하층계급여성에 관한 피상적인 인식을 벗어나지 못했다.

반면 울스톤크래프트의 『메리, 소설 그리고 여성학대』에서 하층계급여성은 피상적인 묘사를 벗어나서 허구적 인물이 아닌 현실을 살아가는 여성으로 다루어졌다는 점에서 주목된다. 이 소설에서 제마이머(Jemima)는, 하녀로 일하던 어머니가 동료하인에게 겁탈 당해서 생긴 사생아로, 생계를 해결할 길이 없어서 매춘과 도둑질까지 하게 된 자신의 과거를 회상한다. 그녀는, 일을 하고자 하는 사람들은 일자리를 찾을 수 있다는 책에서 읽은 이야기는 여성들에게는 해당되지 않는다는 것을 자신의 경험을 통해 주장한다. 그녀는, 여성은 천한 육체노동을 할 수 있을 뿐인데 그나마 자신같이 불행이나 어리석음으로 인해서 평판이 좋지 못한 하층여성들에게는 이런 일을 얻는 것조차 힘든 일이라고 한탄한다. 생계가 막막했던 제마이머는 아침부터 저녁 8시까지 빨래하는 일을 얻고 나서 무척 행복해 한다. 그러나 이 일은 하루에 18-20펜스를 받는 저임금에다 고된 일이며, 만일 남성이라면 능력과 근면의

명한 양조업자에게 결혼시켰는데, 남편의 파산과 실종으로 궁핍한 처지가 되었다는 점에서 하층계급으로 전락한 중류층 여성이라고 볼 수 있다.

측면에서 그녀에게 못 미치더라도 괜찮은 생계를 꾸릴 수 있었을 것이라는 현실에 또 다시 좌절한다.25)

이 소설의 여주인공 마리아가 만난 하숙집 여주인들의 남편들은 돈을 벌지 않으면서도 아내가 노동하여 번 돈을 빼앗고 아내를 구타하는 폭군으로 나타난다. 마리아는 이 소설에서 유일한 중류층 여성인데 그녀 역시 난봉꾼 남편으로 인해 고통을 당하고 여성으로 태어난 자신의 운명뿐만 아니라 자신이 딸을 낳은 것마저 슬퍼한다. 그러나 마리아는 비록 가부장제의 희생자라는 점에서는 노동계급여성들과 공통 분모를 가지고는 있지만 중류층 여성이라는 점으로 인해서 노동계급여성과는 다른 문제를 안고 있다. 마리아는 숙부로부터 받은 상당한 유산으로 인해서 경제적·사회적 지위를 가지고 있다는 점에서, 그녀의 문제는 생계문제가 급선무인 노동계급여성의 문제와는 차별화 된다. 비록 울스톤크래프트는 이 소설에서 과거의 문학에서와 달리 구체적인 노동계급여성의 목소리에 귀기울였지만, 이 소설은 여주인공을 중류층 여성으로 설정함으로써 여전히 노동계급여성의 문제를 중심 이슈로 다루고 있지 않다는 한계를 가지고 있다.

19세기에 들어서서 산업소설의 등장은 과거보다 많은 하층여성들을 소설 속에서 만날 수 있는 기회를 제공하였다. 그러나 엄격한 의미에서 볼 때, 19세기 소설 속에서조차 노동계급여성들에게 초점을 맞춘 소설을 찾아보기란 쉽지 않다. 이것이 바로 19세기 소설 속에서 노동계급여성의 이슈를 다루고자 할 때 처하게 되는 첫 번째 난관이다. "노동계급여성의 사회적 불가시성과 침묵은 빈센트(David Vincent)가 편집한 1790-1850년 사이의 노동자 142명의 자서전 중에서 여성노동자의 수는 단지 6명에 불과했다는 점에서 증명된다"26)는 잉햄(Patricia Ingham)

---

25) Mary Wollstonecraft, *Mary, A Fiction and The Wrongs of Woman* (London: Oxford UP, 1976), pp. 114 115.

의 지적은 노동계급여성의 재현의 문제가 안고 있는 근본적인 문제점을 말해주고 있다. 여성노동자의 재현은 남성노동자의 경우와 비교할 때 차이를 보여준다. 남성노동자들은 자신들의 문제를 자서전을 비롯해서 노동조합이나 차티스트운동을 통해 주장함으로써 노동계급의 문제를 사회적 이슈로 제기하였다. 고용주에 대한 노동자의 저항은 19세기 영국사회를 불안하게 만들었으며 당대의 시사잡지인 『펀치』(*Punch*)의 주요한 기사가 될 정도로 정치·경제에서 중요한 이슈가 되었다. 이러한 사회적 분위기가 문학에 반영됨으로써 남성노동자들의 문제는 19세기 영국의 산업소설에서 가시화될 수 있었던 반면, 자신들의 이야기를 말할 수 없었던 노동계급여성들의 문제는 이들이 등장인물로서 나올 수밖에 없는 산업소설 속에서조차 주변화될 수밖에 없었다.

노동계급여성의 재현의 문제에 있어서 주체의 문제는 최근의 페미니즘 이론에서도 중요하게 다루어져왔다. 스피박은, 서구의 제3세계담론이 피식민 하위계급을 대변하기보다는 피억압자의 주체(subject)를 구성하고 자신들을 보편주체(Subject)로 자리매김한다고 봄으로써 서구 지식인들이 억압받는 이들을 대변할 수 있는지에 의문을 제기한다. 지식인들이 하위계급여성을 대표(Vertretung)할 수는 있지만 이들을 표상(Darstellung)할 수는 없다고 본 스피박은 하위계급이 여성착취의 텍스트를 알 수 없으며 그것에 대해서 말할 수 없으므로 역사적으로 침묵당한 하위계급의 이야기를 듣거나 대변(speak for)하려고 하기보다는 이들에게 말 걸기(speak to)를 배워야 한다고 주장한다.27) 그러나 하층계급

---

26) Patricia Ingham, *Language of Gender and Class* (London & New York: Routledge, 1996), p. 23.
27) Gayatri C. Spivak, "Can the Subaltern Speak?," *Marxism and the Interpretation of Culture*, ed. Cary Nelson and Lawrence Grossberg (London: Macmillan, 1988), p. 275, p. 295.

여성에게 말을 거는 사람의 이데올로기가 결국 하층계급여성의 재현을 주도한다고 볼 때 스피박의 "말 걸기" 전략 역시 하층여성의 목소리를 내는 데 얼마나 유효할 지는 여전히 문제로 남는다.

버지니아 울프 역시 노동계급여성의 재현에 나타나는 주체의 문제와 재현의 어려움을 다음과 같이 설명한다. 울프는 노동계급여성들의 자서전, 『우리가 알고 있는 삶』(*Life As We Have Known It*)의 서문을 써달라는 요청을 받고 "책은 자신의 발로 서야한다"라고 말하며 자신이 이 일을 맡는 것이 부적절하다고 대답하였다. 그러나 어쨌든 그녀는 그 서문을 썼으며 그 글은, 어떤 의미에서는, 왜 이것이 부적절한지에 대한 해명의 성격을 띤다. 우선 그녀는 자신이 1913년 뉴캐슬(New Castle)에서 열린 '여성노동자들의 협동길드'(The Women's Co-operative Guild) 집회에 초대받아서 느꼈던 것들을 매우 솔직하게 고백한다. 울프는 여성노동자들이 요구한 모든 개혁들이 그 순간 허용되었다 하더라도 그녀의 "안락한 자본주의적 머리"의 머리카락 한 올도 감동시키지 못했을 것이라고 말한다.

> 따라서 나의 관심은 단지 이타적인 것이다. 그것은 피상적인 것이다. 그것에는 활력의 근원(life blood)이나 긴박함이 없다. 내가 얼마나 세게 박수를 치거나 발을 굴렀든지 간에 나를 드러내는 소리에는 공허함이 있다. 나는 호의적인 관객이다. 나는 배우들과는 돌이킬 수 없게 분리되어 있다. 나는 그들과는 다른 부류로서, 그곳에 앉아서 위선적으로 손뼉치고 발을 굴렀다.[28]

자신이 속하지 않은 계급의 문제에 공감할 수 없다는 고백을 통해서

---

28) Virginia Woolf, "Introductory Letter to Margaret Llewelyn Davies," *Life as We Have Known It*, ed. Margaret Llewelyn Davies (New York: Norton, 1975), p. xix.

울프는 중류층여성이 노동계급여성의 문제를 공유할 수 없다는 점을 명백히 한다. 그녀는 욕조와 돈을 원하는 노동계급여성에 대해서 자신이 아무리 공감을 보인다 하더라도 이것들을 소유한 자신의 공감은 대부분 "허구적인 공감"이며 "미적 공감"일 뿐이라고 말한다. 자신은 중류층의 한계에 갇혀서 연미복을 입고 실크스타킹을 신고 마담이라고 호칭되며 노동계급여성과는 허물어질 수 없는 "장벽"을 유지할 수밖에 없음을 그녀는 인정한다. 따라서 울프는 노동계급여성의 문제에 대해서 절대적으로 노동계급여성이 주체가 되어야 한다는 것을 강조한다.

> 길드의 여성들을 바라보면 훌륭하다. 이브닝 드레스를 입은 귀부인들은 훨씬 사랑스러울 수 있지만 그들은 이 여성노동자가 가지고 있는 당당함을 결여하고 있다. 그리고 여성노동자들의 표현 영역은 보다 협소할 수는 있지만 그들의 짧은 표현들은 비극적이거나 해학적인 힘과 강조점을 가지고 있다. 그러나 귀부인들의 얼굴은 이를 결여한다.[29]

울프는 노동계급여성들이 목소리를 낼 때 자신들이 가진 것을 최대한 발휘할 일이지 숙녀들의 부와 편안함에서 비롯된 허식이나 얕은 지식을 모방하는 것은 오히려 역효과가 난다고 주의를 준다. 이 집회의 여성들이 숙녀가 결여한 자극적이며 설명할 수 없는 무언가를 가졌다는 점, 그리고 길드의 여성들이 쓴 이 자서전은 상징이 아니라 개인으로 그들을 느끼게 한다는 점을 울프는 높이 평가하였다.

울프는 노동계급여성의 문제는 중류층여성과 결코 공유될 수 없으며 중류층여성을 통해서 대변될 수 없음을 강조함으로써 노동계급여성이 재현의 주체가 되어야 한다고 강조한다. 그러나 울프는 노동계급여성들이 가지고 있는 능력을 고려할 때, 이들이 자신들의 문제를 제대로 재

---

29) *Ibid*, p. xxvi.

현할 수 있을지에 대해서 의문을 표시하는 것을 또한 잊지 않았다. 그
녀의 다른 에세이에서와 마찬가지로, 울프는 현란한 수사법으로써 '노
동계급여성이 주체로서 스스로를 재현하는 것'의 중요성을 강조하면서
도 동시에 이것의 현실적 불가능성을 정확하게 짚어내었다. "노동계급
여성의 정신은 불만을 더듬거리며 말하고 그들의 상상력은 깨어있다.
그러나 그들은 어떻게 자신들의 이상을 실현할 수 있을까? 어떻게 자
신들의 요구를 표현할 수 있을까? 이것은 돈과 어느 정도의 교육을 받
은 중류층여성들에게도 어려운 일이다."[30] 울프는 파편적이고 문법에
맞지 않고 조잡한 여성노동자들의 글이 혼란을 일으킬 수 있다는 점을
언급함으로써 하층여성들이 "재현의 주체"가 될 때 처하게 되는 문제
점을 제기한다.

울프가 지적한 19세기 노동계급여성의 재현 주체와 재현 능력의 문
제는, 당대 노동계급여성의 재현 문제를 다루는데 있어서의 실제적인
문제점을 매우 정확하게 설명해 주고 있다. 이런 점에서 자신들의 이야
기를 쓸 수 있는 능력을 가진 가정교사들[31]은 노동계급여성의 재현의

---

30) *Ibid*, pp. xxxiv-xxxv.
31) 가정교사의 계급적 위치는 경계선상에 있다는 점으로 인해서 논란거리를
    제공하여왔다. 로스(Miss Ross)는 『가정교사: 또는 개인적 삶의 정치학』
    (1836)에서 세상은 "남성, 여성, 그리고 가정교사"(1)로 이루어졌다고 말
    함으로써 가정교사의 "타자성"을 강조하였다. 애플턴(Elizabeth Appleton)
    역시 『개인교육: 또는 젊은 숙녀들에 관한 연구에 있어서의 실제적인 계
    획』(1815)에서 가정교사의 지위는 "영국여성들 중에서 가장 특수한
    것"(26)임을 역설하였다. 가정교사는 출신상으로는 '숙녀'였으며 이에 합
    당한 교육을 받았지만 근본적으로 '몰락한 계급'(déclassée)이었다. 따라
    서 가정교사 스스로 생각하는 자신의 자존심이 사회적으로는 인정되지
    않는다는 점에서 가정교사의 딜레마는 비롯되었다. 비록 일부 고용주들
    은 자신들의 사교모임에 가정교사를 받아들였다는 실례들이 있지만 대부
    분의 고용주들은 가정교사를 하녀 취급하였다. Cecilia Wadsö Lecaros,
    The Victorian Governess Novel (Lund: Lund UP, 2001), pp. 239-240.

문제점을 극복할 수 있는 예외적인 집단이라고 볼 수 있다. 가정교사는 출신상으로는 중류층이지만 현실적으로 그들의 삶은 하층계급여성의 삶과 별다를 바가 없었다는 점에서 그들의 글은 노동계급여성의 계급적·성적 위상을 재현할 수 있다고 여겨졌다. 따라서 가정교사들은 자신들의 경험을 끊임없이 글로 재현함으로써 유일하게 스스로를 말할 수 있는 노동계급여성이 될 수 있었다. 가정교사출신 작가인 애니 제임슨(Anna Jameson)은 가정교사에 관한 에세이를 썼으며, 샬롯 브론테(Charlotte Brontë)는 가정교사로서 자신의 경험을 바탕으로 한 소설, 『제인 에어』(*Jane Eyre*), 『빌레트』(*Villette*) 등을 통해서 빅토리아조 시대 가정교사의 일상적 삶과 사회적 위치를 흥미롭게 그려내었다.

빅토리아조 시대에 증가된 여성노동자에 관한 책들은 대부분 가정교사에 많은 부분을 할애하였다. 당대 가정교사는 브론테 이외에도 윌리엄 새커리(William Thackeray), 제인 오스틴(Jane Austen), 조지 엘리엇(George Eliot) 등 많은 작가들의 작품에서 언급되었으며 빅토리아조 사람들은 가정교사를 중·상류층 가정에서 흔히 고용된 하인으로서 뿐만 아니라 소설의 여주인공으로서도 자주 접하게 되었다. 가정교사에 대한 이러한 관심은, 1851년에 약 2만 5천명의 가정교사가 있었던 반면

가정교사의 중간적 혹은 애매한 위치에도 불구하고, 가정교사를 실질적인 노동계급으로 간주할 수 있는 근거는 그들이 자신의 생계를 스스로 해결해야만 했으며, 아이를 가르치는 일 이외에도 하녀들이 하는 집안일까지 해야했다는 점을 들 수 있다. 가정교사는 숙녀라는 자신의 인식에도 불구하고, 주인과 아이들뿐만 아니라 하녀들로 부터도 숙녀로서의 대접을 받지 못했다는 점에서 실질적으로는 노동계급여성의 위치를 벗어날 수 없었다. (이에 관한 더 자세한 설명은 Gaskell의 *Life of Charlotte Brontë*와 Neff의 *Victorian Working Women*, pp. 151-185를 참고할 것) 따라서 이 책에서는 가정교사의 위치가 갖는 특수성에도 불구하고 가정교사의 사회적·경제적·계급적 위치를 노동계급여성으로 분류하여 논의할 것이다.

에 산업에 고용된 여성들은 논외로 하고서도 여성하녀의 수가 75만 명이었다는 사실을 고려할 때, 다소 과도한 것이라고 볼 수 있다.[32]

가정교사에 대한 관심은 빅토리아조 시대 사람들에게는 단순한 흥미 이상의 것으로 발전되었다. "가정교사의 문제"는 사회적 반향을 일으켰으며 가정교사는 종종 자선의 대상으로 여겨짐으로써 가정교사에 대한 공적인 관심이 다양한 기관의 설립으로 이어졌다. 런던에서는, 가정교사직을 알선해 주고 실직한 가정교사와 노년의 전직가정교사를 보살펴주는 '가정교사들을 위한 자선단체'(The Governesses' Benevolent Institution) (1841), 가정교사를 전문적으로 훈련시켜서 자격증을 주는 '퀸즈 칼리지'(Queen's College)(1847)가 세워짐으로써 가정교사의 처우와 삶에 대한 다양한 조처들이 취해졌다. 노동계급여성의 역사를 살펴볼 때, 가정교사에 대한 지나칠 정도의 많은 관심은 이들보다 더 열악한 환경에 처한 다른 하층여성들에 대한 관심을 상대적으로 약화시킬 수 있었다는 점에서는 바람직하게 보이지 않을 수도 있다. 그러나 스스로를 재현하는 능력을 가진 주체에 의한 표현이라는 점에서 가정교사소설은 노동계급여성 문학의 역사에서 중요한 의미를 가지고 있으며 재현의 문제, 특히 재현의 대상과 재현의 주체의 문제는 이들 가정교사문학에서 중요한 암시를 받을 수 있다.

그러나 가정교사소설을 통한 노동계급여성의 재현은, 비록 가정교사

---

32) *Census of Great Britain, 1851*, cited in J. A. Banks, *Prosperity and Parenthood: A Study of Family Planning Among the Victorian Middle Classes* (London: Routledge & Paul, 1965), p. 83; J. A. and Olive Banks, *Feminism and Family Planning in Victorian England* (New York: Schocken Books, 1964), p. 31; M. Jeanne Peterson, "The Victorian Governess: Status Incongruence in Family and Society," *Suffer and Be Still*, ed. Martha Vicinus (Bloomington: Indiana UP, 1972), p. 4에서 재인용.

소설이 가정교사 자신에 의해서 쓰여진 것이라 하더라도, 가정교사들의 계급적·성적 입장을 대변할 수 있을까라는 점에서 논의의 여지를 남긴다. 따라서 노동계급여성의 재현에서 접하게 되는 두 번째 난제는, 여성노동자가 스스로를 재현한다 하더라도, 일단 그 재현자가 사회적 지위를 가진 작가로서 '노동계급으로서의 자아'와 결별한 이상 지배계급의 이데올로기의 영향에서 벗어나기 쉽지 않을 것이라는 점에 있다. 이것은 노동계급 출신 작가에 의해서 씌어진 작품 속에 재현된 남성노동자의 문제가 노동계급남성을 대변할 수 있는가라는 문제와도 맥을 같이한다. 남성노동자들은 자신들에 관해서 표현하고 사회적인 이슈를 제기함으로써 자신들의 문제를 소설 속에 끌어들이는데 성공하였고, 여성노동자가 작가가 된 경우는 없는데 비해서, 일부 남성노동자들은 작가가 되기도 하였다.[33] 그러나 실질적으로 노동계급의 재현을 주도한 작가는 노동계급이라기보다는 중류층이거나 적어도 노동계급 출신의 중류층이었다. 이들 작가들에 의해서 쓰여진 노동계급을 옹호하는 소설들이, 표면적인 주장처럼, 절대적으로 노동계급의 편에 섰던 것은 아니라는 점[34]은 가정교사소설을 통해서 노동계급여성의 재현의 문제에 접근하는데 있어서도 중요한 실마리를 제공한다. 노동계급여성의 현실이 소설 속에서 침묵되거나 혹은 왜곡되어 나타나는 것은, 노동계급여

---

33) 네프에 의하면, 새무엘 뱀포드(Samuel Bamford), 토마스 쿠퍼(Thomas Cooper), 그리고 윌리엄 러베트(William Lovett)는 자신들의 투쟁을 기록한 공장노동자 출신의 작가였으며, 제랄드 매시(Gerald Massey)는 공장소년으로 시인이 되었지만 여성공장노동자들은 이러한 남성노동자에 필적할 만한 사람이 없다. Wanda Fraiken Neff, *Victorian Working Women: An Historical and Literary Study of Women in British Industries and Professions 1832-1850* (New York: Columbia UP, 1929), p. 86.

34) 가령 개스켈은 『메리 바튼』에서 노동자의 가난과 고통에 대해서 동정하고 자본가들이 기독교적인 사랑을 베풀 것을 촉구하지만, 고용주에게 투쟁하는 노동자들을 자본가가 만들어낸 괴물로 비유함으로써 노동자들에 대한 작가의 공감이 절대적인 것은 아님을 드러낸다.

성이 스스로를 표현할 수 없다는 점에 주로 기인하지만, 근본적으로는, 재현의 주체가 가진 "성적·계급적 지배이데올로기"에 의한 것이라고 볼 수 있겠다. 따라서 노동계급여성의 재현의 문제는 재현의 주체가 속한 계급과 성의 문제를 통해서도 접근할 수 있지만 보다 근본적으로는 재현 주체가 가진 지배이데올로기를 통해서 검토되어야 할 문제이다.

'보편적인 여성'이 갖는 문제는 대표성이 개별적인 여성의 상황을 가려버린다는 점에 있음을 고려할 때, 여성에 대한 논의는 "여성들"이라는 복수개념을 필요로 한다. 이러한 전제는 여성을 계급(class)과 인종(race)에 의해서 분류함으로써 각 계급과 인종의 여성 문제를 차별화시킬 것을 요구한다. 이 글의 주요 관심사는 바로 19세기 영국의 "여성들" 중의 한 집단인 "노동계급여성"에 관한 것으로서 성과 계급이 교차되는 한 지점에 있는 특수한 상황의 여성이다. 따라서 노동계급여성이 갖는 이중적인 맥락, 즉 성의 이데올로기뿐만 아니라 계급의 이데올로기의 측면에서 그들이 갖는 복합적인 억압의 구조를 밝히는 것이 이 책의 목적이다. 이 책은, 노동계급여성이 계급과 성이라는 이중적 억압에 의해서 침묵되었을 뿐만 아니라, 보편적 여성에 관심을 갖은 당대 페미니즘과 노동계급남성에 초점을 맞춘 노동운동이라는 당대의 운동들로부터도 역시 배제되었다는 이중적 소외의 역사에서 출발한다.

본문에서는 당대 노동계급여성이 경험하는 성적·계급적 현실에 대한 고찰을 바탕으로 빅토리아조시대의 노동계급여성의 재현의 문제를 계급과 성의 이데올로기와의 관계 속에서 분석하고자 한다. 2, 3, 4장에서는 노동계급여성의 문제를 그들을 억압하는 범주 중의 하나인 '계급'의 차원에서 밝혀보고자 한다. 2장은 당대의 자유주의페미니즘이 가진 계급적 편견을 살펴봄으로써, 중·상층여성으로 대표되는 보편적 여성에 대한 관심 속에서 침묵된 노동계급여성의 역사를 언급하는 것으로 시작하겠다. 또한 당대 노동계급여성의 삶을 중·상층여성의 삶과 비교하고 소설 속에서 이러한 대조적인 여성들의 계급적 현실이 재현되는 양상을 살펴보겠다. 3장에서는 두 계급의 여성들의 관계를 자유주의페미니스트들이 강조하는 "자매애" 뿐만 아니라 당대의 "개인주의"라는 흐름을 통해서 살펴볼 것이다. 4장에서는 숙녀를 꿈꾸는 노동계급여성들의 욕망과 가정이데올로기와의 관련성, 그리고 이들의 계급상승과 계급동질화 문제에 관한 계급적·문화적 배경을 조명할 것이다. 5장에서는 여성노동자들의 위상이 부르주아남성과 노동계급남성이 맺는 이해관계 속에서 어떻게 형성되었는지를 역사적으로 추적함으로써, 노동계급여성의 문제가 계급의 차원뿐만 아니라 성적인 차원에서 복잡하게 얽혀있는 역사적 현실을 조명해 보겠다. 이와 더불어 산업자본주의하에서 남성자본가로부터 착취당할 뿐만 아니라, 노동계급남성의 종속자로서의 역할을 강요당하게 된 노동계급여성의 현실이 문학 속에서 어떻게 재현되고 왜곡되어 나타나는지를 주목해 보겠다. 6장에서는 노동계급여성의 재현에 내재되어 있는 성적·계급적 문제를 『메리 바튼』과 『시빌』을 중심으로 자세히 언급해보고자 한다. 특히, 남성노동자들이 차티스트운동을 주도하면서 전유한 성이데올로기가 노동계급여성의 삶에 미친 영향을 통해서 노동계급 내의 불균등한 권력관계를 해부해 보겠다.

이 책에서 다루어질 작품으로는 제인 오스틴의 『맨스필드 파크』(*Mansfield Park*)(1814), 『엠마』(*Emma*)(1816), 해리엇 마티노(Harriet Martineau)의 『정치경제의 예증: 맨체스터 파업』(*Illustrations of Political Economy: A Manchester Strike*)(1832), 샬롯 엘리자베스 토나(Charlotte Elizabeth Tonna)의 『헬렌 플릿우드』(*Helen Fleetwood*)(1841), 『여성 학대』(*The Wrongs of Women*)(1843) Part 1 「모자제조사와 양재사」("Milliners and Dressmakers"), Part 2 「버려진 가정」("The Forsaken

Home"), 벤저민 디즈레일리(Benjamin Disraeli)의 『시빌』(*Sybil*)(1845), 샬롯 브론테(Charlotte Brontë)의 『제인 에어』(*Jane Eyre*)(1847), 엘리자베스 개스켈(Elizabeth Gaskell)의 『메리 바튼』(*Mary Barton*)(1848), 『크랜포드』(*Cranford*)(1853), 『루스』(*Ruth*)(1853), 윌리엄 새커리(William Thackeray)의 『허영의 시장』(*Vanity Fair*)(1848), 마가렛 하크니스(Margaret Harkness)의 『타락과 갱생: 도시 소녀』(*Degeneration and Regeneration: A City Girl*)(1887), 조지 기싱(George Gissing)의 『잉여 여성』(*The Odd Women*)(1893), 토마스 하디(Thomas Hardy)의 『무명의 쥬드』(*Jude the Obscure*)(1895) 등과 같은 19세기 전반에 걸친 소설들 그리고 19세기 영국 노동계급여성들의 자서전인 『우리가 알고 있는 삶』(*Life as We Have Known It*), 실제 하녀의 일기인 『빅토리아조 하녀, 해나 컬윅의 일기』(*The Diaries of Hannah Cullwick, Vitorian Maidservant*)이다.

제2장 노동계급여성과 보편적 여성

1. 자유주의페미니즘과 "여성들"

여성 종속에 관해서 흔히 거론되는 이슈 중의 하나는 여성종속이 언제부터 시작되었는지에 대한 것이다. 아이젠스타인(Zillah R. Eisenstein)은 여성종속의 배경을 "가부장제"(patriarchy)라는 용어에서 찾고 가부장제가 사용되는 방식을 통해서 여성종속의 역사에 관한 두 가지 견해를 소개한다. 가부장제에 관한 첫 번째 견해는 고대부터 봉건제까지 '부권'(father-right)으로서의 가부장제가 지속되었으며 부권법의 변화로 가부장제는 자유주의 사회에 의해서 대체되었다는 것이다. 두 번째 견해는 인간의 기록된 역사 이래 현재까지 하나의 '문화'로 가부장제를 바라보는 것으로서, 인류역사에 있어서 가부장제의 보편성을 강조한다. 아이젠스타인은 "자본주의로의 전환이 가부장제를 자유주의적 용어로 재정의"[1]하였을 뿐 가부장제를 소멸시키지는 않았다는 점을 강조함으로써 가부장제에 대한 첫 번째 견해를 반박하고 두 번째 견해를 지지한다.

그러나 가부장제를 역사이래의 제도로 봄으로써 여성종속을 인간의 보편적 역사로 간주하는 아이젠스타인의 주장은 여성의 종속이 인간사회가

---

1) Eisenstein, p. 19.

시작된 이래로 행해졌다는 오해를 낳을 수 있으며, 바로 이러한 점에서 엥겔스는 여성종속의 역사에 관해 이의를 제기한다. 그는, 역사이전 (prehistoric times)의 여성의 위치에 대한 연구를 통해서, "여성이 사회의 시작부터 남성의 노예였다는 것은 18세기 계몽주의 시대로부터 내려온 가장 불합리한 개념 중의 하나"[2]라고 주장한다. 엥겔스는 여성종속의 역사적 연속성은 인정하지만, 여성이 역사이전에는 남성보다 우월한 위치를 차지하였다는 새로운 사실을 밝힘으로써 불변적인 여성종속의 개념에 도전한다. 그는 "가족, 사유재산, 그리고 국가의 기원"(The Origin of the Family, Private Property, and the State)에서 인간이 지구상에서 존재한 이래 여성들이 가족과 사회에서 차지하는 위상의 변화를 추적한다. 그에 따르면, 집단혼이 나타나는 역사이전의 시대에는 여성이 우월한 위치를 차지하였는데, 이는 아이의 아버지를 확인할 수는 없지만 어머니는 알 수 있다는 생물학적 이유에 근거하는 것이다. 엥겔스는 역사이전의 결혼 양상에 대한 연구를 통해서 여성이 가정에서 자유로웠을 뿐만 아니라 존경받는 위치에 있었으며, 남성들과 함께 가정을 지배한 적이 있었다고 주장한다.

여성종속이 시작된 역사적 시기에 대한 견해 차이에도 불구하고 대부분의 학자들은 가부장제가 고대 그리스 시대 이래로 존재하여 왔다는 것을 인정한다는 점에서 일치된 견해를 보인다. 가부장제의 특징은 여성에게는 사적인 생활을, 남성에게는 공적인 생활을 부여하는 '성적 할당'(sexual assignment)에서 찾을 수 있다. 고대 아테네에서 여성은 결혼과 동시에 가사와 가족을 돌보기 위해서 공적 생활을 금지 당하였다. 당시에 성에 의한 영역분리는 매우 엄격하여 심지어 올림픽경기장

---

2) Friedrich Engels, "The Origin of the Family, Private Property, and the State," *The Marx-Engels Reader*, ed. Robert C. Tucker (New York: Norton, 1978), p. 735.

과 같은 곳도 공적인 장소라는 이유로 여성의 출입이 금지되었고 이를 어길 시에는 사형에 처해졌다.3) 중세의 봉건제도하에서 가족은 '노동과 가정의 통합'에 의해서 정의되지만 여전히 남녀의 정치적 구별에 의해서 구성되었다. 따라서 여성은 비록 봉건사회의 가정에서 노동과정의 중요부분을 담당하고 있었지만 남성과 동등하게 간주되지는 않았다.

근대에 들어와서 여성종속의 양상은 보다 체계화되었다. 여성종속 역사의 연속성을 강조하는 아이젠스타인 역시 근대가 여성억압의 역사에서 절정이었다는 점을 강조한다는 점에서 맑시스트들과 의견을 같이한다. 근대에 들어와서, "부르주아 사회와 그것의 자유주의 이론과 함께, 평등주의, 독립적 자아, 그리고 개인적 성취는, 가부장적이고 귀족적인 위계의 가치, 불평등과 귀속(ascription)을 대체하였지만,"4) 여성은 여전히 남편의 조력자로 정의되었다. 근대의 여성은 시장에서 배제되었기 때문에 부르주아의 개인주의 개념으로부터도 사실상 배제되었으며, 가족관계에서도 여전히 종속적인 위치를 차지하였다. 가부장제는 자유주의이데올로기 속에서도 변함없이 유지되었으며, 정부는 공적·사적 삶을 묘사하는 이데올로기를 구성하고 조정함으로써 가부장제의 기초를 신비화시켰다.

보편적인 여성종속의 근거는 천성적으로 남성이 여성보다 지적·도덕적·육체적으로 우월하다는 본질론적 전제였다. 여성에 대한 이러한 본질론적인 인식은 자본주의 시대 이전부터 존재하였던 것으로, 밀레트(Kate Millett)는 여성에 대한 이러한 인식이 서구사회의 두 개의 대표적 신화인 '판도라의 상자에 관한 고전신화'와 '인간타락에 대한 성서의 신화'에서 비롯된 것이라고 설명한다. 헤시오드(Hesiod)에 의하면, 판도

---

3) Eisenstein, p. 67.
4) *Ibid*, p. 26.

라는 성욕으로 인해서 황금시대에 종말을 가져온 저주스런 여성종족의 조상이며, "남자를 멸망"시키기 위해서 제우신 신이 보낸 유혹자로 규정된다.5) 창세기 역시 여성의 타락에 의해서 이 세상에 죄가 생겨났음을 선언하였으며, 이것은 헤브라이즘을 바탕으로 한 서구 기독교 사회에서 의심 없이 수용되어왔다. 여성을 성녀와 창녀라는 이중적 시각에서 바라보는 기독교 신학에서는 여성의 잠재적 음탕함을 근거로 여성이 남성에게 종속되는 것을 징당화시켰다. 여성성이 육체와 동일시된다면, 육체가 자연의 올바른 질서 속에서 정신에 종속되어야만 하듯이, 여성은 남성에 종속되어야만 한다는 것이다.6) 페미니스트의 공격대상이 되고 있는 루소의 여성관도 역시 이와 같은 서구신화에 기초한다. 루소는 여성을 공포의 대상으로 보는데 여성에 대한 그의 공포는 여성을 성욕과 동일시하는데서 비롯되며 이는 곧 "여성과 성욕과 죄악을 연결"7)시키는 서구사회의 편견과 일치한다.

이처럼 시공을 초월하여 사회에서 하나의 "성적계급"(sexual class)을 형성하게 된 여성들에게 '가부장제는 공통의 적이며 여성들은 성의 평등이라는 공동 목표를 가지고 있다'는 점에 페미니스트들은 동의한다. 따라서 여성들이 어떤 계급에 속해 있든지 간에, 거의 전 생애(결혼 전에는 아버지, 그 이후에는 남편)를 통해서 경제적·육체적·정신

---

5) Kate Millett, *Sexual Politics* (New York: Doubleday & Company, 1970), p. 51.
6) Rosemary Ruether, "Misogynism and Virginal Feminism in the Fathers of the Church," *Religion and Sexism: Images of Women in the Jewish and Christian Tradition*, ed. R. Ruether (New York: Simon & Schuster, 1974), p. 158. Leonore Davidoff, "Class and Gender in Victorian England: The Diaries of Arthur J. Munby and Hannah Cullwick," *Feminist Studies* 5. 1 (1979), p. 91에서 재인용.
7) Millett, *Sexual Politics*, p. 54.

적으로 남성들에게 종속되어왔다는 현실에 주목한 초기 페미니즘은 여성들의 공동체 의식을 강조하였다. 여성이 공동 운명을 가지고 있다는 것은, 상대적으로 보다 많은 특권을 가짐으로써 노동계급여성의 선망의 대상이었던 중·상층여성도 남편에 의한 아내 구타[8])로부터 예외가 될 수 없었다는 점에서도 증명되었다. 남편으로부터 학대당하는 여성은 18세기 울스톤크래프트의 소설 『메리, 소설 그리고 여성학대』 속의 하층계급여성들에게서 뿐만 아니라 19세기 소설 『허영의 시장』의 중류층여성 크롤리 부인(Mrs. Crawley)에게서도 발견된다는 점에서 보편적 여성이란 초기 페미니즘의 주요 이슈였다.

그러나 여성의 공통체적 운명에 대한 강조는 여성 내의 다양하고 이질적인 구성을 망각하게 만들고 특정 계급의 여성 문제를 전체 여성의 문제로 보편화시킨다는 점에서 위험성을 가지고 있다. 19세기 중반에 본격적으로 등장한 페미니즘[9])은 여성들 내에 존재하는 상이한 계급적 현실에 주목하지 않았다. 여성의 억압이 부르주아 사회에서 여성의 '참정권이 허용되지 않은 위치'를 주로 반영한다고 본 자유주의페미니스트

---

8) 네프는, 주로 노동계급여성의 문제로 인식되는 아내구타가 중·상층에서도 자행되고 있다고 지적하고 중상층 아내구타자의 예로서 새커리의 『허영의 시장』의 피트 크롤리 경(Sir Pitt Crawley), 『뉴컴 집안사람들』(The Newcomes)의 반스 뉴컴(Barnes Newcome)을 들었다. Neff, p. 208. 아내를 구타하는 남성들의 계급에 관해서는 Anna Clark, *The Struggle for the Breeches: Gender and Making of the British Working Class* (Berkeley and Los Angeles: California UP, 1995), p. 77을 참조할 것.

9) 18세기의 시대적 상황은 페미니즘의 태동을 준비하는 단계로서의 의미는 있지만 페미니즘운동이 시작되기에는 시기상조였다. 영국에서 실질적인 의미에서 페미니즘운동이 시작된 시기는 1850년대라고 볼 수 있으며, 이것은 구체적으로는 1850년대 이후 전개된 여성의 권익에 관한 일련의 법 개정과정을 통해서 살펴볼 수 있다. Mary Lyndon Shanley, *Feminism, Marriage, and the Law in Victorian England, 1850-1895* (Princeton: Princeton UP, 1989), pp. 3-16.

들은 '여성의 집단적 존재'(woman's collective existence)라는 의식에 집착하였고 여성 억압문제를 계급내의 차별화된 구조에 대한 논의로까지는 발전시키지 못했다.

자유주의페미니즘에 대해서 논의된 중요한 이슈 중의 하나는 바로 보편적 여성을 대표하는 중류층여성의 정체성과 그들이 자유주의페미니즘의 발전에서 행한 역할이었다. 페미니스트들은 종종 자유주의페미니즘이 중류층여성의 운동이었으며 이 운동이 중류층여성의 경제적 특권을 반영하였다는 점을 지적한다. 이에 대해서 아이젠스타인은, 자유주의페미니즘이 노동계급여성들을 종종 배제하고 중류층 여성의 권익에 기여했다는 것은 인정하지만 동시에 이 진술에서 많은 것이 혼동되었다고 주장한다. 그녀는 비록 중류층여성들이 특권을 가졌고 현재도 가지고 있다는 것은 인정하지만, 페미니즘이 중류층의 특권적 위치에서 발전된 것은 아니었다고 본다. 그 근거로서 아이젠스타인은, "중류층여성에 대한 관심은, 산업 자본주의가 가족을 기반으로 하는 가정경제를 붕괴시키는 바람에, '여성들'이 경제적으로 생산적인 역할을 상실하게 되었다는 사실에서 나왔다"는 점을 언급한다. 또한 그녀는 과거에 한가함과 경제적 의존으로 특징지워졌던 중류층여성들의 발전이 페미니즘을 낳았다[10]는 점을 강조한다. 그러나 여성들의 생산적 위치가 손상되었다는 인식에서 유래되었다는 페미니즘이 어떻게 '여성들'의 이익을 성취하였는지, 또 여성들의 보편적 이익이란 실제로 가능한지에 대해서 설명하지 않고 있다는 점에서, 아이젠스타인은 자유주의페미니즘이 계급적 편견을 가지고 있다는 혐의를 지울 수 없었다.

자유주의페미니스트들은 자신들이 보편적 여성의 문제에 관심을 가졌다고 주장하였지만 이들이 말하는 보편적인 여성이란 실제로는 이들

---

10) Eisenstein, p. 9.

이 속한 중·상층의 여성을 의미하였다. 이러한 초기 페미니즘의 경향으로 인해서 노동계급여성의 문제는 당대 페미니스트의 관심으로부터 배제되거나 이들에 의해서 대변되어질 수밖에 없었던 것이 현실이었다. 사실, 자유주의페미니즘의 계급적 성향은 자유주의페미니스트들의 이데올로기적 배경을 볼 때 놀라운 일이 아니다. 자유주의페미니즘을 대표하는 밀과 해리엇 테일러(Harriet Taylor)는, 개인의 잠재적 가능성을 중류층남성과 중류층 엘리트여성을 통해서 발견하였던 "자유주의적 개인주의"(liberal individualism) 이데올로기의 영향을 받았다. 계급차별에 기반한 자유주의페미니즘의 특성은 1866년에 계급적 차별을 토대로 여성참정권을 의회에 청원한 밀의 주장에서도 나타난다.

> 어떤 조건하에서나 어떤 제한 내에서 남성들은 참정권을 부여받았는데 **같은 조건하에 있는 여성**들에게 [이것을] 허용하지 않는 것은 정당화 될 수 없다. 여성의 이익에 어떤 식으로든 관련된 일만 아니라면, 어떤 계급의 여성 다수는 같은 계급의 남성다수와 정치적 견해에 있어서 다른 것 같지 않다.[11] (필자강조)

밀의 논의는 참정권의 확장을 이미 참정권을 부여받은 계급의 피부양여성으로 제한한다는 점에서 자유주의적 개인주의가 기반하는 계급차별적 전제를 단적으로 보여준다. 맥킨논(Catharine A. MacKinnon)이 주장하듯이, 밀의 이러한 주장은 "개인의 자유와 만인의 평등 사이에 긴장을 낳는 개념으로, 자유주의페미니즘에 퍼져있으며, 페미니즘이 소수특권층을 위한 것이라는 비판을 성립시킨다."[12] 밀은 남성과 여성

---

11) John Stuart Mill, "The Subjection of Women," *Essays on Sex Equality*, ed. Alice S. Rossi (Chicago: Chicago UP, 1970), pp. 184-185.
12) Catharine A. MacKinnon, "Feminism, Marxism, Method, and the State: An Agenda for Theory," *Feminist Theory: A Critique of Ideology*, eds. Nannerl O. Keohane et al (Chicago: Chicago UP, 1982), p. 5. 밀은 만인

사이에 지적·도덕적 차이점이 없다는 것을 주장하고 의회에서 여성법 개정을 위해 노력함으로써 당대에 보기 드문 남성페미니스트로 인식되었지만 그의 견해 역시 한계를 가지고 있었다. 밀은, 비록 영국역사에서 여왕이 통치한 경우는 매우 적지만 이 적은 수의 여왕 중에서 다수가 통치에 능숙하였다는 점을 언급한 바 있다. 그러나 밀은 이 여왕들이 "공상적이고 관습적인"13) 일반 여성과는 대조되는 장점-활력과 확고부동함-을 가진 여성이라는 점을 강조한다는 점에서, 그가 말하는 '남성과 대등하거나 남성을 넘어서는 여성'은 예외적인 여성일 수밖에 없었다.

밀에게서 발견되는 계급차별적 자유주의페미니즘의 특성은 테일러에게서도 찾아볼 수 있다. 그녀는 여성이 완전히 해방되기 위해서는 집 밖에서 일해야 된다는 것을 주장한다는 점에서 가정을 여성의 최상의 영역이라고 본 밀보다 진보적이었다. 그러나 그녀는 단지 "상대적으로 불리한 여건에 있는 여성들을 여러 명 고용할 수 있을 정도로 부를 소유한 중·상층 여성들만이 직업과 결혼을 성공적으로 결합할 수 있다"14)고 전제함으로써 여성해방에 있어서 계급적 한계가 존재한다는 점을 인정하였다. 테일러는 울스톤크래프트와 마찬가지로 모든 여성들을 위해서 글을 썼다기보다는 직접 가사노동을 담당하지 않아도 될 경제적 여유가 있는 특정계급의 기혼여성을 염두에 두고 글을 썼다는 점에서 자유주의페미니즘의 계급적 한계를 답습하였다.

의 평등을 신봉하면서도 "대중의 무지, 이기심, 야만성"을 위험시 함으로써, 민주주의의 평등개념과 일정한 거리를 유지한다. Eisenstein, p. 117. 밀의 자유주의페미니즘이 계급적인 측면에서 기득권층을 위한 것이라고 비판받는 이유는 이처럼 만인의 평등보다는 탁월한 개인의 자유와 능력을 중시하는 그의 정치적 성향에서 비롯된 것이라고 볼 수 있다.

13) Mill, pp. 186-187.

14) Rosemarie Tong, *Feminist Thought: A Comprehensive Introduction* (Boulder & San Francisco: Westview Press, 1989), p. 19.

당대의 페미니즘이 중·상층여성의 이익을 추구하였다는 점은 맑시스트들에 의해서도 역시 지적되고 있는 부분이다. 맑시스트인 룩상부르그(Rosa Luxemburg)는 남성특권자들에게 암사자같이 투쟁하는 부르주아여성들의 대다수가 단지 자신들이 참정권을 획득한다면 매우 유순한 양처럼 될 것이라고 봄으로써 이들 여성들이 자기 계급의 이익에만 관심이 있음을 비난한다. 특히 그녀는 직업을 가진 소수를 제외한 대부분의 부르주아여성들이 사회적 생산에 참여하지 않으면서 자기 계급의 남성이 프롤레타리아로부터 착취한 잉여생산을 공동으로 소비한다는 점에서 이 여성들은 "사회라는 몸 안의 기생충에 기생하는 기생충"(parasites of the parasites of the social body)에 불과하다고 신랄하게 비판하였다. 그러나 룩상부르그는 사회에 생산적인 "프롤레타리아 여성"에게 투표권을 부여해야한다고 주장함으로써 계급에 기반한 여성참정권을 지지하였고, 이로써 여성들 내에서 또 다른 계급 문제를 불러일으켰다.

당대 페미니즘이 가지고 있던 계급적 편견은 기혼여성법 개정[15]을 주도한 페미니스트들의 계급과도 무관치 않다. 가령 '기혼여성 재산 캠페인'은 1860년대 후반 여성권리에 관한 여러 조직들에 그 뿌리를 두었는데 그 중 '켄싱턴 협회'(The Kensington

---

15) 흥미로운 사실은, 기혼여성법 개정이 반드시 페미니스트들의 노력과 관심에 의해서 가능했던 것은 아니었다는 점이다. 예를 들어서 간통한 여성의 재혼금지법안이 기각된 것은 그 법안이 여성들에게 부당해서가 아니라 재혼을 거부당한 여성들이 계속 간통을 할 것이라는 염려에서 비롯되었다(Shanley, p. 42). 물론 페미니스트들이 여성을 위한 법개정을 위해서 서명을 받아내고, 의회에 있는 친지들을 설득하는 등 법개정에 많은 공헌을 한 것은 사실이지만 이와 같은 법개정에는, 여성의 이익과는 별개로, 당시의 정치적·사회적인 분위기가 작용하였다는 점 역시 지적될 필요가 있다. 이에 대한 자세한 논의는 Shanley, pp. 15-17을 참고할 것.

Society)는 "보통 이상의 사고력과 지성을 가진" 여성들을 규합하고자 하였다. '기혼여성재산법안'을 통과시키려는 의회캠페인의 기초는 엘리자베스 울스텐홈(Eilzabeth Wolstenholme), 엘리자베스 그로인(Elizabeth Gloyne), 제시 부셔렛(Jessie Boucherett), 그리고 조세핀 버틀러(Josephine Butler)에 의해 이루어졌다. 이들은 모두 경제적·사회적으로 안정된 기반을 가진 중·상층여성들이었다. 울스텐홈과 그로인은 각각 '여성기숙학교,' '맨체스터 여교장위원회'의 장이었고, 부셔렛은 '랭햄 광장 서클'(Langham Place Circle)의 구성원이자 1859년 '여성고용증진회' 설립자이기도 하였다. 버트러는 리버풀 대학장의 부인으로 여성교육뿐만 아니라 매춘부 구제활동에 깊이 개입하였다.16)

노동계급여성이 페미니즘운동의 주체에서 배제되었던 것은 그들의 현실을 고려할 때 당연한 것이기도 하다. 그들이 페미니스트로서 활동할 수 없었던 이유는 생계조차 힘든 그들의 경제적 어려움뿐만이 아니었다. 대부분의 여성들이 공식적인 교육의 혜택을 받지 못했던 상황이었지만 일부 중·상층여성들은 노동계급여성에게는 불가능한 학문적 역량과 시간적 여유를 가지고 있었다. 당시 페미니스트들 중에서 바바라 리 스미스(Barbara Leigh Smith)는 결혼법개정운동의 주요 인물로서 『쉬운 영어로 씌어진 여성에 관한 영국의 중요 법 요약』(*A Brief Summary in Plain English of the Most Important Laws of England Concerning Women*)(1854)이라는 팜플렛을 발행하기까지 하였다. 그녀는 아버지가 준 연봉 300 파운드 덕택에 당대 여성에게는 드문 경제적 독립과 안정을 가질 수 있었다. 경제적 안정을 발판으로 쓸 수 있었던 그녀의 팜플렛은 법률적 논문 제목과 함께 간결하고 분명한 언어로 씌어져서 넓은 독자층을 가지고 3판까지 발행되었다. 또한 중·상층여성들은 여성의원이 없는 당대 현실에서도 의원직을 가진 남성친지들을

---

16) *Ibid,* pp. 50-52.

가졌다는 점으로 인해서 간접적으로나마 자신들의 이익을 위해 정치적 영향력을 발휘할 수 있었고, 이런 점에서 노동계급여성과는 다른 정치적 입지를 가졌다.

당대 페미니스트 활동은 주체 계급의 이익을 대변하였는데 가령 '중류층여성 이민협회'(The Female Middle Class Emigration Society)는 그 이름이 명시하듯이 중류층여성의 이해를 중심으로 운영되었다. 1868년 홀(S. A. Hall)이라는 여성이 남아프리카로 이민하여 학교를 세우고 선생을 보내달라고 하였을 때, 그 협회는 이민이 절실히 필요한 빈곤한 여성이 아니라 영국에서 이미 높은 임금을 받고 있었던 수준 높은 여선생들을 보냈다. 이 협회는, 공식 교육을 받은 신세대 선생과의 경쟁에서 밀려나서 고용되지 못한 여성들을 무시함으로써 가장 사회적인 관심을 요하는 계급을 무시하였다.[17] 중류층 페미니스트들의 계급적 편견은 중류층 여성 이민협회가 가정서비스직(domestic service)에 대해서 보였던 태도에서도 찾아 볼 수 있다. 1870년대에 영국의 숙녀들에게 가정서비스를 권하기 위해서 많은 계획들이 논의되었을 때, 『빅토리아 매거진』(*Victoria Magazine*)은 새롭게 유행하는 용어인 "숙녀 조력자"(lady-help)를 숙녀라는 말의 의미를 손상시키는 저속한 정신에 대한 찬사로 간주하였으며, 이러한 시도를 "가정서비스라는 입에 맞지 않는 견해"를 매력 있게 만들려는 시도라고 결론지었다.[18] 페미니스트들의 계급적 선입관은 숙녀 조력자라는 용어나 이민에 있어서 암묵적으로 나타나는 고상함의 상실에 대한 우려에서 드러났으며,[19] 이러한 중류계급

---

17) A. James Hammerton, "Feminism and Female Emigration, 1861-1886," *A Widening Sphere: Changing Roles of Victorian Women*, ed. Martha Vicinus (Bloomington: Indiana UP, 1977), p. 63.
18) *Ibid*, p. 69.
19) 중류층여성 이민협회의 다양한 이민체계는 노동계급보다 높은 계급의 여

페미니스트들의 계급적 편견은 자신들의 대의를 효과적으로 수행할 수 없게 만들었다. 중류층 페미니스트들이 공식적 교육자격증이 없는 숙녀에게 제공한 것은 거의 없었으며, 여성이민과 페미니즘 사이의 불편한 관계로 인해서 손해를 본 사람은 궁핍한 숙녀였다. 페미니스트들은 중류층의 숙녀관(ladyhood)에 대한 견해를 세심하게 검토하기 시작하였지만 숙녀에 대한 기존 정의를 거부하지 않았고, 따라서 이들은 숙녀에 관한 기존관념을 위태롭게 할 수 있는 활동들에 대해서 거부감을 보였다.

여성들 내에 존재하는 계급적 차이는 여성들 내에 상이한 관심사와 이해를 초래한다는 점에서 성의 이슈는 복수적 의미를 갖을 수밖에 없다. 따라서 '여성들' 내의 공통적인 이해를 전제로 자신들의 계급적 편견을 극복할 수 없었던 자유주의페미니즘은, 하층계급여성의 특수한 상황을 고려하지 못함으로써 노동계급여성을 페미니즘 운동 내로 끌어들이지 못하였다는 비판에서 자유로울 수 없었다.

2. 산업자본주의와 여성의 위상

19세기 '여성들'의 문제에 접근하는데 있어서 중요한 역사적 배경은 산업자본주의이다. 여성들의 삶은 사회적·경제적인 변화에 밀접하게 관련되었으며, 특히 산업화는 여성들의 삶의 형태를 변화시킨 중요한 요인으로 간주되어왔다. 그러나 산업화가 19세기 여성들의 삶을 어떻게 변화시켰는지에 대한 논의는 일치된 견해에 도달하지 못했다. 토마스(Janet Thomas)에 따르면, 산업자본주의와 여성의 위상에 관한 논의

성들을 엄격히 배제하였는데, 이것은 이민이 숙녀들의 고상함을 손상시킨다는 것을 의미하였다. 여성들은 이민을 갈 때 배에 함께 탄 거친 남성노동자들과 함께 여행을 해야했다는 점에서도 이민은 점잖은 여성에게는 부적절한 것으로 여겨졌다. *Ibid*, p. 56.

는 산업화가 여성의 위치에 상당한 진보를 가져왔다고 믿는 긍정적 견해와 산업화는 여성의 억압을 초래하였다는 부정적 견해로 요약된다. 산업화 이후 여성들의 위치 변화에 대한 평가는 여성의 '일'을 중심으로 행해진다는 점에서 이 여성들에 대한 고찰은 대체로 노동계급여성들에 대한 것이라고 생각해도 무리가 없겠다.

긍정론자들은 산업화가 인종적·성적 차별을 약화시켰다고 주장한다. 산업화 이전 여성들의 고된 생활을 강조하는 긍정론자들은 산업화 이전에는 성적으로 유형화된 노동분리가 이루어져서 여성들은 집 안팎에서 노동에 시달리고 남성보다 더 오랜 시간 동안 일했음에도 불구하고 지위가 낮았다는 점을 언급한다. 주로 1960년대부터 1970년대 초반까지의 이론가들에 의해서 주장되어온 이러한 관점은, 모든 개인의 자유와 평등에 대한 민주적 믿음의 확산과 법적·교육적 변화 덕분에 산업화 이후의 여성들은 독립적 임금노동자로서 노동시장에 들어갈 수 있었으며 이로 인해 가족 내에서 보다 많은 권력을 갖게 되었다고 본다.

> 시장의 침투로 농경사회가 해체되자 친족집단의 가부장은 경제적 권력을 상실하고 그의 정치적 권위는 축소되었다. 이러한 상실은 부부중심의 가족을 낳았다. 즉 낭만적 사랑과 결혼배우자의 자유로운 선택은 당대의 질서가 되었으며 많은 여성들이 집 밖에서 일함에 따라서 결혼한 부부는 거의 동등한 결정권을 가지는 동료관계를 갖게 되었다. 여가, 가사, 아이양육은 점차 공유되었으며 가족은 "균형잡히게" 되었다. 피임기술의 발전으로 여성들은 계속된 출산과 양육의 부담에서 해방되었으며 거의 남성과 동일한 조건으로 노동시장에 진출할 수 있게 되었다.[20]

---

20) Janet Thomas, "Women and Capitalism: Oppression or Emancipation? A Review Article," *Comparative Studies in Society and History* Vol 30 No 3 (July 1988), p. 535.

긍정론자들은 이러한 변화가 우선 중류층가족에 영향을 미쳤다고 추정하며, 계층화된 확산(stratified diffusion)의 원칙에 의해서 대중에게도 영향을 미쳤다고 주장한다.

반면에, 페미니스트나 맑시스트와 같은 부정론자들은 "자본주의의 발생은 여성에 대한 현대적인 사회경제적 차별의 근본원인이며 이것은 지난 세기에 절정에 달했다"고 주장한다.[21] 부정론자들은 산업화 이전에는 가정과 일이 분리되지 않아서 여성이 가내 산업에 완전히 참여하였다는 점, 농경문화에서 남녀가 비록 다르지만 중요한 역할을 하였다는 점, 관습법에 있어서 여성의 위치가 상당히 나았다는 점을 주장하며 산업화 이후 여성의 위치에 대해서 부정적 평가를 내린다. 부정론자들은 긍정론자들이 19세기 여성의 지위에 대해서 내린 결론은 직조노동자라는 비대표적인 경험에 기초하였다고 지적하며, 19세기 여성의 일의 대부분이 의류제조, 모자제조, 레이스와 밀짚끈 제조, 그리고 서비스[22]와 같은 착취산업이었다는 것은 그것이 불완전고용(underemployment)의 한 형태였음을 암시한다고 해석한다. 부정론자들은 여성의 지위가 자본주의의 발생, 특히 공장체계로 인해서 악화되었다는 주요한 증거자료로, "다양한 직업에서의 대규모 여성 축출, 여성에게 가능한 직업 규모의 축소, 그리고 과거에 그들에게 가능했던 직업훈련과 도제제의 상실"을 든다.[23]

산업화 이후 여성의 지위에 대한 견해는 노동계급여성의 지위가 향상 혹은 악화되었다는 나름대로의 근거를 바탕으로 상반된 입장을 주

---

21) E. Figes, *Patriarchal Attitude* (London: Faber & Faber, 1970), p. 70.
22) '하녀직'을 의미하는 (가정)서비스직은 19세기말에 급속도로 증가하였다. 가정집하인(domestic servants)은 1851년에 전체 노동인구의 3%를 차지한데 비해서 1891년에는 16%로 늘어났다. Thomas, p. 540.
23) *Ibid*, pp. 540-541.

장한다. 그러나 부정론과 긍정론 모두 산업혁명을 기점으로 여성의 위치를 극단적으로 평가한다는 점에서 여성들의 역사를 단순화하고 과장하는 경향이 있음을 부정할 수 없다. 여성들이 산업화로 인해서 성차별에서 벗어나서 경제적 독립을 할 수 있었다고 보는 긍정론의 입장은, 토마스가 지적했듯이, 당시 많은 여성들이 종사한 일의 성격이 남성의 일과는 달리 비기술직, 착취산업직(sweated trade)24), 임시직이라는 사실을 간과하고 있다. 긍정론의 입장대로 산업화는 많은 노동계급여성들에게 생계 수단을 열어주었다는 점에서 비록 제한적이나마 여성의 임금노동의 터전이 되었던 것도 사실이다. 그러나 산업화 초기의 노동계급여성들이 가부장적 사회구조 속에서 임금노동을 한다는 것은, 긍정론자들이 주장하는 것처럼 용이한 것이라고 할 수 없었을 것이며 바로 그 점이 빅토리아조 노동계급여성들의 삶을 근대의 자유주의적 개인주의의 틀 속에서 낙관적으로 평가할 수 없는 이유이다. 더구나 노동계급여성들이 임금노동자가 됨으로써 가정 내에서 보다 많은 권력을 가지게 되었다는 긍정론자들의 주장은, 이 책에서 앞으로 언급되겠지만, 분명히 검토를 요하는 문제이다.

빅토리아조 노동계급여성의 현실이 여전히 가부장적 이데올로기에 지배받고 있었다는 점에서 긍정론적 견해에 동의할 수 없다면, 산업화 이전의 여성의 위치를 그 이후보다 훨씬 나은 것으로 평가한 부정론자의 주장 역시 같은 이유로 그 타당성이 검토되어야 할 것이다. 산업혁명 이전에 여성들이 남성과 더불어 가정산업에 공헌하였다는 점 등을 들어서 산업화 이전의 여성의 위치를 긍정적으로 평가하는 부정론은 산업화 이전 가정산업이 남편과 아버지라는 가부장적 권력을 중심으로 이루어졌다는

---

24) "착취노동자(sweated labour)는 저임금과 긴 노동시간, 열악한 노동조건하에서 고용된 노동자로, 상원위원회의 보고서(1889)는 이러한 노동관행에 대해서 관심을 가졌다." J. L. Hanson, *A Dictionary of Economics and Commerce* (London: Macdonald & Evans, 1974), p. 444.

점을 역시 간과하고 있다. 가부장적 가족경제는 자본주의 이전에 이미 존재하고 있었다. 자본주의는, 가부장가족을 만들지 않았지만, 이미 존재하고 있었던 가부장적 가족경제의 기초 위에서 발전하였던 것이다.[25]

부정론자들의 주장에 대해서 제기될 수 있는 문제점들에도 불구하고, 대체로 부정론에서 주장하는 산업화 시대의 여성의 위치에 대한 설명은 여성노동자의 현실에 대해 많은 것을 설명해주고 있다. 산업자본주의 시대에 본격적으로 제기된 영역분리를 골자로 한 '가정이데올로기'는 여성을 사적 영역으로 제한하고 경제적으로 남성에게 종속하도록 '구조화'하였다는 점에서 여성에게 치명적이었다. 물론 바렛(Michele Barrett)도 지적하였듯이 남성 혼자서 벌어들이는 임금으로 가족을 먹여 살릴 수 있다는 "남성부양자임금" 개념은 노동계급가정의 경우에는 현실이 될 수 없었다.[26] 임금노동으로부터 자유로울 수 없는 노동계급여성들은 공적영역에서 일함으로써 원칙적으로는 영역분리를 강조하는 가정이데올로기를 실천할 수 없었지만 그럼에도 불구하고 이들은 일의 세계에서 가정이데올로기의 영향을 받아야 했다. 따라서 19세기 노동계급여성의 현실에 대한 접근에는 가정이데올로기의 원칙만으로는 설명할 수 없는 노동계급여성들의 특수한 상황에 대한 이해가 선행되어야 한다. 19세기 산업화 이후 노동계급여성의 삶이 어떠했는지를 구체적으로 파악하기 위해서는 당대 노동계급여성이 계급과 성의 교차점에서 자리잡고 있는 복합적 위치를 파악하는 것이 필요하다. 우선, 중·상층여성의 삶과의 비교를 통해서 노동계급여성들이 위치하고 있는 "계급"이라는 한 축을 중심으로 그들의 입지를 살펴보자.

---

25) Veronica Beechey, "On Patriarchy," *Feminist Review* Vol 3 (1979), p. 79. Sonya O. Rose, "'Gender at Work': Sex, Class, and Industrial Capitalism," *History Workshop Journal* 21 (1986), p. 114에서 재인용.
26) Michele Barrett, *Women's Oppression Today* (New York: Verso, 1980), p. 204.

3. 이분법적 계급코드 속의 여성들

산업자본주의하에서 가정이데올로기가 여성을 사적영역으로 제한하자, 가정 이외의 영역으로부터 차단된 중·상층여성의 관심은 경제적 안정과 사회적 위치를 보장해 줄 수 있는 "결혼"에 집중되었다. 그들은 아버지가 제공해주는 경제적·사회적 안정을 토대로 결혼시장에서 유리한 조건을 갖추기 위한 일들에 관심을 가졌다. 따라서 19세기 영국의 중·상층여성들은 연약하고 창백한 복종적인 여성이라는 당대의 이상적 여성상[27]으로 길들여지며, "남편사냥꾼"(a husband-hunter)으로서 미혼시절을 보낸다.[28] 구애와 결혼이라는 주제가 당시의 문학의 주요 소재로 다루어졌던 것 역시 독서대중이었던 중·상층 여성들의 관심사와 일맥상통하는 것이다.

제인 오스틴은 『엠마』(Emma)(1816)에서 바로 이러한 중·상층여성의 삶을 보여준다. 이 소설은 여주인공 엠마와 그녀 주변 인물들의 결혼에 관한 에피소드들을 중심으로 전개되며, 결혼이 당대 각 계급의 여성들에게 의미하는 미묘한 차이를 보여준다. 이 소설에서 중·상층여성들은 산업화의 물결과 함께 대두된 여성노동의 문제와는 무관하며 성이데올로기가 설정한 이상적인 여성의 삶을 살고 있다. 한가한 중·상층여성의 삶을 누리고 있는 엠마는 "나는 재산을 원하지 않아. 직업을 갖고 싶지도 않지. 나는 명예를 원하지도 않아."[29]라고 당당하게 말할 수 있다. 그녀의 일상은 주위 여성들과의 사교를 중심으로 이루어지며,

---

27) 부르주아 사회의 이상적 여성상은 귀족적 여성이라는 시대착오적 모델에 기초하는데, 울스톤크래프트는 연약한 여성을 이상화하는 것이 여성을 복종적이고 무지하게 만듦으로써 사회의 발전을 약화시킨다고 주장하였다. Eisenstein, pp. 92-93.

28) Neff, p. 197.

29) Jane Austen, Emma (New York: Norton, 1972), p. 57. 괄호 안의 숫자는 텍스트의 페이지 수를 나디낸다.

그녀의 대화 주제는 혼기에 있는 남녀에 관한 것이다. 비록 엠마는 가정교사로부터 교육을 받기는 하지만 이러한 교육이 얼마나 효율적이었는지는 의심스럽다. 엠마의 교육의 문제점은, 엠마에게 책을 읽는 일은 단지 그녀의 이룰 수 없는 야심에 불과하다고 말하는 나이트리 씨(Mr. Knightley)의 지적에서도 언급된다.

> 엠마는 12살 이래 많은 책을 읽으려 하였습니다. 나는 그녀가 규칙적으로 통독하려고 다양한 시기에 책 목록을 작성한 것을 보았지요. 그리고 나는 지금도 그녀가 매우 훌륭한 목록을 작성할 수 있을 것이라고 감히 말할 수 있습니다. 그러나 나는 엠마가 꾸준히 책을 읽을 것이라고 더 이상 기대하지 않습니다. 그녀는 근면과 인내를 요하는 어떤 것에도 전념하지 않을 것이고 이해(understanding)를 상상에 종속시킬 것입니다…… 그녀는 당신[웨스턴 부인]이 권했던 책 분량의 반도 읽지 않았습니다. (23)

엠마가 이해보다는 상상에 더 전념한다는 나이트리 씨의 지적은 당시 여성들이 받았던 교육이 남성들에게 행해졌던 교육과는 달리 주로 악기연주와 노래, 그림, 자수 등과 같이 남성들을 매료시키기 위한 교양과목으로 이루어져 있다[30]는 사실과도 무관하지 않다. 엠마에게 중요한 일은 남성들처럼 학문을 탐구하는 것이 아니라 안정된 미래를 보장할 결혼이었다. 엠마가 숙녀로서 할 수 있는 '일'이 있었다면 그것은 당시 유일하게 숙녀들의 공적활동으로 허용된 '자선'이었다.

> 엠마에게는 깊은 동정심이 있었다. 그리고 가난한 사람들의 고충은 그녀의 지갑에 의해서 [구제받았던 것 처럼] 그녀의 개인적 관심과 친절, 조언과 인내심에 의해서 구제를 받았다. 그녀는 그들의 방식을 이해하였고 그들의 무지와 그들의 유혹을 눈감아 주었으며 교

---

30) Neff, p. 192.

육을 거의 받지 못한 그들로부터 특별한 미덕을 낭만적으로 기대하지도 않았다. 그녀는 동정심을 가지고 기꺼이 그들의 고통 속에 들어갔으며 항상 선의와 이해력을 가지고 도움을 제공하였다. 지금 그녀가 찾아가는 장소는 가난과 병을 모두 가지고 있는 곳이었다. (59)

당대의 보수적 여성관을 대표했던 해나 모어에 의하면, "가난한 사람을 돌보는 것은 숙녀의 직업이다. 여성은 박애활동에 특히 적합하다. 여성들은 여가를 가지고 있으며 가정 필수품에 대해서 알고 있고 여성의 불만에 대해서 보다 공감하기 때문이다."[31] 엠마에게 있어서 자선은 "예쁘지만 가난한 헤리엇 스미스(Harriet Smith)"의 더 나은 미래를 위해서 그녀의 결혼문제에 개입하는 일을 의미하기도 한다. 결혼은 엠마와 같은 중·상층여성들에게 최대의 관심사였으며 자신의 생계를 스스로 해결해야만 하는 노동계급여성들에게는 심각한 문제였다. 사랑 없이는 결혼하지 않겠다고 큰 소리 치는 엠마가 해리엇과 나누는 대화를 들어보자.

> "그러다가 베이츠 양처럼 결국 노처녀가 되겠어요!"
> "그것은 네가 생각할 수 있는 무서운 모습이지, 해리엇. 그리고 만일 내가 베이츠 양처럼 된다고 생각한다면! 바보같고 –자족하고 – 히죽거리고…… 나는 내일 [당장] 결혼 할꺼야. 그러나 [그녀와 나] 사이에는 결혼하지 않았다는 것 외에는 공통점이 없다고 확신해."
> "그러나 여전히 당신은 노처녀로 남을텐데요! 그리고 그것은 두려운 일이잖아요!"
> "걱정마, 해리엇, 나는 가난한 노처녀가 되지는 않을 테니까. 그리고 일반사람들에게 독신생활을 경멸스럽게 보이게 만드는 것은 단지 가난뿐이야! 수입이 적은 미혼여성은 조롱받고 불쾌한 노처녀이지! …… 그러나 재산이 있는 미혼여성은 항상 존경을 받고 다른 사람들처럼 분별있고 유쾌할 수 있어. (58)

31) Hall, p. 28.

엠마와는 달리, 사생아인 하층계급여성 해리엇에게 있어서 결혼의 문제는 생계의 문제로 인식된다. 당시 가난한 여성에게 있어서 노처녀가 될지도 모른다는 공포는 영국인들이 처한 사회·경제적인 상황을 반영하고 있었다. 이 작품은 한가하고 평화로운 영국의 시골마을을 다루고 있지만 이 소설의 배경이 되고 있는 19세기 초 영국의 상황은 경제적·사회적으로 불안정한 시기였다. 1815년 나폴레옹 전쟁이 종식된 후 영국은 디플레이션을 겪고 있었으며 산업은 도박과 같이 불안하였다. 영국은 유럽의 많은 나라들과 경쟁하게 됨에 따라 이전까지 누려왔던 독점적 경제력을 상실하게 되었다. 수백 개 사업체들의 파산과 공장 노동자들의 실직 그리고 곡물가격의 하락으로 인한 농부들의 파산과 농촌노동자의 빈민화는 영국인의 생활을 극도로 불안하게 만들었다. 악화된 경제사정으로 인해서 많은 미혼남성들은 결혼을 미루게 되었고 이로 인해서 결혼을 못하는 "잉여 여성"(redundant women)이 사회문제로 부상되었다.[32]

잉여 여성의 문제에 대한 엠마와 헤리엇의 인식의 차이는 각각 중상층여성과 노동계급여성으로서 이들이 처한 사회적·경제적 위치의 차이를 보여주는 것이기도 하다. 잉여 여성이 될지도 모른다는 해리엇의 두려움과 달리 엠마는 자신은 결혼문제에 대해서 조급해 하지 않을 정도로 경제적으로 여유있는 계급의 여성이라는 사실을 강조한다. 그러나

---

32) 기싱(George Gissing)이 그의 소설 속에서 다룬 문제 중의 하나도 바로 잉여 여성의 문제이다. 기싱의 『잉여 여성』에서 루크 부인(Mrs. Luke)은 "[독신의] 공포로부터 구해주는 남자에게 고마워하며 훌륭하고 충실한 아내가 될 소녀들을 2-3일 안에 12명 정도는 모을 수 있다"고 장담한다. George Gissing, *The Odd Women* (New York: Penguin Classics, 1993), p. 134. 제임슨 여사(Mrs. Jameson)에 의하면 영국에서 1851년에 50만의 잉여 여성이 있었으며, 인구 센서스에 의하면 30세 이상의 24.86%, 35세 이상의 17.89%, 50세 이상의 11.88%가 미혼여성이었다. Neff, pp. 11-13.

근본적으로 엠마 역시 당대 여성들의 운명이자 목표였던 결혼의 문제
에 초연할 수 없었던 전형적인 19세기 여성이었다. 엠마는 해리엇의 결
혼문제에 개입하다가 나이트리 씨와 해리엇의 관계가 발전될지도 모른
다는 위협을 느끼자, "나이트리 씨에게 스스로 사랑 받는다고 믿는 소
녀에게 더 이상 동정할 필요는 없다"고 분노한다. 엠마는 이제까지 자
신이 해리엇에게 베푼 '자선'이 자신의 미래를 망칠 수 있다는 불안감
을 느낀다. 자신의 계급에 가장 걸맞는 나이트리 씨와의 결혼을 놓친다
는 것은 결혼을 해도 그만 안 해도 그만이라고 호언하는 엠마에게도
두려운 일이었다. 이 같은 엠마의 인식은, 말하자면, 결혼을 해야만 하
는 여성의 운명에 대한 현실적 자각인 셈이다. 엠마는 자신보다 열등한
존재로 생각하였던 해리엇이 자신의 경쟁자가 될지도 모른다는 두려움
으로 인하여 자신의 결혼에 적극적인 자세를 취하게 된다. 화자는 엠마
의 '과오'를 다음과 같이 설명한다.

> [엠마는] 두루 실수 한 것으로 판명되었다. 그리고 그녀는 아무
> 것도 하지 않은 것은 아니었다. 왜냐하면, 그녀는 해를 끼쳤기 때
> 문이다. 그녀는 해리엇에게, 자신에게, 그리고, 그녀가 매우 두렵게
> 생각하였듯이, 나이트리 씨에게 해악을 가져왔다. (284)

화자에 의해서 지적되고 있는 엠마의 과오는, 해리엇에게 계급을 뛰
어넘어서 결혼하도록 부추김으로써, 하마터면 나이트리 씨를 해리엇과
같은 "열등한 자의 힘"(284)의 포로가 되게 하고 그에게 계급적 "불명
예"를 안겨줄 뻔했다는 데 있다. 그리고 바로 이 부분에서 엠마의 의식
은 작가의 보수적 계급 이데올로기와 일치하게 된다. 엠마는 처음에는
해리엇에게 "너같이 불행한 신분을 가진 사람은 특히 배우자 선택에
주의해야하다"고 충고하고 해리엇이 결혼을 통해서 신분을 상승시킬
것을 권하였지만, 자신의 계급적 이익이 위협당하자 계급적 질서를 옹

호하는 태도로 돌변한다. 엠마가 가진 계급적 편견은 헤리엇에게 관심을 보이는 하층계급 마틴(Robert Martin)을 염두에 둔 그녀의 독백에서도 잘 드러난다.

> 말을 타고 있건 걷고 있건 간에 젊은 농부는 나의 관심을 일으킬 수 없다. 농부는 나와 관계가 전혀 없다고 느껴지는 계급의 사람들이다. [나보다] 한 단계나 두 단계 밑이고 훌륭한 외모를 가졌다면 내 관심을 끌 수는 있겠지. (18)

자신의 배우자가 될 사람을 넘보는 해리엇의 행위는 엠마로 하여금 자신이 가졌던 계급적 편견을 다시 한번 확인시키는 기회를 제공한다. 엠마는 이제까지 해리엇의 결혼문제에서 보여주었던 계급적 위계질서에 대한 다소 애매한 태도로부터 돌아서서 분명한 계급주의를 보여준다. 그녀는 해리엇과 나이트리 씨와의 어울리지 않는 결혼에 경악하고 재빨리 자신과 나이트리 씨와의 결혼을 추진한다. 나아가서 그녀는 해리엇이 "천박한"(21) 하층계급인 마틴과 결혼하는 것을 반대하던 자신이 바보였음을 인정하고 그들의 결혼을 "진심으로 축복하게 된다."

엠마와 해리엇이라는 다른 두 계급의 여성의 삶은 비록 이 소설에서 결혼이라는 동일한 결말로 마무리되었지만, 그들의 계급적 현실은 이들 미혼여성들의 삶의 질을 엄연하게 구분하였다. 해리엇은 사생아이자 가난한 고아로서 엠마와 그녀의 교제는 기본적으로 대등하지 못한 관계 속에서 이루어질 수밖에 없었다. 엠마는 자신의 우월한 위치를 이용하여 자신이 해리엇을 필요로 할 때는 언제라도 불러내는 "특권"(15)을 행사하며, 가난한 여성에 대한 동정심이라는 명목으로 해리엇의 결혼문제까지 조정하였다. 생산적인 일을 하지도 않고, 하고자 할 의사도 없었던 엠마에게 "이 세상에서 중매는 가장 재미있는 일이었다!"(6) 해리엇의 결혼 문제에 대한 개입은 엠마에게는 시간을 보낼 수 있는 흥미로운 "일"(business)(276)에 불과했던 것이다. 그러나 이 일에 있어서 엠마는 독단적으로 판단함으로써 "해리엇의 행복을 해치는 모험"(277)을 즐겼을 뿐이다. 비록 두 여성 모두 가부장적 사회구조 속에서 남성의 종속적 존재로 남을 수밖에 없다는 공통운명을 가졌지만, 중·상층여성이 자신의 우월한 계급을 기반으로 하층여성에게 권력을 행사할 수 있었다는 점은 계급사회내에서 '여성들'이 가진 이질적인 위상을 설명해 준다.

두 계급의 미혼여성들 모두 결혼을 여성의 중요한 목표로 인식한다는 점에서는 동일하였지만, 아버지의 경제적·사회적 배경을 바탕으로 숙녀로서의 삶을 누리는 중·상류층여성들과 이것이 불가능한 노동계급여성들의 삶은 여러 면에서 차이를 보일 수밖에 없었다. 가령, 교육의 측면에서 이들 여성들이 받는 혜택은 차별화되었다. 중·상층여성들은, 비록 여성교육에 관한 당대의 가부장적 태도로 말미암아 자신들의 남자형제가 받는 공식적이고 체계적인 교육의 혜택은 받지 못했지만, 가정교사를 통해서 기초적인 학문과 가사관리에 관해 교육받을 수 있었다. 중·상층 여성들의 교육은 19세기 소설들에서 흔히 발견할 수 있는 가정교사를 통해서 대부분 이루어졌다. 엠마는 가정교사인 미스 테일러(Miss Taylor)로부터 5세부터 16년간 교육을 받을 수 있었다. 반면에 고아인 제인(Jane Fairfax)은 가정교사로서의 자격을 갖추기 위한 교육을 받았다는 점에서 생계노동이 필요한 노동계급여성과 운명을 공유하였다.

> 그 계획이란, [제인이] 다른 사람을 교육시킬 수 있도록 교육받아야 한다는 것이었다. 그녀가 아버지로부터 받은 몇백 파운드밖에 안되는 돈은 그녀의 독립을 보장할 수 없었다.…… 그녀에게 교육을 시킴으로써 [캠벨 대령은] 고상하게 생계를 유지하는 수단을 제공하기를 바랬다. (109)

대체로 노동계급여성들에게 있어서 교육은 공식적이건 혹은 사적으로 행해지는 것이건 간에 거의 부재하였다고 볼 수 있다. 노동계급의 딸들이 받을 수 있었던 유일한 교육은 하인이나 좋은 아내가 되기 위한 교육이었다. 그들의 교육에 대한 강조점은 근면, 절약, 부지런함, 그리고 알뜰한 살림에 주어졌다.[33] 노동계급여성들에게 정규교육보다 중요한 것은 당장의 생계문제를 해결하는 것이었다. 어린 시절 이들은 대부분 어머니를 도와서 동생들을 돌봐주고 가사를 도왔으며 심지어 5-6세의 어린 나이에도 임금노동에 투입되었다. 노동계급여성의 삶은 어려서부터 생계를 위한 일을 중심으로 구성되었으며 본격적으로 일할 수 있는 나이인 8세가 되면 대개 여공(factory girl), 하녀 등으로서 임금노동에 종사하였다.

노동계급여성의 교육 문제는 1870년대 교육법(Education Acts)이 시행된 이후에도 달라진 것이 없었다. 교육법은 이제까지 어머니 대신 어린 동생들을 돌보던 소녀들도 학교에 보내도록 규정함으로써 이로 인해서 가정수입이 줄어든 노동자 가정의 불만을 샀다. 그러나 노동계급 아동들에게 최소한의 의무교육이 요구되는 상황에서도 소녀들은 가사를 돕는다든지 어린 동생들을 돌보느라고 여전히 잦은 결석을 하였으며 또한 이것이 사회적으로 용납되는 분위기였다.[34] 노동계급여성에게는 어린 시절부터 교육보다는 집안 일을 돕는 것이나 임금노동이 더 강조됨으로써 그들은 교육의 혜택에서 근본적으로 벗어나 있었다. 노동계급여성의 구조적인 교육부재 현상은 '여성들을 위한 자매협회'(The Sisterly Society of Women)의 회원 11명 중 7명은 자신의 이름조차 쓸 줄 모르며,[35] 결혼 신고할 때 하층계급여성 중 반이 자신의 이름을

---

33) Hall, pp. 28-29.
34) Sonya O. Rose, *Limited Livelihoods: Gender and Class in Nineteenth -Century England* (Berkeley: California UP, 1992), p. 164, p. 251.
35) Anna Clark, p. 38.

서명하지 못한다든가, 여성노동자 10명 중 1명은 읽고 쓸 줄 모른다는 역사적 사례들을 통해서 증명된다.[36]

최상의 조건을 갖춘 남성과의 결혼을 위해서 교육받고 자신을 가꾸는데 열중한 중·상층 미혼여성들과 달리, 노동계급 미혼여성들은 임금노동을 해야만 했다는 점에서 근본적으로 다른 삶을 살았다. 전자가 아버지의 경제적·사회적 배경을 바탕으로 집에서 "가정의 천사"가 되기 위한 준비를 하는 동안에, 노동계급 미혼여성들은 가족을 부양하는데 일조하든가 심지어 가족의 유일한 생계부양자로서 미혼시절을 지낸다. 『시빌』에서는 다른 계급의 딸들의 이러한 대조적인 모습이 묘사된다. 모브리성의 딸인 조운 양(Lady Joan)과 모드 양(Lady Maud)은 결혼을 위해서 필요한 기초적인 학문과 교양을 익히면서 미혼시절을 보내는 반면, 노동자가정 출신의 해리엇(Harriet Warner)은 생계비에 못미치는 아버지의 임금으로 인해서 여공으로 일한다. 노동자의 딸들의 가족부양에 대한 고충은 그녀가 심적부담으로 인해서 가출을 하게 되었다는 점에서도 극명하게 드러난다.

19세기 노동자가정의 딸들은 여공, 양재사, 입주 하녀,[37] 여점원(shopgirl)

---

36) A. B. M. Jameson, *Sisters of Charity, Catholic and Protestant and The Communion of Labor* (Boston: Ticknor and Fields, 1857), p. 9, p. 14. 선로공의 아내인 리그리 부인(Mrs. Wrigley)은 자신이 9세에 하녀로 일할 때 불을 필 줄 몰라서 주인에게 뺨을 맞았지만 글을 쓸 줄 몰랐기 때문에 부모에게 편지를 하지 못했다고 고백하였다. Mrs. Wrigley, "A Plate-Layer's Wife," *Life as We Have Known It*, ed. Margaret Llewelyn Davies (New York: Norton, 1975), p. 58.

37) 중기와 후기 빅토리아조에서 15-20세 여성의 ⅓이, 그리고 그 나이의 노동계급여성의 반 정도가 서비스에 종사하였다. 당시에 경제적 여유가 있는 사람들은 모두 하인을 고용하였는데, 대부분의 하인의 임금은 매우 낮았기 때문에 기술직에 종사한 노동계급가족도 하인을 고용할 정도였다. Liz Stanley, ed., *The Diaries of Hannah Cullwick, Victorian Maidservant* (New Brunswick: Rutgers UP, 1984), p. 4. 대부분의 가정집 하녀는 어렸는데, 20세 이하가 1860년에는 전체의 39%를 차지하였으

등 으로서 가족의 생계비를 보조하였다. 생계를 위해서 자신의 몸을 혹사하는 노동계급여성과 결혼을 위해 자신의 몸치장에 신경을 쓰는 중·상층여성의 대조적인 모습은 『루스』에서도 찾아볼 수 있다. 장시간의 노동으로 당대에 악명 높았던 양재사들의 고단한 삶과 이 양재사들의 주요 고객인 숙녀들의 화려한 삶은 빅토리아조 여성들이 갖는 계급적 차별성을 실감나게 보여준다.

아침이었다. 성 세비어교회의 오래된 종이 새벽 2시를 알렸다. 그러나 12명이 넘는 소녀들은 여전히 루스가 들어왔던 그 방에 꼼짝없이 앉아있었다. 마치 생명을 보존하기 위해서는 하품을 하지도, 피곤한 기색을 보일 수도 없는 듯이 바느질을 하면서. 그들은 루스가 메이슨 부인의 심부름을 하느라 그녀에게 시간을 알려줄 때 조금 한숨을 쉴 뿐이었다. 왜냐하면 그들이 아무리 늦게 자더라도 다음 날 8시에는 일을 시작해야 했기 때문이다. 그들의 어린 사지는 매우 지쳐있었다.……

그들은 밀려들어오는 숙녀들을 돕는 일을 해야 했다. 그 숙녀들의 목소리로 인해 루스가 그렇게 간절히 듣고 싶어했던 그 악단의 소리는 들리지 않게 되었다.…… 춤이 계속되는 동안에 문 옆에서 지켜보는 것이 그들에게 허용되었다. 그리고 그것은 얼마나 아름다운 장면이었던가! [그것은] 약동하는 음악 속으로 흘러 들어가다가 지금은 요정들의 화환처럼 멀리 사라져 버리고 다시 가까워져서 우아한 드레스 장식을 한 사랑스런 특권층 여성들이 춤추는 모습을 보여주었고…… 밝은 색채들이 눈 위에서 반짝이고 사라지다가, 빠른 춤 동작 속에서 사랑스럽게 다른 사람들에 의해서 이어졌다. 미소가 모든 이의 얼굴에 넘쳤으며 음악이 그칠 때

며 1880년에는 42%를, 1911년에는 31%를 차지하였다. 소수는 전 생애 동안 하인으로 남았으며 일부는 10-15년 동안 서비스직을 경험하다가 결혼하거나 잠시 일하다 그만 두었다. Leonore Davidoff, "Mastered For Life: Servant and Wife in Victorian and Edwardian England," *Journal of Social History* 7. 4 (Summer 1974), p. 410.

마다 행복스런 낮은 억양들이 방에서 들릴듯 말듯 속삭였다.

루스는 즐겁고 빛나는 무리를 이루는 인물들을 식별하고 싶지 않았다. 삶의 행복한 평온함을 바라보고 꿈꾸는 것만으로도 충분하였다. 그 삶 속에서 음악과 풍성한 꽃들, 보석들, 모든 우아한 모습들, 모든 형태와 색조의 미는 일상적인 것이었다.[38]

조지 기싱 역시 『잉여 여성』에서 여점원으로 일하는 모니카(Monica Madden)를 통해서 또 다른 노동계급 미혼여성들의 고단한 삶을 보여준다. 하루종일 서 있어야 하는 직업상의 특성으로 인해서 여점원들은 다리의 신경이 손상되는 고통을 겪지만 그나마 이런 직장도 얻기 힘든 것이 현실이기에 그들은 이를 감수해낸다. 이 소설에서 여점원은 대부분 농부의 딸이며, 배운 것이 없고, 나이 많은 남성들과의 교제를 통해서 고통스런 일로부터 해방되고자 한다. 따라서 모니카가 여점원의 고된 생활을 벗어나기 위해서 원치 않는 남성과의 결혼에 응했다는 것은 놀랄 일이 아니다. 생계를 해결하기 위해서 일해야 하는 노처녀 언니들의 비참한 모습을 지켜보면서 모니카는 독신의 공포로부터 벗어나기 위해서 돈 많은 남성과 결혼하는 여성노동자들의 풍조에 편승하게 된 것이다.

『메리 바튼』의 공장주 카슨 씨의 세 딸과 공장노동자의 딸 메리(Mary Barton)의 저녁 일과 역시 두 계급의 여성들의 대조적인 삶의 한 단면을 보여주기에 충분하다.

그래서 세 소녀는 안락하고 우아하고 환한 거실에 있었다. 유사한 환경에 있는 젊은 숙녀들처럼 그들은 차시간이 될 때까지 무엇을 해야할 지를 몰랐다. 손위의 두 소녀는 어제 저녁에 무도회에 갔다와서 노곤하고 졸렸다. 한 소녀는 에머슨의 수필을 읽으려 했

---

38) Elizabeth Gaskell, *Ruth* (New York: Penguin Books, 1997), p. 7, pp. 15-16.

지만 잠이 들었다. 다른 소녀는 그녀가 좋아하는 곡을 선택하려고
새로운 노래 책을 뒤적이고 있었다. 가장 어린 에이미는 음악 책을
베끼고 있었다. 옆의 온실에서 강한 향을 내뿜는 꽃들의 밤 향기로
공기는 무거웠다.[39]

반면에 양재사 견습생 메리는 아버지가 실업자가 된 이후 실질적인 가족
부양자가 된다. 숙녀들이 책을 뒤적이고 차를 마시며 한가한 저녁을 즐
기는 동안, 메리는 하루종일 일하고 집에 돌아온 후에도 또 다시 적은
돈이라도 더 벌기 위해서 쉴 새 없이 '손'을 움직인다.

> 그녀는 비록 밤이 늦었지만 (만일 그 가난한 하인들이 자기에게
> 맡긴 옷 수선으로 그녀가 규칙적으로 돈을 지불 받을 수만 있다
> 면) 다음 날 아침 아버지의 식사비를 지불할 정도의 몇 펜스를 벌
> 때까지 일을 놓지 않을 것이라는 것을 스스로 알고 있었다.[40]

노동계급여성과 중·상층여성의 차이는 바로 이들의 '손'에서 쉽게
찾아 볼 수 있었다. 하루종일 노동에 시달리는 여성노동자의 거칠고 더
러운 손과 대조되는 희고 섬세한 손은 숙녀의 '여성성'과 높은 '계급'을
상징하며, 두 계급의 여성들 사이에서 나타나는 이와 같은 신체적 차이
와 그 의미는 빅토리아조의 계급 코드로 표현되었다.

> 질서와 청결에 관한 빅토리아조의 집착은 노동과 다른 일들 사이
> 의 전통적인 구분을 강화시켰다. 더러움, 화상, 혹은 거친 것과는 거
> 리가 먼 하얗고 예쁜 손은 상류층여성의 기본적 요소였다. 장갑 없
> 이 집 밖으로 나가는 여성들은 숙녀가 될 수 없었다.[41]

---

39) Elizabeth Gaskell, *Mary Barton* (New York: Penguin Classics, 1996),
   p. 202.
40) *Ibid*, p. 141.
41) Davidoff, "Mastered," p. 413.

빅토리아조는 부와 가난뿐만 아니라 깨끗함과 더러움의 차이도 선과 악이라는 도덕적 개념으로 해석하였다. 이에 따르면, 더러움은 악의 상징이자 결과이고 집·옷·사람의 청결은 미덕의 표시가 된다. 빅토리아조의 이분법적 문화[42]에 대해 관심을 가졌던 먼비(Arthur J. Munby)를 사로잡은 대부분의 주제는 지배와 종속, 강함과 약함, 자발과 종속의 문제를 둘러싼 것이었다. 19세기의 중·상층여성과 노동계급여성의 '성과 계급'의 이슈는 빅토리아조의 먼비와 해나(Hannah Cullwick, 1833-1909)에 관한 실화를 통해서 보다 현실적으로 논의 될 수 있다. 노동계급여성의 삶에 관심을 가진 먼비는 하층여성들의 삶에 대해서 관찰하고 기록을 남겼다. 먼비가 관심을 가졌던 것 중의 하나는 숙녀의 하얗고 섬세한 손과 대조되는 일로 거칠어진 강인한 하녀의 '손'이었다. (그림 2 참조)

지배계급은 하녀들의 옷차림에 대해서도 감독을 게을리하지 않았는데 이것은 하녀들의 건강을 지키려는 목적보다는 지배계급 자신의 건강을 위한 것이었다. 그러나 하인들에게 청결을 요구하는 것은 더러움을 항상 곁에 두고 생활하는 그들의 일상사를 고려할 때 무리였으며, 특히 집안에 하인이 한 명인 경우 하녀가 깨끗한 옷차림을 유지한다는 것은 힘든 일이었다. 해나는 그녀의 일기를 통해서, 하층여성들에게 청결은 그들의 더러운 일상노동과 공존할 수 없다는 계급적 현실을 말해줄 뿐만 아니라 하층여성들의 더러움을 바탕으로 지배계급이 청결할 수 있다는 자명한 사실을 지적한다.

---

42) '명예/불명예, 숙녀/여자, 순결/불순, 깨끗함/더러움, 실내/실외, 흰 피부/햇빛에 탄 혹은 불그스레한 피부, 옷을 입은/드러난 피부, 여성적/남성적과 같은 이분법과 대조는 빅토리아조 문화의 특징이었다. 이러한 주제들은 직접적·간접적으로 무엇을 하는지, 누가 하는지, 어디서 하는지와 같이 '노동'에 대한 빅토리아조의 편견에 관련되었으며 노동/여가, 일/가정, 육체노동/정신노동이라는 또 다른 대조적 쌍을 낳았다. Davidoff, "Class," p. 111.

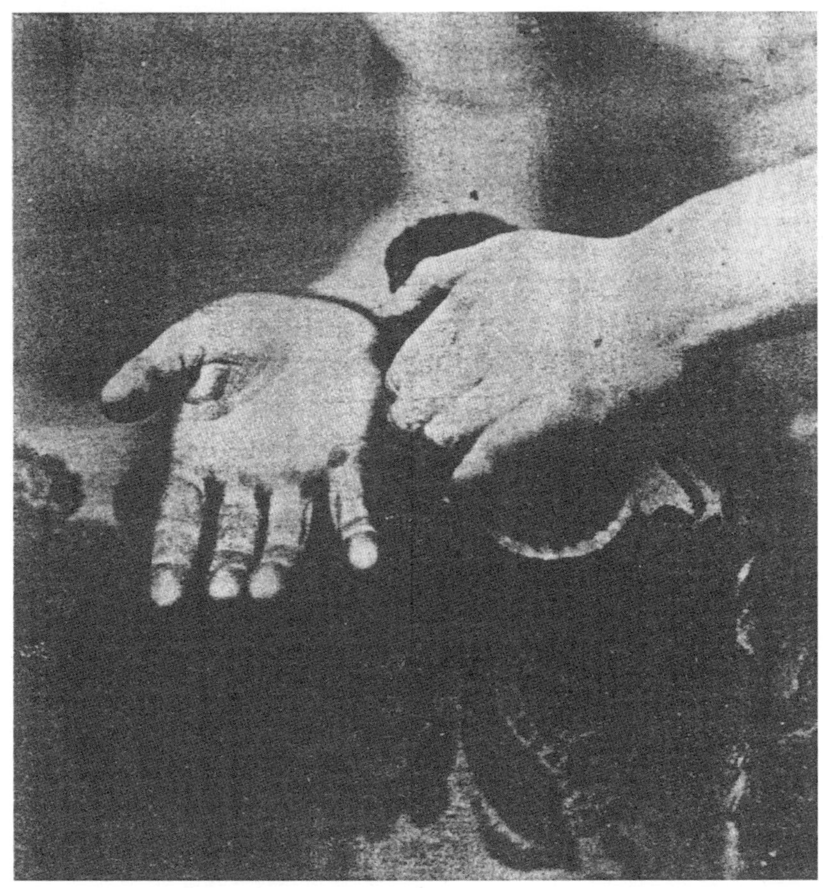

▌그림 2▐ 여성 노동자의 '손' (A. J. Munby 작품)[43]

그녀의 일기에서 가장 많이 쓰이는 단어는 바로 더러움과 대조되는
청결이라는 단어이다. 1860년 7월 28일 그녀가 쓴 일기를 읽어보자.

7월 28일 토요일. 불을 폈다. 벽난로를 솔질하였다. 현관과 계단
그리고 기를 무릎을 꿇고 **닦았다**(Clean'd). 방을 청소하고 먼지를
제거하였다. 아침식사를 차렸다. 침실을 정돈하고 개수통을 비웠다.
접시를 **닦고**(Cleaned), 헹구고, **닦았다**(clean'd). 계단과 저장고

43) *Ibid*, p. 112.

를 무릎을 꿇고 **닦았다**(Clean'd). 칼을 **닦고**(Clean'd) 점심을 차
렸다. 세 켤레의 구두를 **닦았다**(Clean'd). 식사 후 **청소를 하였고**
(Clean'd) 3시 반 정도에 음식저장을 시작해서 11시까지 계속하다
가 저녁을 차리고 차를 마셨다. 부엌을 **더러운**(dirty) 상태로 두고
매우 지치고 **더러워**(dirty) 진 채 잠이 들었다.44) (필자강조)

해나는 지배층의 청결을 위해서 하루종일 청결의식을 행하지만 정작
자신은 "더러워진 채" 잠이 들 수밖에 없었다. 해나는 자신이 더럽다는
이유로 일자리를 잃고 나서 다음과 같이 한탄한다. "나는 내가 더럽다
는 말을 들었을 때 좀 상처를 받았다. 그들을 위해서 물건을 깨끗이 닦
다가 더러워진 것인데 말이다."

　해나가 더럽고 힘든 일을 해야만 했던 계급적 현실은 그녀로 하여금
빅토리아조가 정의하는 "여성성"을 성취할 수 없게 만들었다. "빅토리
아조의 여성성이 요구하는 것은 적절한 행동, 경향, 활동 그리고 옷 스
타일"45)인데 이 여성성의 성취는 경제적 여유가 있는 중·상층여성들
만이 성취할 수 있는 것이었기 때문이다. 노동계급여성의 여성성에 대
한 부정적인 인식은, 『메리 바튼』에서도 언급되듯이, 여공들이 "평균
이하의 못생긴 얼굴"을 가졌다고 보는 일반적인 선입관에서도 나타난
다. 노동계급여성에게 있어서 여성성의 박탈은 이들의 빈곤한 경제적
현실에서 연유한다는 점에서 노동계급여성의 성과 계급의 문제는 밀접
히 관련되어있다. 해나에게 있어서 여성성의 부재는 다음과 같은 에피
소드를 통해서도 찾아볼 수 있다.

　　그리고 나서 [여주인은] 내가 지난 밤처럼 늦게 집 밖에 다니는
　　것이 나쁘다고 말했다. 그것은 위험해, 정말 나쁜 사람들이 많이

---

44) Stanley, p. 109.
45) *Ibid,* p. 4.

있기 때문이지-공산주의자, 그리고 프랑스에서 온 사람 등등. 그러나 나는 그녀를 보고 웃으면서 말했다. "나는 그런 사람들을 본 적이 없어요. 마님. 내가 런던거리를 돌아다닌 몇 년 동안 아무도 나에게 부당하게 말을 걸은 적이 없어요. 그리고 만일 당신이 초라한 옷을 입고 일을 하러 걸어다닌다면 그들이 말을 걸 것이라고 나는 생각지 않아요." "오, 너는 안전할 수 있을지도 몰라. 네가 몸집이 크기 때문에 네가 그들과 맞수가 될 것이라고 그들이 생각하기 때문일거야" 라고 그녀는 말했다.46)

해나가 남성들의 방해나 추근댐 없이 밤 늦게 남성들 사이를 걸어다닐 수 있었던 것은 바로 빅토리아조의 이상적인 여성성과는 거리가 먼 그녀의 커다란 몸집, 남루하고 여성적이지 않은 옷차림 때문이다. '각종 일을 하는 하녀'(maid-of-all-work)의 일상적인 고된 일이 어떤 의미에서는 그녀를 당대의 여성성에 대한 강박관념으로부터 해방시켰다는 점은, 스탠리도 지적하듯이, 노동계급여성의 계급적 위상이 낮은 역설이라고 할 수 있겠다.

그러나 노동계급여성의 여성성을 부정하는 사회적인 인식에도 불구하고 종종 암묵적인 사회적 승인하에서 어린 여자 하인들이 중·상층 남성의 성적 대상이 되었다는 점은 주목할 일이다. 『나의 비밀생활』(*My Secret Life*)47)에서 중상층 출신인 익명의 주인공 월터(Walter)는 하녀를 강간한 것이 그의 첫 성경험이었다고 고백한다. 하녀가 경험하는 성적 취약성은 '남성같은' 해나의 경우에도 예외가 될 수는 없었다. 가정서비스에 종사하는 해나는 커다란 체구와 초라한 옷차림에도 불구하고 남자하인뿐만 아니라 주인집을 방문한 신사로부터도 성적 희롱의 대상이 되었다. 한번은 한 신사가 집으로 같이 가다가

---

46) *Ibid*, pp. 180-181.
47) Anon., *My Secret Life* (New York: Grove Press, 1966).

그녀에게 키스를 하려했으나 그녀는 그를 위협하여 위기를 벗어날 수 있었다. 노동계급여성의 섹슈얼리티는, 이들 여성이 당대의 이상적 여성성을 성취할 수 없었다는 현실에도 불구하고 흔히 남성들의 성적 욕망의 대상이 되었다는 점에서, 역설적인 특성을 보인다.

두 계급의 여성성에 대한 대조적인 사회적 인식은 중·상층여성을 이상적 여성상으로 규정함으로써 중·상층여성의 몸은 소중하게 여겨진 반면,[48] 노동계급여성의 육체는 경시되었고 이들에 대한 성적 희롱은 사회적으로 용납되었다. 마가렛 하크니스의 소설 『타락과 갱생: 도시 소녀』에서 넬리(Nelly Ambrose)는 지배계급이 만들어 낸 이와 같은 왜곡된 성이데올로기의 희생자로 나타난다. 가족을 부양하는 여성노동자 넬리는 고달픈 노동으로부터 벗어나서 이상적 여성상 즉, 숙녀가 되는 백일몽을 꾸곤 한다. 숙녀를 욕망하는 넬리는 임금의 일부로 숙녀의 것을 모방한 옷과 장신구를 사는 일로 대리만족을 얻는다.

> 그녀의 마음은 일요일에 쓸 모자에 달 새로운 깃털장식을 사러 간다는 사실에 완전히 몰입되었다. 깃털을 빨간 색으로 살까 파란 색으로 살까? 파란 색은 그녀에게 가장 잘 어울리지만 빨간 색은 가장 멋져 보였다. 그녀는 옷에 대한 하나의 야심만을 가지고 있었으며 그것은 뭔가 "멋지게" 입는다는 것이었다. 그녀는 그것을 "숙녀처럼 보이는 것"이라고 불렀다.…… 소파에 앉아서 소설을 읽고 티스푼으로 차를 홀짝이고, 그녀의 구두를 신기고 벗길 누군가를

---

48) 공장주인 지 씨(Mr. Z)가, 공장노동자의 비참하고 더러운 현실을 자기의 딸에게 알린 그린 부인(Mrs. Green)에게 격분한 것도 자신의 계급에 속한 여성들은 세속적 더러움과 고통으로부터 보호받아야 된다는 당대의 이상적 여성상에 근거한 것이다. Charlotte Elizabeth Tonna, *Helen Fleetwood*, in *The Works of Charlotte Elizabeth*. Vol Ⅱ (New York: M. W. Dodd, 1845), p. 100.

> 데리고 있는 것이 바로 그녀가 생각하는 숙녀가 되는 것이었다
> ······ 마차를 타고 가는 것은 대단한 숙녀가 되는 것이라고 넬리는
> 생각하였다.······ 멋진 옷들과 맛있는 음식과 함께 완전히 한가한
> 생활이야말로 넬리가 열망했던 숙녀신분을 의미하였다.[49]

숙녀에 대한 넬리의 꿈은 중류층 유부남인 그랜트(Arthur Grant)에 의해서 실현되는 듯 하다. 병원의 회계담당자인 그는 넬리의 환심을 사기 위해 그녀를 극장의 특등석에 데리고 간다.

> 그는 계단으로 올라가서 매니저에게 카드를 보여주고 특등석을
> 요구하였다. 그리고나서 그는 넬리를 한 장소로 데리고 갔는데 그
> 곳에서는 육중한 붉은 커튼이 그녀가 무대와 관객을 보고 싶지 않
> 을 때 그녀를 가리워 주었다. 그는 그녀에게 모자와 겉옷을 벗으라
> 고 말하였다.
> 그녀는 이전에 그녀가 왔을 때 항상 앉던 아래층을 내려다보았
> 고 그녀의 인생에서 처음으로 숙녀가 되었음을 느꼈다.[50]

그러나 넬리에 대한 그랜트의 관심은 "매력있는 기혼 숙녀와 바람을 피우고 싶었던" 유혹으로부터 벗어나려는 목적에서 비롯된 것이었다. 숙녀와의 정사에 대해서는 책임을 져야 한다는 부담을 느낀 그랜트는 여성노동자와의 관계를 통해서 대리만족을 얻은 셈이다. 여성노동자도 숙녀와 같은 "감정"(hearts)을 가지고 있다는 사실을 인정하지 않는 그는 넬리를 미혼모로 만드는 것을 대단치 않게 생각한다. 그의 이러한 태도는 노동계급여성과 숙녀의 성적 정체성에 대조적인 가치를 부여하는 지배계급의 인식에서 비롯된다. 하층여성의 성적 정체성에 대한 이

---

49) Margaret Harkness, *A City Girl: A Real Story* (New York & London: Garland Publishing, 1984), pp. 16-17.
50) *Ibid*, p. 65.

와 같은 지배계급의 인식은 지배계급남성들이 여성노동자들의 성을 유린하게 된 근거를 제공하였다고 볼 수 있다.

개스켈은 지배계급 남성들이 노동계급여성을 성적 노리개로 보는 당대의 인식에 대해서 분노하였으며,[51] 자신들에게는 노동계급여성을 성적으로 농락할 수 있는 특권이 있다고 생각하는 지배계급의 태도를 비판하였다.[52] 개스켈의 소설 속에서, 단지 즐거움을 위해서 메리를 유혹한 해리 카슨(Harry Carson)이 그녀의 아버지에 의해서 살해당했다는 사실은 노동계급여성의 성을 유린하는 사회에 대한 작가의 비판적 태도와 무관하지 않다. 노동계급여성을 성적 유희의 대상으로 보는 사회적 인식은 『루스』에 대해서 씌여진 당대의 한 논평에서도 노골적으로 드러난다.

> 벨링햄 씨는 돈 주앙이 아니라 새로운 장난감을 가지고 노는 젊은 신사일 뿐이다. 그는 그 장난감이 아름답기 때문에 그것에 매우 감탄하였지만 때때로 그것에 싫증을 내었다. 그는 그녀를 루디라고 부르고 그녀는 그를 주인이라고 불렀다. 그는 비가 오는 날에는 그녀에게 카드놀이를 가르쳐주면서 스스로를 위안하였다. 그리고 마침내 병이 나서 그의 어머니가 그를 돌봐주자, 그가 그 일로 곤란을 겪지 않도록 일이 잘 처리될 수만 있다면, 장애가 되는 그의 친구[루스]를 제거하는데 그는 흔쾌히 동의한다고 하였다.[53]

---

51) 개스켈은, 하층계급여성을 유혹한 상류층남성에게는 관대하지만 유혹당해서 타락한 여성에 대해서는 가혹한 사회의 태도를 불공정하고 무자비하다고 비판하였다. Elizabeth Gaskell, *The Life of Charlotte Bronte*, ed. Angus Easson (Oxford and New York: Oxford UP, 1996), p. 472.
52) Coral Lansbury, *Elizabeth Gaskell: The Novel of Social Crisis* (London: Elek Books, 1975), pp. 53-54.
53) J. F. Ludlow, "Ruth: A Novel," *North British Review* 19 (1853), p. 151.

이 소설이 출판된 해에 나온 위의 논평에서, 루스의 인생을 망친 유혹자 밸링햄은 중류층 논평가에 의해서 지극히 정상적인 신사로 평가된다. 이 소설에 대한 당대 독자들의 적대적 반응도 이 소설이 노동계급여성을 농락한 방탕한 귀족의 이야기여서가 아니라 "타락한" 여성을 중심인물로 다루었다는 점에서 "부적합한 주제"54)를 다루고 있다는 점 때문이었다. 노동계급여성을 잠시 가지고 놀 수 있는 장난감으로 보는 당대 지배계급의 태도는 밸링햄의 어머니인 밸링햄 부인(Mrs. Bellingham)에게서도 역시 찾아볼 수 있다.

> "신의 사랑에 걸고 부인, 말해주세요! 그는 어떻습니까? 그는 살 수 있을까요?"……
> "그는 잘 자고 있어. 그는 좋아졌다구."
> "오! 하느님 감사합니다." 벽에 기대면서 루스는 속삭였다.
> 이 천한 소녀가 그녀의 아들의 생명에 대해서 하느님에게 감사하다고 하는 말을 듣는 것은 참을 수 없는 일이었다. 마치 그녀가 그와 어떤 운명이나 부분을 사실상 함께 하는 것처럼 감히 어디다 그녀의 아들을 위해서 전능한 신에게 기도하느냐 말이다! 밸링햄 부인은 그녀를 차갑고 경멸에 찬 눈길로 쳐다보았다. 그녀의 눈매는 얼음화살과 같았으며 루스로 하여금 그 눈길을 피하고 전율하게 만들었다.
> "아가씨, 만일 당신에게 어떤 예의가 남아있다면, 나는 당신이 그의 방에 감히 들어오지 않을 것이라고 믿어."55)

밸링햄 부인은 노동계급여성을 희롱한 아들의 행위에 대해서 전혀 가책을 받지 않으며 아들의 행위에 대한 책임을 몇 푼의 돈으로 해결하려한다. 밸링햄 부인의 태도는 하층여성들의 인격과 성적 정체성이

---

54) Angus Easson, ed., *Elizabeth Gaskell: the Critical Heritage* (London and New York: Routledge, 1991), p. 202.
55) Gaskell, *Ruth*, p. 73.

근본적으로 중·상층여성의 그것과는 다른 가치를 가진다고 보는데서 비롯되며, 여성들의 성적 위상이 계급에 의해서 차별화되는 현실을 보여준다. 물론 노동계급여성에 대한 이와 같은 사회적 편견은, 루스가 자신을 타락한 여자로 간주하는 사회의 인식을 뒤집고 소설 말에서 성녀와 같은 위치에 서게 되면서 일견 극복되는 것 같다. 루스는 미혼모라는 자신의 과거가 알려지자 가정교사 자리를 박탈당하고 그녀를 위험하게 보는 주위 사람들에 의해서 철저히 소외된다. 그러나 루스는 자신에 대한 혹독한 조롱과 비판을 견뎌내며 전염병 환자를 돌보는 일을 통해서 하층여성에 대한 사회적 편견을 정화하는 의식을 수행한다. 소설 말에서 루스는 마침내 사회의 편견을 극복하는데 성공한다. 그러나 그녀가 환자를 돌보다 죽는다는 이 소설의 결말은 노동계급여성에 대한 사회적 편견을 극복하는 것은 죽음과 맞바꾸어야 할 정도로 극히 어려운 일이라는 점을 시사한다.

여성노동자들의 생계노동을 불가피하게 만들었던 노동계급가정과는 달리, 중류층은 잘 정돈되고 물질적으로 풍족한 가정의 중요성을 강조하는 생활 스타일을 18세기 말부터 발전시켰다. 이에 따라 가정의 경영, 남편과 아이들의 정서적 요구에 대한 책임은 아내와 어머니의 영역이 된 반면, 육체노동이나 무겁고 더러운 일들은 가정의 하인에게 맡기는 경향이 있었다. 물론 이러한 경향은 아이들의 수뿐만 아니라 가정의 재정에 주로 영향을 받았지만, 하인을 고용하려는 사회적 분위기는 고조되었으며 이에 따라서 중·상층 기혼여성들[56]은 대부분 가정 관리

---

56) 중·상층여성들의 경우도 사실은 그 내부에 다양한 스펙트럼을 가지고 있으므로 보다 구체적으로 분류되어야 할 필요가 있다. 가령, 중류층 여성의 경우 다음과 같이 보다 세분하여 분류될 수 있다. 당대 엘리스 여사(Mrs. Ellis)는 중류층 여성은 공업, 상업 혹은 전문직에 종사하는 남성의 아내로 1-4명의 하인들을 고용할 수 있는 여성이라고 정의하였으며, 이러한 정의에

자의 역할을 맡게 되었다. 두 서너 명의 하인을 고용하는 중·상층 여성들은 아이를 돌보는데 적극적 역할을 할 필요가 없었으며 보모나 하녀로부터 아이 양육과 집안 살림에 대한 모든 육체적 노동을 제공받았다. 비튼 여사(Mrs. Beeton)의 조언집에 따르면, 그들의 일상은 하인들의 가사노동을 감독하고, 하인들이 아이들을 잘 돌보는지를 살피고, 손님초청과 파티를 주관하는 것으로 이루어진다. 따라서 대부분의 중류층 기혼여성은 노동시장에서 거의 찾아볼 수 없었다. 중류층 여성에게 개방된 몇몇 임금 노동직으로 간호사, 교사, 사무직, 판매직이 있었지만, 이 직업은 대부분 중류층 미혼여성이 차지하였다는 점에서 중·상층기혼여성의 임금노동 개념은 거의 부재하였다고 말할 수 있다.

중·상층여성들은 그들의 '아버지와 남편의 사회적 지위와 경제적 위치'[57)]에서 비롯된 상대적인 물질적·정신적 여유를 가질 수 있었다는

따라서 던컨 크로우(Duncan Crow)는 19세기 후반 영국여성인구의 $\frac{1}{4}$이 중류층에 속한다고 추정한다. 이 여성들은 가사일을 할 필요가 없으며 이들의 남편은 육체노동자가 아니다. 그러나 중류층 여성을 여러 명의 하인을 둔 한가한 여성이라고 보는 견해는 당대의 중류층에 대한 피상적 견해일 뿐이라는 주장이 있다. 패트리샤 브랜카(Patricia Branca)는 "중류층 여성이 가사일로 분주하다"(131)는 견해를 중류층의 소득을 근거로 설명한다. 이에 따르면 대부분의 중류층 여성들은 평균 3명의 하인을 두는 것이 불가능하다. 3명 정도의 하인을 둘 정도의 사치는 중상층(upper middle class)의 경우에나 가능하며, 중상층은 중류층의 20%에 불과하다. 평균 중류층 가정의 일의 양은 2명의 여자가 바쁘게 일해야 할 정도보다 많은 양이라고 볼 때, 1명의 하인을 둔 중간중류층의 경우는 한가할 수가 없다. 엄격히 말해서, 중류층 여성 중의 일부만이 우리가 알고 있는 유한여성의 특권을 누릴 수 있다고 볼 수 있다. 이러한 논의는 빅토리아조의 중·상층여성에 관한 이미지가 보편적으로 다루어지고 있으며, 한 계급의 여성에 대한 이해 역시 세분화될 필요가 있음을 보여준다. 그러나 이 책에서는 중·상층여성 내의 다양성보다는 그들에 비해서 열등한 사회적·경제적 위치를 가지고 있는 노동계급여성들의 문제에 주목하고자 한다. Eisenstein, pp. 130-131.
57) 대부분의 경제적 계급분석은 여성의 계급을 그녀의 남편, 아버지, 아들과

점에서, 노동계급여성들과는 다른 삶을 살고 있었다. '여성에게 계급이란 무엇인가?'라는 문제에 대해서 논의하면서 룩상부르그(Luxemburg)는 여성들이 자신들의 계급입지를 남성과 관련되어 동반되는 특권이나 제한으로부터 얻는다고 주장한다.58) 그러나 경제적으로 여유있는 중·상층여성의 삶은 그 나름대로의 대가를 요구한다는 점에서 그들의 삶에는 이중적인 측면이 있었다. 숙녀들은 가부장제가 설정한 가정이데올로기에 따라서 남성의 종속자로서 수동적이고 열등한 배우자 역할을 수행하도록 되어있었다. 예컨대 『시빌』의 마니 부인(Lady Marney)은 남편보다 때로는 더 현명한 판단을 내릴 수 있는 능력이 있었음에도 불구하고 남편에게 철저히 복종하며 종속적 위치를 받아들인다.

> 아라벨라(Arabella)는 재능있는 여성으로서 그 재능을 닦아왔었다. 그녀는 뛰어난 감각을 가졌고 많은 감탄할 만한 자질을 소유하였다. 그녀는 감성을 결여하지 않았다. 그러나 그녀의 부드러운 기질은 논쟁을 피했고, 그녀는 본성상 지배하고 통제할 수 있는 정신을 갖지 못했다. 그녀는, '그녀보다 지적으로 떨어지고 온화한 자질면에서도 열등하지만 강한 이기심으로 그녀를 지배하는 남편'의 임의적 의지와 비이성적인 변덕에 저항하지 않고 굴복하였다.
> 마니 부인은 절대로 그녀 자신의 의지를 갖지 못했다.59)

수동적인 위치를 강요당하는 중·상층 여성들은 삶의 주체가 되지 못하였으며 그들에게는 삶의 목표도 있을 수 없었다. 19세기 여성을 다룬 많은 소설들이 결혼으로 대단원의 막을 내리듯이 당시의 중·상류

관련시켜서 규정함으로써 여성의 지위는 자신을 부양하는 남성의 계급에 의해서 결정된다. 경제적 계급분석은 여성을 자발적인 존재로 취급하지 않으며 가정구조와 시장 내에서의 그녀의 특수한 위치를 인식하지 않음으로써 성적 편견에서 벗어나지 못하고 있다. *Ibid*, p. 9.

58) MacKinnon, p. 7.
59) Benjamin Disraeli, *Sybil* (Hertfordshire: Wordsworth Classics, 1995), p. 63.

층 여성들은 결혼이라는 인생의 크라이막스를 경험한 이후에는 권태로운 삶을 보냈다. 이들의 모습은 소설 속에서 흔히 두통을 호소하거나 "병색"[60]이 있는 것으로 묘사되었다. 그러나 아이러니하게도, 일로부터 해방된 야위고 권태로운 숙녀의 모습은 노동계급여성들에게는 세련된 것으로 비쳐졌다.

> 그녀는 전반적인 권태의 분위기, 건강한 홍조의 부재, 해초같이 여윈 몸매를 런던의 세련됨의 결과라고 생각한다. 왜냐하면 숙녀들이 장원을 종종 방문하거나 마을 교회에 나타나거나 마차를 타고 가는 것을 얼핏 보았을 때 그녀는 그러한 높은 신분의 숙녀들에게서 유사한 모습을 관찰했기 때문이다. 그녀는 젊은 모자제조사들의 이마 위에 흘러내린 길고 약하고 풀려있는 머리다발을 보았고 자신의 곱슬곱슬하고 탄력있는 머리가 저렇게 늘어질지 궁금해 하였다.[61]

소설 속에서 나타나는 중·상류층여성의 연약하고 혈색 없는 모습은 19세기 숙녀의 이상이 빚어낸 하나의 부산물이었으며, 당대의 페미니스트인 프란시스 파워 콥(Frances Power Cobbe)은 이러한 왜곡된 이상적 여성상에 대해서 비판하였다. 그녀는 건강한 상태를 100을 만점으로 할 때 소수의 숙녀들만이 80-90 이상이 될 것이며 대부분은 75가 될지 의심스럽고 아마도 50-60 정도가 될 것이라고 단언하였다. 콥은 상류층여성의 건강은 의심할 바 없이 평균 이하라고 진단하고 이러한 만성적인 병약함은 숙녀들에게 방종과 이기심, 기만을 초래함으로써 "본인과 주위 사람들에게 도덕적으로 해를 끼친다"고 지적하였다. 그녀는 이러

---

60) Tonna, *Helen Fleetwood*, p. 44.
61) Charlotte Elizabeth Tonna, *The Wrongw of Women* Part Ⅰ, in *The Works of Charlotte Elizabeth* Vol Ⅲ (New York: M. W. Dodd, 1845), p. 402. 이 작품은 네 부분으로 구성되며 앞으로 각 부분은 다음과 같이 약자로 쓰기로 한다. *Wrongs* Ⅰ, *Wrongs* Ⅱ, *Wrongs* Ⅲ, *Wrongs* Ⅳ

한 병약함이 첫째, 체질에 의한 것 둘째, 신선한 공기, 음식, 운동이라는 자연의 요구를 무시하는 습관 셋째, 숙녀다움을 병약함, 창백함, 소식하는 습성, 언어와 태도에 있어서 활기없는 것과 동일시하는 어리석음에 기인하는 것으로 설명한다.[62]

개스켈 역시 중·상층여성에게 나타나는 병약함에 대해서 비판적이라는 점에서 콥과 견해를 같이 한다. 그녀의 소설 『메리 바튼』에서는 한때 여공으로 미혼시절을 보낸 카슨 부인(Mrs. Carson)이 중류층으로 변신한 후의 생활이 묘사된다. 그녀는 공장주로 성공한 남편 덕택에 하녀들을 거느리고 있으므로 일할 필요가 없으며 그녀가 종종 호소하는 두통은 그녀의 나른한 삶과 관련된다고 묘사된다.

> 카슨 부인은 (특별한 자극이 없을 때 대개 그러하듯이) 두통이라는 사치에 탐닉하면서 그녀의 옷 방이 있는 위층에서 나른하게 앉아있었다. 그녀는 확실히 몸이 좋지 않았다. 하인들은 그것을 '머리 속의 바람'이라고 불렀다. 그러나 그것은 정신적·육체적으로 한가한 그녀의 상태가 빚은 당연한 결과에 불과하였다. 부와 여가라는 자원의 가치를 알 만큼 충분한 교육을 받지 못한 채 그녀는 이것들을 누리게 되었다. 만일 그녀가 1주일 동안 그녀의 하녀 중의 한 사람의 일을 할 수만 있다면, 그것은 그녀가 매일 들이마시는 에테르와 암모니아수보다 그녀에게 더 좋은 작용을 할 것이다.[63]

물론 하층계급에 속한 여성들도 건강치 않은 삶을 산다는 점에서 19세기의 '여성들'에게는 공통적인 면이 있다. 그러나 두 계급이 호소하는 병은 그들의 대조적 삶처럼 그 원인에 있어서 차이가 있었다. 노동계급여성들의 병이 과도한 일로 인해서 생겨난 것이라는 점을 고려하면, 한

---

62) Frances Power Cobbe, "The Little Health of Ladies," *Contemporary Review* 31 (1878), pp. 277-281.
63) Gaskell, *Mary Barton*, pp. 201-202.

가함에서 비롯된 중·상층여성의 병은 사치병으로 분류될 수 있을 것이다. 중·상류층여성의 병약함이 충분한 교육을 받지 못해서 시간을 활용할 방법을 모르기 때문에 비롯된다고 본 개스켈은 이들 여성들의 교제상대로 "교육받은 자신들의 딸보다 하녀가 더 적절하다"고 그들의 무식을 꼬집는다. 이 소설에서 중류층 여성의 문제는 나태와 사치에 젖어 노동자들의 불행과 고통을 외면한다는 점에서도 지적된다. 헌터 부인(Mrs. Hunter)은 노동계급의 고통에 무관심한 채 자신의 파티준비에나 신경을 쓰는 무자비한 중상층여성으로 비판된다. 숙녀들의 냉혹함은 살인사건의 재판을 보러 몰려다닐 정도로 잔인한 장면을 즐기는 점에서도 역시 지적된다.

> '아. 숙녀들(예쁜 사람들)이 살인사건의 판결을 듣고, 살인자를 보고, 판사가 검은 모자를 쓴 것을 보기 위해서 떼를 지어 올 겁니다.'
> '그리고 집으로 가서는 황소싸움에서 즐거움을 찾는 스페인 숙녀들을 부러워하지요. "여성적이지 못한 사람들입니다!"'[64]

노동계급남성인 존이, 자신의 딸에게 숙녀가 되도록 환상을 불어넣는 처제에 대해서 경고하는 것은 바로 이러한 중·상류층여성의 부도덕성과 나태함에 대한 비난을 내포하고 있다.

> 나는, 비록 그녀가[메리가] 빵에 버터를 발라먹지 못한다 해도, 매일 아침마다 상점종업원을 걱정하게 만들고 오후 내내 피아노를 두드리며 자신 이외에는 신의 창조물 중 그 누구에게도 좋은 일을 한 것 없이 잠자리에 드는 쓸모 없는 숙녀가 되기보다는, 성경이 그녀에게 명했듯이, 자신의 이마에 땀을 흘리며 생계비를 버는 것을 차라리 보겠어요.[65]

---

64) *Ibid*, p. 283.
65) *Ibid*, p. 10.

중·상층 여성에 대한 비판이 한가한 삶에서 비롯된 나태에 대부분 집중되었다면, 노동계급여성들에게 가해졌던 비판은 주로 그들의 성도 덕에 관한 것이였다는 점에서 두 계급의 여성들은 다른 계급적 위치를 재현하였다. 그러나 무엇보다도 이 두 계급의 여성들의 삶의 질을 차별화시키는 결정적 요소는 '결혼'이었다. 중·상층여성들에게 결혼이 중대한 사건이었다면 노동계급여성의 삶에서 결혼은 특별한 중요성을 띄지 않는 것으로 나타난다. 노동계급의 결혼식은 대부분 토요일에 이루어졌는데 그것은 노동시간을 결혼식에 할애함으로써 초래될 임금손실을 막아보려는 이유에서였다.66) 중·상층여성들에게 있어서 결혼이란 경제적 안정과 사회적 신분을 보장한다는 의미가 있었던데 비해서 노동계급여성들이 결혼을 통해서 염원했던 것은 단지 생계비를 벌 수 있는 남편을 얻는 것이었다. 『메리 바튼』에서는 노동계급에 있어서 최상의 남편감을 다음과 같이 적고 있다.

> 이제 메리의 아버지는 그녀가 결혼하기를 바라기 시작하였다 …… 만일 젬 윌슨(Jem Wilson)이 그녀와 결혼하기만 한다면! 그는 얼마나 성실하고 능력있던가!……
> 젬은 많은 고민 후에 그 날을 '그의 재산에 손을 대서 잃거나 이기는' 날로 정하였다. 그는 아내를 편안하게 부양할 수 있는 조건을 가지고 있었다.67)

대부분의 남성노동자들은, 젬과 달리, 자신의 임금만으로는 경제적인 안정을 확보할 수 없었다는 현실68)을 고려할 때, 노동계급여성들에게 있어서 결혼이란 자신들을 부양할 남편을 확보한다는 의미와는 사실상

---

66) Jane Lewis, *Women in England 1870-1950: Sexual Divisions and Social Change* (Bloomington: Indiana UP, 1984), p. 8.
67) Gaskell, *Mary Barton*, pp. 127-128.
68) 노동계급가정에서 남성에 의한 '가족부양개념'의 불가능성은 5장에서 자세히 다루어질 것이다.

거리가 있었다. 결혼이란 노동계급여성들에게는 오히려 부양가족에 대한 경제적 부담과 가사로 인한 육체적 노동이라는 이중적 희생을 요구하는 통과의례가 되었다. 따라서 중·상층에게 있어서 이상적인 신부감이 아름답고 순결한 계급적 동질성을 가진 여성이었다면, 노동계급에게 있어서 이상적인 신부감은 가정경제를 도울 수 있는 보다 현실적인 배우자감이었다. 가령 빅토리아조 시대의 직조업에 종사하는 남성노동자에게 있어서 최고의 신부감은 자신과 같은 일을 하는 경제적 능력이 있는 여성노동자였다.[69] 남성노동자들이 가족을 부양할 정도로 충분한 임금을 벌지 못했던 상황에서 배우자에 대한 이러한 기대는 당연한 것이기도 하였다. 실제로 많은 노동자들의 아내들은 결혼 이후에도 계속 직장을 가짐으로써 경제적 필요를 충족시켜야만 했다.[70]

가족을 부양하는 노동계급여성들의 삶은 이른 아침부터 전쟁을 방불케 하는 것이었다. 어린 아이가 있는 경우 그들은 아이를 쇼올에 싸 가지고 보모에게 데려다준 후에야 일을 시작할 수 있었다. 19세기 영국의 노동계급여성의 문제를 다루는데 있어서 주목해야 될 점은 바로 가족을 부양하는 여성들이 아이양육에 있어서도 전적으로 책임을 가지고 있었다는 점이다. 노동계급여성에게 있어 가족부양과 아이양육이라는 이중적 부담은 자기 아이에 대해서도 냉담한 어머니가 되게 만들 정도로 이들 여성들을 황폐하게 만들었다. "상냥하고 점잖은 처녀"였던 라이트 부인(Mrs. Wright)이 자식의 고통에 대해서 조차 냉담한 "돌"[71]

---

69) Anna Clark, p. 65.

70) 노동계급가정에 있어서 남성부양자 개념의 실현이 불가능하였다는 현실로 인해서 "아내들은 생애의 어떤 시기에 임금노동자로서 일했다. 항상 아내들의 기술과 에너지는 단순한 생존과 편안한 삶의 수준 사이에 실제적인 경계를 제공하였다." Ellen Ross, "'Fierce Question and Taunts': Married Life in Working-Class London, 1870-1914," *Feminist Studies* 8. 3 (Fall 1982), p. 576.

71) Tonna, *Helen Fleetwood*, p. 72.

같은 마음을 갖게 된 것도 각박하고 고단한 노동계급여성의 삶을 생각할 때 놀라운 사실이 아니었다.

노동계급여성의 일과 모성 사이의 갈등은 특히 영아 양육에 있어서 잘 나타난다. 중·상층여성들의 아이양육을 대신해 주었던 노동계급여성들은 아이러니하게도 자신의 아이를 돌볼 시간적 여유를 가질 수 없었다. 당시에 노동계급의 아이들에게 복용시킨 마약은 바로 이 점에서 노동계급 기혼여성의 딜레마로 다루어진다. 굶주림에 시달리고 관심을 필요로 하는 아이들에게 여성노동자들은 이 마약을 먹임으로써 아이의 허기를 달래고 잠을 자게 만들었다. 그러나 이 마약은 아이의 건강을 해쳤고 결국은 영아사망의 주요한 원인을 제공하였다. 『시빌』에서 데블즈더스트(Devilsdust)의 어린 시절은 노동자가정의 어머니가 겪는 이러한 참담한 현실을 보여준다. 어머니가 데블즈더스트를 낳은지 2주일 만에 다시 공장에 나가게 되자 아이는 노인에게 맡겨졌는데, 이때 아이에게 먹였던 것이 "당밀 섞인 아편"(treacle and laudanum)이다. 당시 노동계급의 산모들은 아이를 낳은 지 얼마 되지 않아서 곧 바로 생계를 위해서 노동현장으로 돌아가야 했으며 이는 아이뿐만 아니라 어머니의 건강을 해쳤다.[72] 특히 노동계급 어머니들을 괴롭혔던 것은 일로 인해서 아이를 돌볼 수 없는 경우에도 엄마의 역할을 하지 못했던 점에 대한 면책권을 가질 수 없었다는 점이다. 이 여성들은 아이를 제대로 돌보지 않아서 죽음을 초래한 원인제공자로 인식되었고, 아이의 죽음에 대한 사회적인 비난을 홀로 감수해야만 했다.

---

72) 해고와 기아에 대한 두려움으로 인해서 노동계급여성들의 대부분은 출산 후 8일 심지어 3-4일 후에도 공장에 다시 나왔다. Engels, *Condition*, p. 182. 이와 같은 여성노동자의 현실은 토나의 소설에서 광산에서 일하는 한 여성노동자가 아이를 낳은 후 2주도 안 돼 복직하는 것으로 나타난다. Tonna, *Wrongs* II, p. 131.

가정과 국가경제에 대한 공헌이나 경제적 능력에도 불구하고, '일'은 미혼여성노동자들을 도덕적 오명에서 벗어날 수 없도록 했으며 기혼여성노동자들 역시 자신의 일에 대한 자부심을 갖거나 보람을 느낄 수 없었다. 이는 노동계급여성들이 처한 열악한 노동조건과 노동의 성격에서 비롯되기도 하였지만, 그보다 더 중요한 것은 가정이데올로기라는 배경에서 찾아볼 수 있다. 성차에 따른 노동분리를 골자로 하는 가정이데올로기에 의해서 빅토리아조 여성은 우선 아내이자 어머니로 정의되었으며 가정이라는 사적영역을 담당하도록 규정되었다. 부유한 남편은 아내를 부양할 수 있었으므로 일하지 않는 아내는 남성의 부와 특권을 나타내는 것으로 간주되었다. 중·상층여성은 하인을 관리하는 것 이외에 다른 '일'을 가지고 있지 않았으며 이것은 '숙녀'의 특권으로 인식되었다. 문제는, 숙녀의 특권이 현실적으로는 중·상층여성들만이 누릴 수 있는 것이었음에도 불구하고 숙녀는 빅토리아조 시대의 모든 여성들의 이상적 여성상으로 자리잡게 되었다는 점이다. 따라서 여성의 한가함이라는 관행은 중류층을 통해서 퍼져나갔으며, 여성에게 있어서 일이란 불행이자 불명예가 되었다.[73]

한가한 여성을 이상적인 여성으로 규정한 부르주아의 가정이데올로기가 사회적으로 만연됨으로써 노동계급여성들은 숙녀의 지위를 갈망하게 되었다. 1890년에서 1940년 사이의 노동계급여성들의 노동생활에 대한 연구에서 엘리자베스 로버츠(Elizabeth Roberts)는 이 계급의 여성들 역시 공장이나 착취산업에서 일하는 것보다 가정에 머무르는 것을 더 선호한다는 점을 노동계급여성들과의 인터뷰를 통해서 밝혔다.

노동계급 기혼여성들은 그들의 임금노동에 대해서 양가적 태도

---

73) Neff, p. 187.

를 보인다. 일을 하는 여성들은 자신의 기술, 노력, 가정경제에 대한 기여에 대해서 자부심을 가지고 있었다. 그러나 그들은 일생 동안 임금을 벌겠다는 야심을 가진 경우는 거의 없었으며 임금노동을 포기할 수 있다는 것을 사회적 진보와 지위의 문제로 간주하였다. 그들의 생각으로는 **그들의 해방은 일터에서 나와서 가정으로 돌아가는 것이었다.**[74] (필자 강조)

19세기 말과 20세기 초를 배경으로 이루어진 로버츠의 연구는 19세기에 걸쳐 보편적으로 통용되어왔던 여성의 일에 대한 보수적 개념이 시간이 지나도 쉽게 변할 수 없음을 말해준다. 산업화 이후 여성의 노동은 가난한 자의 불가피한 생계수단으로 인식됨으로써 여성의 노동권은 여성의 독립적 인격을 보장해 준다는 개념과 연결되지 못하였다. 오히려 여성이 가정의 영역에 머물 수 있는지 여부는 그 여성의 경제적·사회적 위치를 표현하는 한 방식이 되었다. 중·상층여성에게 있어서 공적활동은 보수와는 무관한 것이 되었으며, 점잖은 숙녀에게 허용된 일은 오직 자선활동이라는 편견을 낳았다. 따라서 희생을 감수하고 경제적 공헌을 한 노동계급여성들은 독립적인 존재로 비쳐지기보다는 이상적 여성상을 실현할 수 있는 여건이 안 되는 불쌍한 여성으로 인식될 수 밖에 없었다.

노동계급여성이 노동의 의미를 독립이나 해방의 수단으로 볼 수 없었던 것은 임금노동을 하는 여성이 19세기의 가정이데올로기가 규정한 이상적 여성상에 배치된다는 이유 때문만은 아니었다. 노동계급여성들은 자신들의 노동에 대한 대가를 스스로 소유할 수 없었다는 이유로 인해서 노동과 자신의 경제적 독립을 연결시킬 수 없었다. 이런 점에서 임금노동을 하지 않고도 자신의 재산을 가질 수 있었던 중·상층여성

---

74) Elizabeth Roberts, *A Woman's Place* (Oxford: Basil Blackwell, 1984), p. 137.

들과 임금노동을 하더라도 자신의 재산을 소유할 수 없었던 노동계급여성의 위상은 또한 차별화되었다. 어느 계급을 막론하고 여성들이 자신의 재산을 소유할 수 없다는 법적 규정에도 불구하고, 두 계급의 여성들의 계급 차이는 경제적·법적인 측면에서도 나타났기 때문이다.

여성들의 계급에 따른 경제적·법적 차별의 증거는 1850년대 이후 본격적으로 거론된 일련의 기혼여성재산법의 개정과정에서도 드러난다. 기혼여성법 개혁주창자들은 영국에 두 개의 다른 재산법 체계, 즉 상류층여성의 재산을 지배하는 형평법(equity)과 노동계급여성의 재산을 지배하는 보통법(the common law)이 있다는 것은 영국의 정의에 대한 모독이라고 주장하였다. 그들은 현재는 부유한 여성만 누릴 수 있는 재산소유권을 모든 여성이 누릴 수 있도록 하나의 법 체제를 요구하였다. 이들은 "의회의 의원들은 자신의 딸, 아내, 여동생들이 재산을 소유해야 한다고 생각하고 있다"고 주장하며 그 증거로 부유한 사람들 사이에서 딸들이 결혼하기 전에 "형평법상의 신탁"(equitable trusts)을 하는 관행을 지적하였다. 물려받을 재산이 있어야 할 뿐만 아니라 신탁을 작성하는 것이 비용이 많이 드는 과정이었다는 점을 고려할 때 이러한 관습은 사실상 여성들의 계급차이를 더욱 심화시키는 기능을 하였다. 물론 "재산양도 형평법"(equity to a settlement)[75]을 통해서 형평법원이 여성의 재산을 남편으로부터 보호할 수는 있었지만 그것은 형평법에 호소할 수 있는 경제적 능력이 있는 기혼여성들에게만 가능한 것이었다는 점에서 이 법적호소도 가난한 여성들에게는 역시 의미가 없었다.

여성이 재산을 소유할 수 없도록 만든 법규정은 편법으로 재산을 소유할 수 있었던 상류층여성보다 하층여성에게 더욱 고통스런 결과를

---

75) 이것은, 만일 아내가 '권리재산'(chose in action)을 가지고 있는 경우, 남편으로 하여금 아내에게 재산의 일부를 나누어준 이후에야 아내의 권리재산을 가질 수 있게 함으로써 남편의 소유를 줄일 수 있도록 한 법적 규정이다. Shanley, p. 59.

초래하였다. 신탁에 의해서 세습재산을 어느 정도 확보할 수 있었던 중·상류층여성과 달리, 세습재산은 물론 자신이 번 돈조차 소유할 수 없었던 노동계급여성들의 고충은 18세기말 울스톤크래프트의 소설 『메리, 소설 그리고 여성학대』에서도 잘 나타난다. 난봉꾼 남편을 둔 하숙집 여주인은 노동하여 번 돈을 번번이 남편에게 강탈당하지만 아내의 재산이 곧 남편의 것이라는 법 규정 밑에서 이를 감수할 뿐이다. 반면에 친척으로부터 유산을 받은 중류층 여성인 마리아는 경제권을 소유하고 있기 때문에 자신을 괴롭히는 남편과의 관계에서 일방적인 약자의 위치는 아닌 것으로 나타난다. 19세기에서도 노동계급여성들은 자신의 몸뿐만 아니라 자신들이 번 재산이 남편의 것이라는 법적 규정으로 인해서 고통을 받기는 마찬가지였다. 토나의 「버려진 가정」에서 실업자가 된 존 스미스(John Smith)는 아내의 임금에 대한 자신의 권리를 주장한다. 존은 아내 앨리스(Alice Smith)의 주급을 받아서 1실링을 술집에 내는데 이것은 "그가 다른 남자들처럼 해야했다"는 것으로 설명된다. 말하자면, 대부분의 남성들은 아내의 임금을 자신의 재산으로 여김으로써 노동계급여성의 노동은 개인의 독립과는 아무런 관련을 갖지 못했다.

 '여성들'의 문제는 계급의 축을 거치면서 공통점 만큼이나 많은 차이점을 가지게 된다. 두 계급의 여성들의 삶에서 발견되는 공통점과 차이점은 이 여성들을 때로는 자매로 때로는 적대적인 존재로 바라보게 만들었다. 다음 두 장에서는 이러한 두 계급의 여성들의 관계와 더불어 노동계급여성의 계급이동의 양상을 살펴봄으로써 계급의 한 축에 서 있는 노동계급여성의 삶을 더 자세히 가늠해 보고자 한다.

제3장 노동계급여성의 계급관계

1. "자선부인"과 자매애

'계급'은 19세기 영국 '여성들'에게 각기 다른 형태의 삶과 계급코드를 부여하였으며, 지배계급여성과 피지배계급여성 사이의 관계 역시 이 계급에 의해서 규정되었다. 두 계급의 여성들은 대체로 고용인과 피고용인으로서 만나거나, 직접적으로 일을 매개로 하지 않는 경우일지라도 지배계급과 피지배계급이라는 분명한 계급적 범주 내에서 관계를 맺었다. 그러나 노동운동을 통해서 자신들의 노동조건 개선과 선거권을 확보하고자 한 노동계급 남성들이 대체로 지배계급남성과 대립과 갈등 관계를 형성한 데 비해서, 노동계급여성과 지배계급여성의 관계는 단순히 배타적 관계로서만은 설명할 수 없었다. 분리영역이데올로기를 내세워 노동시장을 차지한 '남성노동자들'이 자본가와 배타적인 계급적 이해관계를 가지고 있었던 데 비해서, 지배계급여성과 하층계급 여성은 자본주의 생산체제 내에서 직접적으로 부딪히지 않음으로써 공적이고 노골적인 대립은 피할 수 있었다. 오히려 당대 소설 속에서 노동계급여성과 중·상층여성은, 위계질서에 근거한 상호 의존적인 존재로 혹은 페미니스트들에 의해서 심지어 같은 성(sex)을 공유하는 '자매'로 인식되기도 하였다. 그러나

두 계급의 여성들의 관계는 계급적 이질성과 배타성으로 말미암아 근본
적으로 이해관계를 공유할 수 없었고 적대적 관계를 벗어나기란 불가능
하였다. 두 계급의 여성들의 관계에서 나타나는 이중성은 19세기의 복잡
한 사회·경제적 변화를 반영하고 있었다. 이 장에서 다루어질 내용은
당대 노동계급여성과 중·상층여성의 관계이며, 두 계급의 여성들에게서
나타나는 이중적 관계를 사회적·경제적 배경을 통해서 설명하고, 이것
이 소설 속에서 어떻게 재현되고 있는지를 밝히는 것이다.

19세기에 노동계급여성과 지배계급 여성의 관계가 어떠하였는지를
가늠하는데 있어서 우리는 다소 혼돈을 피할 수 없는 것 같다. 그것은
남성들의 경우와는 달리, 두 계급의 여성들의 관계에는 산업화 시대 계
급관계의 특성과 더불어 여전히 봉건적 관계라는 구시대적 유물이 남
아있기 때문이다. 이것은 우선 여성노동자의 직종이 주로 하녀라는 전
통적 가치관을 요구하는 직업에 집중되었다는 사실을 통해서 설명될
수 있다.[1] 19세기 영국의 산업자본주의 사회에서는 계약과 현금관계에

---

1) 19세기 영국의 가정집 하인의 대다수는 여성이었다. 1851년 영국에는
   750,000명의 여성하인이 있었던 반면에 남성하인의 수는 그것의 10% 정
   도인 74,000명에 불과하였다. 데이비도프(Davidoff)와 홀(Hall)에 의하면,
   중류계급 집안에 고용된 하인의 82%는 여성이라고 추산된다. 맥브
   라이드(McBride)는 대부분의 가정집하인이 여성이라는 사실은 이
   들이 역사가와 학자들에 의해서 무시되었던 이유 중의 하나라고 주
   장한다. Dorice Williams Elliott, "Servants and Hands: Representing
   the Working Classes in Victorian Factory Novels," *Victorian Literature
   and Culture* 28. 2 (2000), p. 388. 남성들과 달리 여성들이 하녀직을 계속
   유지한 이유는, 하인이라는 직업이 남성성을 손상시킨다는 이유로 남성들
   에 의해서 기피되었던 반면에, 하녀직은 자신들의 자유를 담보로 많은 이
   점을 가진다는 점에서 선호되었기 때문이다. 가정서비스직은 비록 자유에
   대한 제약이 있고 향수병으로 고통을 받는다는 단점이 있지만 임금, 거주
   할 방, 간혹 선물이 주어지며, 소비의 유혹이 가장 적어서 약 5-20 파운드
   정도 저축이 어렵지 않았다는 장점을 가지고 있었다. 동시대의 평가에

서 비롯되는 고용인과 피고용인의 새로운 관계가 형성되고 있었음에도 불구하고, 이와 동시에 전통적인 주종관계를 특징으로 하는 '하인'이 급증하였다. 산업화는 많은 여성들을 공장이나 의류제조에 관련된 일에 종사하도록 만들었다고 하지만, 사실상 이 시기에 하녀의 수는 노동계급여성의 주요 직종으로 급속히 증가하였다. 데이비도프에 의하면, 하인은 19세기 초에는 농장하인, 그 후에는 순수한 가정하인의 형태로 여성노동자의 가장 큰 직업집단을 형성하였으며, 농업노동자를 제외하고는 전체 경제에서 가장 큰 직업집단이었다. 여성하인의 수는 1851년에 751,541명에서 1891년에 1,386,167명으로 최고에 이르렀으며 1930년대 후반까지 1백만 이하로 내려가지 않았다. 하인직은 1891년에 고용된 모든 여성의 34%를 차지했으며 1930년에도 여전히 23%를 유지하였다. 1881년에는 15-20세 사이의 소녀 3.3명당 1명이 가정집하인으로 분류될 정도로 이 '시대착오적' 직업은 성행하였다. 어느 정도의 비율이 직업적 하인으로 남았든지 간에 노동계급여성들의 대다수는 삶의 어느 기간 동안 하녀직을 경험하였을 정도로 하녀는 여성노동자의 직업에서 높은 비율을 차지하였다.[2]

이처럼 양산된 하인을 소비하는 계급은 산업자본주의의 등장으로 성장한 부르주아들이었다. 그들은 현금을 바탕으로 한 부의 축적으로 여

따르면, 이 직업의 전체적 가치는 19세기에 가정서비스직을 여성이 가장 임금을 많이 벌 수 있는 직업으로 만들었으며, 명백한 결점에도 불구하고, 왜 거의 1900년까지 이 직업이 유행하였는지를 설명한다. John R Gillis, "Servants, Sexual Relations, and the Risks of all Illegitimacy in London, 1801-1900," *Feminist Studies* 5. 1 (1979), p. 149. 또한 하녀는 가정에서 일한다는 이유로 인해서 성차에 입각한 분리영역 이데올로기에 어긋나지 않는 여성적인 직업으로 여겨졌으며, 부도덕한 여공들은 감히 지원조차 할 수 없는 직업으로 인식되었다. 노동계급 내에서도 하녀가 공장노동자와는 다른 위상을 차지하였다는 점에 대해서는 Elliott, pp. 377-379를 참고할 것.

2) Davidoff, "Mastered," pp 409-410.

론을 통제하고 정치적 권력을 행사하였을 뿐만 아니라, 새로운 계급을 형성한 자신들의 경제적 부를 과시하기 위해서 많은 하인들을 거느리게 되었다. 중류계급의 조건 중의 하나는 하인을 고용할 수 있는지 여부와도 관련되었으며, 하인은 생산적인 노동자라기 보다는 고용주의 '재력의 표시'3)가 되었다. 산업화로 급부상한 중류층은 자신들의 계급적 우월성을 과시하는 수단으로써 하인을 필요로 하였고, 이것은 생산성의 증가로 남아도는 하층계급 여성들이 하인직으로 고용될 수밖에 없는 현실과 맞물려 있었다. 산업혁명은 하인직을 급격하게 증가시킴으로써 그것을 "19세기 영국의 가장 큰 단일 직업집단으로 만드는 시대착오"4)를 일으켰던 것이다.

중·상층 내의 다양한 경제적·사회적 위치에 따라서 고용할 수 있는 하녀 수에서 차이를 보임에도 불구하고, 각 가정 내에 적어도 한 명 이상의 하녀를 두고 있는 상황에서 하층계급여성과 중·상류층여성의 일상적인 접촉은 불가피하였다. 하녀에게는 전통적 위계질서를 존중하는 보수적인 의식이 요구되었으며 이런 점에서 당대의 많은 여성노동자들은 지배계급여성과 봉건적인 관계를 유지하도록 되어있었다. 특히 도시에 비해서 농촌이 봉건적 관계에서 보다 서서히 탈피하였다고 볼 때, "영국에서 1851년 가정하인의 ⅔가 농촌노동자의 딸이었다"5)는 점은 놀라운 사실이 아니다. 대안적 직업, 정치의식의 증가로 남성노동자들은 하인으로 일하는 것에 반감을 보이고 점차 하인직을 기피함으로써 봉건적 관계를 청산6)할 수 있었던 반면에 여성들의 상황은 달랐다.

---

3) Bruce Robbins, *The Servant's Hand : English Fiction from Below* (Durham and London: Duke UP, 1993), p. 15.
4) *Ibid,* p. xi.
5) *Ibid,* p. 42.
6) Davidoff, "Mastered," p. 416.

대안적 직업을 가지지 못했던 여성들은 여전히 하인직에 머무름으로써 여성의 직업과 가치관은 보수적 특성을 요구하였으며, 이러한 경향은 노동계급여성들로 하여금 적어도 표면적으로는 고용주와 전통적인 관계를 유지하도록 만들었다. 대개 농촌 출신인 하녀들은 "전(前)산업주의적 가치"에 익숙하였기 때문에 이들은 온정주의적이고 봉건적인 관계를 어느 정도 거부감 없이 받아들일 수 있었다

　19세기 중·상층여성과 노동계급여성의 관계는 외관상으로 조화로운 위계질서를 구현하는 듯이 보였다. 그러나 이러한 조화의 이면에는 갈등과 적대감이 감추어져 있었으며 때로는 이러한 적대감이 노골적으로 드러나기도 하였다. 가령 중·상층여성이 노동계급에게 베푼 자선의 관행은, 그것을 권장한 정부의 저의[7]가 어떠한 것인지는 차치하고서라도, 그것이 얼마나 본래의 정신을 구현할 수 있었는지 그리고 지배계급여성들이 자선을 베푼 '동기'가 무엇이었는지를 살펴볼 때, 그 순수성을 의심하게 만들었다. 진정한 동정심, 종교적 믿음, 사회적 안정에 대한 관심으로 많은 여성이 자선에 참여하였다고는 하지만, 보다 중요한 사실은 당대에 자선활동은 "에티켓, 드레스, 사교와 같은 우아한 의식과 함께 가족지위의 중요한 표시"[8]가 되었다는 점이다. 여왕이 주재하는 '귀부인들의 왕실 자선단체'(Ladies' Royal Benevolent Society)와 같은

---

7) 영국정부는 빈민구제를 형벌과 금지하는 용어로 착상함으로써 '신빈민법'(The Poor Law of 1834)을 만들었으며, 공적 지원의 적용범위를 엄격하게 한정함으로써 막대한 사회적 비용을 개인의 자선에 의해서 해결하고자 하였다. David Owen, *English Philanthropy 1660-1960* (Cambridge, Massachusetts: Belknap Press of Harvard UP, 1964), p. 137. 빈민들을 위한 공적 자금이 지배계급의 세금을 통해서 조달된다고 볼 때 정부가 개인에게 전가한 빈민 구제는 지배계급의 이익을 도모하는 것이라고 볼 수 있다.

8) Pamela Corpron Parker, "Fictional Philanthropy in Elizabeth Gaskell's *Mary Barton* and *North and South*," *Victorian Literature and Culture* 25 (1997) p. 323 에서 재인용.

단체에 가입하는 여성은 상당한 사회적 지위를 가졌다고 여겨졌으며, 자선은 "빅토리아조의 세속주의(snobbism)의 한 형태"[9]로 자리잡았다.

자선의 본래의 취지가 손상되었다는 점은, 자선을 수행하는 동기와 더불어 자선의 구체적인 과정에서 나타난 문제점에서도 찾을 수 있었다. 귀부인들로 구성된 방문자들은 특별한 훈련을 받지 않은 자원봉사자로서 그들의 방문은 집주인들에게 때때로 침입과 같이 불쾌하게 여겨졌다. 숙녀들은 과도한 동정심이나 감상적인 태도로 인해서 혹은 지나치게 은혜를 베푸는 듯한 태도나 캐묻는 태도로 인해서 집주인으로 하여금 대화하고 싶어하지 않게 만들거나 문을 잠가버리게 만들었다. 당대에 씌여진 다음과 같은 방문자 주의사항은 자선의 대상과 주체 사이에 존재하는 계급적 간격이 쉽게 극복되기 어려웠던 이유를 설명해준다.

> 만일 방문자들이 자신과 같은 계급의 사람을 대할 때와 같은 존경과 배려를 가지고 가난한 사람을 대할 필요가 없다고 생각한다면…… 가난한 사람들은 그의 관심을 매우 주제넘은 간섭이라고 생각할 것이다. 하층계급은 자신들을 대하는 태도에 대단히 민감하며, 자선의 도덕적 영향은 기부자의 기부의 가치보다는 기부자의 태도에 더 달려있다.[10]

자선은 그 공적 대의에도 불구하고 사회적 상승의 도구로, 혹은 종교적 신념의 약화에 대한 보상이나 감상으로 변질됨으로써, 무분별한 자선주의는 당대의 사회비평가들에 의해서도 비판되었다.[11] 이러한 자선의 현주소를 확인할 때 자선하는 숙녀와 자선의 대상인 노동계급여성

---

9) Owen, p. 165.

10) Anonymous, *Essays on the Principles of Charitable Institutions* (London: 1836), pp. 210-211. Owen, p. 140에서 재인용.

11) 카알라일은 무분별한 자선주의에 대해서 경고하였으며 해리엇 테일러는 자선의 효과에 대해 어리석은 믿음을 가진 귀부인들을 "감상적 사제"(sentimental priesthood)라고 비판하였다. Owen, p. 165, Parker, p. 324.

사이에 전제되었던 '자매애'란 사실상 허구적인 개념에 불과한 것이라고 볼 수 있다. 자선하는 숙녀의 문제점은 문학을 통해서도 종종 지적되던 것이었다. 빅토리아조 소설에서 여성박애주의자는 종종 가족을 지배하는 것에 만족치 않고 남까지도 간섭하는 거만한 "자선 부인"(Lady Bountiful)12)으로 풍자되었다. 찰스 디킨스의 젤리비 부인(Mrs. Jellyby)은 가정을 내팽개친 채 아프리카 자선사업에 헌신한다는 점에서 풍자되었으며, 『허영의 시장』의 레베카(Rebecca Sharp)에 대한 풍자는 소설의 마지막 장면인 위선적 자선행위에서 극치에 달하게 된다. 토나 역시 주위의 가난한 자매들은 간과한 채 박애라는 명분에만 집착하는 숙녀들의 위선적 태도에 대해서 비판하였다.13)

자선의 문제점은 그 효과 면에서도 살펴볼 수 있다. 중·상층여성의 자선활동이 같은 여성의 문제를 잘 안다는 점에서 장점을 가진 것으로 인식되었지만, 자선의 대상과 주체 사이에 놓여진 계급적 간격으로 인해서 자선의 효과는 의심스러웠으며 자선은 오히려 계급적 편견을 드러내는 계기가 될 수 있었다. 사실, 노동계급여성이 빈곤하고 불안정한 경제 사정으로 인하여 종종 어려움에 처할 때 도움을 준 사람은 중·상층여성들이라기보다는 같은 계급 여성들이었으며, 이웃여성들의 도움이야말로 진정한 자매애에서 우러나오는 것이었다. 이웃을 기반으로 하는 노동계급의 상호 원조는 여성들에 의해서 주로 조직되었으며 이들 여성들의 우정과 대화의 네트워크는 암묵적으로 상호 원조의 필요성을 받아들였기 때문에 사회적으로뿐만 아니라 물질적으로 이들을 결속시켰다. 이웃들은 아프거나 버림당하거나 실직의 시기에 서로를 지탱해주었으며 늙고 병든 여성,

---

12) Parker, p. 325.
13) Tonna, *Wrongs* II, p. 445.

출산하는 여성들을 돕는데 기여하였다.[14)]

　노동계급여성의 자서전에서는 이웃여성들의 상호 부조에 대한 이와 같은 사례들을 흔히 찾아 볼 수 있다. 레이튼 부인(Mrs. Layton, 1855 - ?)은 자서전에서 "나는 임신기간 중에 영양을 충분히 섭취하지 못하여 영양부족으로 인하여, 그리고 출산과 산후에는 돌봐줄 사람이 없어서 거의 죽을 뻔하였다. 만일 이웃이 없었더라면, 나는 아마도 죽었을 것이다."[15)]라고 회상하였다. 반면에 그녀가 경험한 중·상층여성들의 자선은 왜곡된 형태로 나타난다.

　　한 숙녀가 나에게 배가 고픈지 물어보았다.…… 만일 내가 기다리면 그녀는 먹을 것을 가져다 주겠다고 말하였다. 곧 그녀는 꾸러미 하나를 가져왔고 어떤 것도 버려서는 안 된다고 말하면서 그것을 주었다.…… 나는 그녀에게 고맙다고 인사하고 너무나 배가 고파서 뭔가 먹을 것을 기대하면서 그 꾸러미를 풀어보려고 안전한 장소로 갔다. 그러나 나는 실망을 할 운명이었다. 왜냐하면 그 꾸러미에는 쥐가 갉아먹은 것 같은 단지 말라빠진 빵 조각과 빵 껍질 그리고 커다란 베이컨 껍질이 들어있었기 때문이다. 나는 그것을 전혀 먹을 수 없었지만 그것을 버리지 않겠다는 약속은 지켰다. 그래서 나는 베이컨 껍질은 배고파 보이는 개에게 주었고 빵 껍질은 당나귀를 가진 한 남자에게 가져다 주었다.[16)]

---

14) Ross, p. 587. 버그 역시 "이웃여성들이 출산, 병, 아이돌보기, 그리고…… 집단적인 네트워크에서 서로에게 준 도움은 모두 강력하고 생동감 있는 공동체 결속을 형성하였다"는 점을 지적한다. Maxine Berg, *The Age of Manufactures: Industry, Innovation, and Work in Britain 1700-1820* (Totowa, New Jersey: Barnes & Nobles, 1985), p. 165. 노동계급 공동체에서 여성의 힘의 중요성에 대해서 그리고 여성의 공조망이 가난한 이웃경제에 중요한 역할을 한다는 점에 대해서는 Carl Chinn, *They Worked All Their Lives: Women of the Urban poor in England, 1880-1939*; Elizabeth Roberts, *A Woman's Place: An Oral History of Working-Class Women, 1890-1940* 을 참고할 것.

15) Davies, p. 37.

가난한 어린 소녀에 대한 한 숙녀의 위선적 동정이 노동계급여성에게 상류층여성의 이미지로 굳어지게 되었다면, 농장에서 차가운 식사를 하는 소녀노동자들에게 따뜻한 감자를 제공한 한 노동계급여성의 행동[17]은 자매애를 증명하기에 충분하였다. 노동계급여성이 같은 계급여성에게 행한 자선이 보다 도움을 주는 것이었고 인간적이었다는 것은, 부르주아의 자선의 허위성에 대해서 고발한 엥겔스의 글에서도 언급된다. 그는 일반적으로 부르주아보다 노동자들에게서 거지들이 더 많이 자선을 받는다는 사실을 지적하고,[18] 노동계급에 대한 부르주아의 자선의 성격은 이기적이고 자기보호적인 의도에서 나왔다는 것을 한 숙녀가 『맨체스터 가디언』(*Manchester Guardian*)에 보낸 편지에서 보여준다.

> 얼마 전에 우리 마을의 길거리에서 많은 거지들을 볼 수 있었다. 그들은, 종종 정말 뻔뻔스럽고 위협적인 태도로, 누더기 같은 옷과 비참한 모습, 역겨운 상처, 그리고 절단된 사지 덩어리들을 보이면서 시민들의 동정심을 유발하려고 하였다. '구빈세를 부담하고 있을 뿐만 아니라 자선적 호소에 관대하게 기부금을 내고 있는 우리들'은 그와 같은 역겹고 혐오스런 장면으로부터 보호받을 권리를 주장하기에 충분하다고 나는 생각한다. 만약 경찰들이 우리가 집을 나와 퀸즈가를 평화롭게 걸어 갈 수 있을 정도로 충분한 보호를 해줄 수 없다면 무엇 때문에 그들을 위해서 그토록 많은 세금을 내야 하는가? 나는 이 편지가 높은 발행 부수를 가진 당신의 신문에 실려서 이와 같은 폐단을 억제하게 되기를 기대한다.[19]

숙녀들의 자선에서 나타나는 문제는 노동계급여성을 위한 그들의 강의에서도 역시 유사하게 나타난다. 자신들이 실지로 경험하지 못한 타

---

16) *Ibid*, p. 9.
17) *Ibid*, p. 111.
18) Engels, *Condition*, p. 140.
19) *Ibid*, p. 314.

자의 삶에 관해 말하는 숙녀들의 강의는 그 효율성뿐만 아니라 진정성
이 의심될 수밖에 없었다. 이에 관한 노동계급여성의 고백을 들어보자.

> 나는 숙녀들이 노동자가정의 가사에 대해 강의하던 '어머니 모
> 임'(Mother's Meetings)에 참석하였으나 그들이 이 문제를 이해하
> 기는 불가능하다고 본다.…… 나는 질문을 할 기회도 없이 듣고만
> 있어야 되는 몇 가지 문제로 인해서 여러 번 속이 끓었다. 길드에
> 서 우리는 항상 한 가지 주제를 토론할 기회를 가졌다. 길드는 어
> 머니 모임보다 내 마음에 맞았고 그래서 나는 어머니 모임을 포기
> 하고 길드에 참석하였다.[20]

길드의 또 다른 여성노동자 역시 숙녀들의 강의뿐만 아니라 자선이 두
계급의 여성들을 자매애로 묶을 수 없었다는 점을 토로함으로써 두 계
급 여성들 간의 넘을 수 없는 거리를 인정한다.

> "나는 잠시 동안 어머니 모임에 참석하곤 했었는데 그것은 무엇
> 보다 의무감에서 그랬던 것이다. 그러나 길드에 가입하고 나서 나
> 는 거기서 읽혀지는 단순하고 유치한 이야기를 인내심 있게 듣고
> 싶지 않았으며, 우리가 통제권을 가진 목소리를 가지고 있지 않다
> 는 것을 느끼고 싶지 않았다. 길드일원(그곳에는 실제의 사람이 있
> 다)에게 시련과 고통을 말하는데는 어머니 모임의 숙녀들에게 말
> 하는 것과는 다른 감정을 느낀다. 당신도 알다시피 그들은 평등한
> 동료의식을 가지고 있지만, 숙녀들에게 말하는 것은 상담 후에 자
> 선을 조금 받을 수는 있겠지만 다른 감정을 느끼게 한다.[21]

노동계급여성과 중·상층여성이 근본적으로 이질적 집단이며 공감대
를 형성할 수 없다는 인식은 당대의 소설 속에서도 주장된다. 예컨대, 『

---

20) Davies, p. 40.
21) *Ibid*, p. 40.

잉여 여성』에서 중류층 여성인 미스 바푸트(Miss Barfoot)가 노동계급여
성에게 제공하는 직업교육은 "여성해방을 선전하는 여성들의 공적인 일
보다 더 효과적"이라는 점에서 평가를 받는다. 그러나 그녀 역시 계급에
대한 편견에서 자유로운 것은 아니었다. 비록 그녀는 노동계급을 "하층계
급"(lower class)이라고 부르는 헤이븐 양(Miss Haven)에게 "나는 가난
한 계급에 대한 이런 이름을 좋아하지 않는다"고 지적하지만, 잠시 후 하
층계급은 여러 면에서 저속(lower)하기 때문에 하층계급이라고 불러야
된다고 인정한다. 여성노동자들의 직업교육을 위해서 헌신하는 바푸트이
지만 자신은 "교육받지 못한 계급에는 관심이 없으며" "자신의 계급에만
관심을 갖겠다"[22]고 언급한다는 점에서 그녀는 지배층여성들의 이중적
태도를 대변한다. 비록 자선하는 또 다른 숙녀인 스몰브룩 부인(Mrs.
Smallbrook)이 "우리는 부당한 특권을 없애기 위해서 일하며" "나는 여
성의 결속을 목표로 한다"고 말하지만, 그녀의 이러한 주장은 그녀를 제
외한 나머지 숙녀들에 의해서 이상론에 불과한 것으로 간주된다.

　　"교육받지 않은 계급에 대해서 나[바푸트]는 그 어떤 것에
　도 관심이 없습니다. 당신은 내가 그렇게 말했던 것을 들었을
　텐데요."
　　"그래요, 그러나 나[헤이븐]는 그렇게 생각할 수가 없습니다. —
　그것은 좀 편협하지 않나요?"
　　"아마도 그렇겠지요. 그러나 나[바푸트]는 나의 분야를 선택한
　것이며, 그게 전부예요. 다른 사람들에게 하층계급을 위해서 일하
　라고 합시다. (나는 그들이 여러 의미에서 그렇다고 보기 때문에
　그들을 그렇게 불러야 되겠습니다.) 소명을 가진 사람들이 그들을
　위해 일하도록 하자구요. 나는 그것이 없어요. 나는 나의 계급에
　충실해야 합니다."
　　"넌 양(Miss Nunn), 그러나 확실히 우리는 모든 부당한 특권의

---

22) Gissing, pp, 58-59.

철폐를 위해서 일하고 있지 않나요? 우리에게 여성은 여성이지 않
나요? 라고 과부[스폴브룩]가 외쳤다."

"나[넌]는 미스 바푸트에게 동의할 수밖에 없어요. 우리가 교육
받지 못한 사람들에게 간섭하기 시작하자마자 우리의 모든 계획과
전망은 망가질 것입니다. 우리는 우선 새로운 언어를 배워야 합니
다……."

"저의 경우는, 스폴브룩 부인이 말했다, 여성들의 결속을 목표로
합니다. 위니프레드, 너도 내 말에 동의하지?"

"이모, 나는 정말 숙녀들과 하녀와의 결속이 있을 수 있다고 생
각지 않아요." 미스 헤이븐은 로다(Rhoda Nunn)의 표정에 격려받
으며 대답하였다.[23]

여성노동자들과 중류층 여성들의 경험에서도 입증되듯이, '여성들' 사
이에 존재하는 계급차이는 이들 여성들 간에 감정과 이해를 공유할 수
없게 만들었으며 노동계급여성에 대한 중·상층여성의 관심과 배려조
차 얼마나 그들에게 도움을 줄 수 있을지에 대해서 의문을 갖게 한다.
말하자면, 자선 자체가 이미 계급적 코드가 된 상황에서 두 계급 여성
들 사이의 자매애란 이데올로기에 불과한 것이었으며 여성들 사이의
계급적 벽을 넘어서서 보편적 여성을 논하는 자유주의페미니즘의 성과
는 처음부터 한계를 가질 수밖에 없었다.

2. 온정주의에서 개인주의로

두 계급의 여성들 사이의 관계가 자매애로 설명될 수 없었던 것과
마찬가지로, 이들 관계는 더 이상 과거의 봉건적 주종관계에 머무르지
도 않았다. 19세기에 들어와서 위계질서에 바탕을 둔 중·상층여성과

---

23) *Ibid*, p. 59.

노동계급여성의 '조화로운' 관계가 서서히 깨어지기 시작했다는 것은, 아이러니하게도, 봉건적인 관계를 전제로 하는 하녀와 여주인의 관계에서 우선 감지될 수 있었다. 19세기에도 하녀와 여주인의 관계는 여전히 보수적인 성격을 가지고 있었다고는 하지만, 하녀들 역시 당대의 시대적 흐름에 따라서 자신의 직업을 계약관계로 보기 시작하면서 이들의 관계는 더 이상 온정주의적 관계만으로는 설명될 수 없었기 때문이다. 두 계급은 피상적으로는 흔히 충성스런 하녀와 그들을 다스리는 권위 있는 여주인이라는 주종관계로 인식되었지만, 계약관계에 의한 배타적 이해관계가 도입됨으로써 갈등과 증오라는 적대적 관계를 드러내기 시작하였다.

『메리 바튼』에서 하녀인 앨리스(Alice Wilson)와 여주인의 고용관계에서는 지배계급여성과 피지배계급여성 사이에 화해할 수 없는 대립적 이해관계가 배태되어 있음을 찾아 볼 수 있다. 하녀를 완전히 통제하고 지배할 수 있다고 인식하는 여주인의 봉건적 인식은 종종 하녀와 갈등을 초래하였으며 이것은 일상사에서 표면화되었다. 앨리스는 하녀로서 일했던 자신의 과거를 다음과 같이 회상한다.

'당신은 [어머니를] 다시는 보지 못했나요, 앨리스? 당신은 [어머니가] 살아계실 때 고향에 가지 못했어요?' 메리가 물었다.
'그랬지, 그때 이후로. 나는 여러 번 가려고 계획했었지…… 나는 서비스에 종사할 때 1주일 정도 갔다 오려고 돈을 모으곤 했지. 그러나 첫 번째 일이 끝나면 다음 일이 찾아왔어. 처음엔, 내가 요구했던 그 주가 마침 되었을 때 마님의 아이들이 홍역을 앓아서 나는 그들을 떠날 수 없었지. 왜냐하면 모두들 자기들을 돌봐달라고 울었어. 그리고 나서 마님이 아팠고 나는 오히려 더 갈 수 없었어. 왜냐하면, 너도 알다시피, 그들은 작은 가게를 운영했고 [주인은] 술을 마셨고 나와 마님은 거기서 하루종일 아이를 돌보고 가게를 보고 음식을 하고 세탁을 했어야 했거든.'

메리는 자신이 서비스를 안 나간 것이 다행이라고 생각한다는 것을 말했다.

'오, 아가씨! 당신은 남을 돕는다는 즐거움을 전혀 몰라. 나는 거기서 매우 행복했어. 나의 집에 있을 때와 거의 비슷하게 행복했지.'[24]

앨리스는 여주인을 위해서 헌신적으로 일해왔음에도 불구하고, 희생을 요구하는 여주인으로 인해서 어머니를 생전에 볼 수 없었고 심지어 어머니의 장례식에 참석하는 것조차 허락 받지 못한다. 앨리스는, 이러한 부당함에도 불구하고, 주인가족의 일을 자신의 일로 인식한다는 점에서 여주인과 전형적인 봉건적 관계를 재현한다. 그러나 앨리스의 회상에서 메리/독자가 간파하지 않을 수 없는 것은, 다른 계급 여성들 사이에는 근본적으로 대립적인 이해관계가 존재할 수 밖에 없다는 사실이다. 비록 앨리스는 하녀로서의 자신의 경험을 봉사라는 차원에서 해석하고 이를 행복한 기억으로 간직한다고 하지만, 앨리스의 "행복"했던 과거는 "끔찍하게 엄격한"[25] 여주인에 대한 감추어진 적대적 감정에 사실상 압도당하고 만다. 그녀의 '말해진' 텍스트가 두 계급의 상호 의존적 관계를 설명한다면, 그 밑에 자리잡은 또 다른 텍스트의 결은 '여성들'의 계급적 이해관계가 화해될 수 없는 것임을 말해준다.

물론 19세기 하녀들이 여주인과의 관계에서 느꼈던 불만이나 갈등이 19세기 이전의 하녀에게 생소했던 것은 아닐 것이다. 그러나 과거에 하층계급여성의 관점보다 여주인의 관점이 중시되고 두 계급의 여성 사이의 일방적 이해관계는 침묵되었던 반면, 산업자본주의화된 19세기 시대배경에서 하녀들의 입장이 점차 가시화되기 시작하였다는 점은 커다란 차이점이라고 볼 수 있다. 19세기의 여주인과 하녀의 관계에 대한 당대 하층계급여성들의 실제 기록은 근대적 계약관계가 봉건적 관계를

---

24) Gakell, *Mary Barton*, p. 32.
25) *Ibid*, p. 33.

점차 밀어내고 있는 전환기적인 특성을 보여준다는 점에서 중요하다. 이런 점에서 해나의 자서전은 당대 하녀와 여주인의 변화된 관계를 구체적인 상황을 통해서 보여주고 있다. 8세에 하녀생활을 시작한 해나는, 『메리 바튼』의 앨리스와 마찬가지로 아버지의 장례식에 참석하는 것을 허락받지 못하였으며,[26] 휴식시간마저 주인의 통제를 받아야하는 등 봉건적인 하녀의 삶을 강요받았다. 그러나 그녀에게 요구된 복종과 겸손이라는 봉건적인 원칙들은 '계약직'으로서 하녀직을 인식하는 해나의 자본주의적 사고와 때때로 갈등을 일으켰다. 이것은 여주인에 대한 예의와 복종을 외면적으로는 유지하지만 여주인의 부당한 요구나 통제를 전적으로 수용하지 않고 이에 대항하는 그녀의 행동에서 찾아볼 수 있다.

　　식사준비를 마치고 나도 식사를 끝내고 앉아 있을 때 마가렛 양이 저장실로 나를 불러 말했다. '오늘 외출하는 대신 내일 갈 수 있겠니?' 나는 '안 돼요 아가씨 그럴 수는 없어요'라고 즉시 말하였다. 왜냐하면 나는 [마싸][27]가 [내일부터] 없을 것이고 오늘이 그가 나를 만날 수 있는 마지막 날이라는 것을 알았기 때문이다. 그뿐만 아니라 그에게 전갈을 보내기에는 너무 늦을 것이며 가능하다면 어떻게 해서든지 그를 실망시키고 싶지 않았기 때문이다. 그래서 다소 내가 성급했던 것 같다. '글쎄, 왜 내일은 안 된다는 거

---

26) 해나는 목사의 집에서 보모(nurserymaid)로 일하고 있을 때, 마을에 열병이 돌아서 아버지가 돌아가셨다는 편지를 받았지만 여주인으로부터 당장 일을 시작하라는 명령을 받았다. 비록 그녀의 집이 그곳에서 3마일 거리밖에 되지 않았지만 해나는 집에 가는 것, 그리고 심지어는 그녀의 동생들이 어떻게 되었는지를 보러가는 것조차 허락받지 못하였다. 이것은 감염에 대한 공포뿐만이 아니라 규율을 지키고자하는 데서 나온 금지였다. Davidoff, "Class," p. 107.
27) '마싸'(Massa)는 주인(master)을 지칭하는 흑인노예들의 단어로 여기서는 중류층남성이자 해나와 일종의 애인관계를 맺고 있던 먼비를 말함. Davidoff, "Class," p. 114.

지?' 그녀는 좀 거만스럽게 말했다. '왜냐하면 너무 늦어서 그것을 지금 바꿀 수 없어요, 아가씨. 그리고 저는 이미 약속을 했거든요.' 하고 나는 말하였다. '너는 네가 허락을 받을 수 있을지를 먼저 알지 않고서 약속을 할 권리가 없어.' 그래서 나는, 내가 항상 아침에 명령을 기다려왔으며 만일 저녁만찬이나 내가 머물러야 할 어떤 일이 있었다면 그런 것을 요구하지도 않았을 것이라고 말하였다 …… 마가렛 양은 그녀가 그것에 대해서 최상의 판단자라고 말했고 나는 '아닙니다, 아가씨, 당신은 내 일에 관해서 나만큼 잘 말할 수 없습니다'라고 말하였다. 그녀는 내가 성이 난 것을 알았고 그녀 역시 그렇다고 나는 추측하였다. 왜냐하면 그녀는 '해나, 너는 너의 위치를 잊고 있다'라고 말했기 때문이다. '아닙니다, 아가씨, 그러나 제가 허락을 받은 후에 이유 없이 못하게 하니 혼란스럽습니다'라고 나는 말하였다. '네가 그것을 변경할 수 없다면, 그 이유를 너에게 말해 줄 필요는 없지. 그러나 이런 식으로는 더 이상 안 돼.'라고 마가렛 양은 말했다. '그렇지요, 아가씨, 그럴 수는 없지요'라고 말하고 나는 매우 화가 나서 계단을 내려왔다.[28]

일단 약속하였던 것은 주인이라도 부당하게 번복할 수 없다는 해나의 의식은 하녀의 이익이 절대적으로 자신의 것에 종속되어야 한다는 여주인의 의지와 필연적으로 부딪치게 된다. 계약관계에 대한 근대적 인식은 또 다른 노동계급여성인 레이튼 부인에게서도 찾아볼 수 있다 그녀는 자신의 산보시간에 아이를 데리고 가라는 여주인의 요구가 부당하다며 고용관계를 스스로 청산했다. 고용되기 전 여주인과의 인터뷰에서 여주인이 요구하는 조건을 전부 수용하지 않고 협상을 벌였다[29]는 점에서도 그녀의 직업의식은 봉건적인 개념을 넘어섰다.

19세기에 들어와서 하인과 주인의 권력관계는 일방적인 방향에서 벗

---

28) Stanley, pp. 163-164.
29) Davies, pp. 27-28.

어나서 점차 상호적인 방향으로 작용하게 되었던 것 같다. 하인들은 주인으로부터 훌륭한 하인의 자질을 갖도록 강요받았지만, "주인의 약점을 살피는 불가사의하고 직관적인 능력과 교활함, 도피, 기만적 태도"를 통해서 저항의식을 드러내었다. 하인의 저항은 "부루퉁하기, 흘려듣기 혹은 반고의적으로 일을 망치기, 소란 피우기, 시간소모하기, 고의적 무례함이나 말대답과 같은 고도의 기술로까지 발전하였다."[30] 하인과 주인의 전통적 관계에 변화를 가져온 배경은 시민개념의 등장이었으며, 만인이 동등한 구성원이라는 인식은 두 계급의 여성들의 관계에 존재하였던 봉건적 관계를 변화시킨 요인이 되었다.

다수의 노동계급여성들이 '봉건적 고용관계를 가장 마지막으로 청산한 직업'인 하녀직에 머무를 수밖에 없었던 이유는 여성들에게 강요된 '분리영역이데올로기'[31]로 인해서 같은 계급의 남성보다 직업을 찾기가 어려웠다는데 있었다. 그러나 이들에게도 차츰 대안적 직업이 나타남에 따라서 1차 대전 중에 40만 명이 하녀직을 그만둘 수 있었고[32] 이러한 변화 과정 중에 하녀들은 더 이상 여주인과의 온정주의적 관계를 수용하지 않게 되었다. 20세기 초 하녀가 나가고 난 후 오히려 하녀 없이 사는 것이 마음 편하다[33]는 버지니아 울프의 고백은 하녀와 여주인 사이의 상호적인 권력 관계가 20세기 초에 와서는 이미 정착되었음을 말해준다.

위계질서가 중시되는 두 계급의 여성들 간의 관계가 흔들리고 있다는 19세기 상황을 염두에 두고 『루스』를 읽어보자. 19세기를 배경으로 한 이 소설에서도 여전히 충직한 하녀의 모습은 발견된다. 샐리(Sally)는 49년 동안 썰스탠(Thurstan Benson)과 그의 여동생인 페이스(Faith

---

30) Davidoff, "Mastered," pp. 415-416.
31) '분리영역이데올로기'에 대해서는 이 책 p. 162를 참고할 것.
32) *Ibid*, p. 417.
33) Lewis, p. 115.

Benson)의 하녀로 "불평없이" 일한다. 그녀는 심지어 임금을 올려주겠다는 주인과 여주인의 제안에 대해서 거부하며, 그녀가 얼마를 받는지 신경쓰지 말아 달라고 부탁한다. 『크랜포드』의 충성스런 하녀 마사(Martha)와 마찬가지로 샐리에게 있어서도, 주인과 자신의 관계는 현금을 매개로 하는 일시적인 고용관계가 아닌 것 같다. 그녀는 일생을 충성스런 하녀로 살았을 뿐만 아니라 자신이 모아 놓은 임금을 주인인 벤슨 가족에게 되돌려 주고자 하는 계획까지도 한다. 그녀에게 있어서 주인의 집은 자신의 집이며 주인의 운명은 자신의 운명이라는 점에서 이 소설의 여주인과 하녀의 관계는 봉건적 위계질서 내에 자리잡고 있는 것 같다.

그러나 샐리가 여주인과 운명을 같이하는 충성스런 하녀이며 전통적 위계질서를 구현하고 있다는 사실만으로 이 두 계급의 여성의 관계를 모두 설명할 수 없다는 증후 역시 명백히 나타난다. 샐리와 여주인의 관계는 봉건적 위계질서에 바탕을 두고 있는 듯이 보이지만 개인주의를 바탕으로 하는 근대적 고용관계에 의해서 이미 침범당했다는 것을 발견하기는 어렵지 않다. 여주인 페이스는 루스를 집으로 데리고 오기 전에 루스와 같이 '타락한' 여성과 함께 살기로 한 결정에 대해서 샐리가 어떻게 반응할 지에 대해서 고민한다. 샐리의 의사를 살피는 여주인의 태도에서는 이미 전통적인 여주인의 권위를 찾아볼 수 없다. 샐리는 주인을 섬기는데 누구보다도 충성을 다하는 것 같지만, 그녀에게서는 더 이상 『로빈슨 크루소우』(Robinson Crusoe)의 하인 프라이데이(Friday)와 같은 맹목적인 복종의 모습을 찾아볼 수 없다. '타락한' 루스와 함께 살기로 한 주인의 결정에 대해서 샐리는 자신의 명예와 자존심을 주장하는데 이것은 주인의 권위보다도 자신의 입장을 더 중시하는 산업화 시대 피고용인의 특성을 보여주는 것이라고 할 수 있다.

'제가 생각한 대로 군요. 그리고 제가 그녀에게 과부의 모자를 씌우고, 그녀같은 사람보다는 합법적 결혼을 한 신부에게나 어울릴 그 고운 갈색 머리를 자르는 센스를 보인 것에 대해서 당신이 제게 고마워할 지도 모른다고 생각했어요. 그렇지만 [루스는] 그것을 잘 받아들였지요.…… 만일 제가 당신의 손님이 어떤 사람이었는지를 미리 알았다면, 저는 그녀같은 여자가 여기 오기 전에 짐을 싸서 이 집을 나갔을 거예요. 이미 일이 벌어졌으니 저는 당신 옆에서 당신을 도와야 된다고 생각합니다. 단지 제 인격이 손상되지 않기를 바랄 뿐이예요. 저는 교구사무원의 딸이거든요!'[34]

샐리와 여주인 페이스의 외면적 주종관계에는 이미 개인주의에 토대를 둔 거의 대등한 인격들 간의 관계가 침범하였으며, 이러한 시대적 변화는 계약과 금전관계를 강조하는 새로운 고용구조 속에서 강화되었다. 샐리와 주인과의 관계를 금전적 계약관계를 통해서 보다 구체적으로 진단해 보자. 사실 페이스가 하녀를 고용한다는 것은 그녀의 가난한 삶을 고려할 때 계급적 우월성을 상징하는 것과는 거리를 가지고 있다. 아마도 샐리가 평생 모아놓은 재산은 주인의 재산규모에 비해서 적지 않은 지도 모른다.[35] 여기서 발견되는 것은 바로 "현금관계"가 위계적인 "신분관계"를 넘어서고 있다는 징조이다. 하인과 주인의 관계가 신분제도에 의해서 유지된 과거와 달리, 과거에 그들의 위치를 결정하였던 위계질서는 더 이상 과거와 같은 의미를 갖을 수 없었다. 현금관계에서 하녀를 배제한 브루스 로빈스[36]조차도 사실은 하녀와 여주인과

---

34) Gaskell, *Ruth*, p. 124.

35) 샐리는 벤슨가족의 집에서 49년간 하녀로서 일했는데 그녀의 임금은 3 파운드에서 시작되어서 7-8 파운드로 인상되었다(160). 가정서비스직은 '유니폼을 입고 머리는 간단히 자르고 화장품이나 보석을 금지하였기 때문에 소비의 유혹이 가장 적은 직업'(Gillis, p. 149)이라는 점에 기초해서, 샐리가 임금을 거의 모아놓았고 약 평균 2-3 파운드를 약 49년간 받았다고 가정한다면, 그녀의 재산은 약 100 파운드 가량 된다고 추정할 수 있다. 랜스베리는 샐리가 40 파운드을 모았다고 주장한다. Lansbury, p. 51.

의 관계에도 봉건적 "온정주의"뿐만 아니라 현금관계가 있음을 부정할 수 없었다[37]는 사실은 이런 맥락에서 중요하다.

이렇게 볼 때 산업화가 이미 진행된 영국을 배경으로 전개되는 『크랜포드』(1853)와 같은 소설에서 산업화의 특징인 현금관계를 지배층여성과 하층여성 사이에서 찾아볼 수 없다는 점은 이채롭다. 19세기 문학에 나타난 이러한 시대착오적 경향에 대해서 로빈스는 "19세기 하인의 재현은 그들의 변화된 현실을 재현하기보다는 과거의 문학적 관습을 반복하고 있다"는 점을 지적하였다.[38] 작가들이 여주인과 하인 사이의 봉건적 관계에 집착하는 배경에 대해서 엘리엇은 여류 공장소설가들에게서 나타나는 계급의식을 통해서 설명한다.

> 보다 많은 하인들이 일하는 집에서 살지 않고 주인과의 관계가 점차 보호와 충성보다는 계약적 동의에 의해서 규제됨에 따라서, 역사적으로 가정집하인의 입지는 19세기에 걸쳐서 다른 노동자의 입지와 점점 같아졌다. 이것은 [트롤로프 그리고 다른 공장소설 작가와 같은 중류계급의 여성개혁가에게는] 이상적 사회관계에 대한 위협이 될 뿐만 아니라 하인의 여주인으로서 그리고 계급관계의 중재자로서의 그들의 권위를 위협하는 것이 되었다.[39]

---

36) 로빈스는 비록 남자하인과 주인 사이의 현금관계를 강조함으로써 남녀하인의 입지를 차별화 시키고는 있지만, "계급 간 언어의 장애"(the impediment of interclass speech)를 지적함으로써 남자하인과 주인과의 보수적 관계도 부정하지 않았다. Robbins, p. 76.

37) *Ibid*, p. 43.

38) 로빈스는 "디킨스와 스코트는 간접적으로는 [18세기] 소설가들로부터, 직접적으로는 엘리자베스조 드라마로부터 하인을 차용하고 있다"고 언급함으로써 하인에 관한 "시대착오적인 묘사"에 대해서 이의를 제기하였다. 그러나 로빈스는 이러한 전형적인 하인상이 점차 사실적 재현으로 바뀌어 가는 문학의 역사를 고찰할 뿐 시대착오적인 묘사를 작가의 계급적 이데올로기와 연결시키고 있지는 않다. *Ibid*, p. 48.

39) Elliott, p. 386.

'이상적인 사회관계에 대한 비전'과 '여주인으로서 그리고 계급관계의 매개체로서의 자신의 권위'를 중시하는 작가들로서는 하녀와 온정주의적 관계를 유지하는 숙녀들이 이상적인 여주인이 될 수밖에 없다. 계급관계가 위협받는 시대에 트롤로프를 비롯한 여류 공장소설가들이 계급중재의 모델로서 여주인/하인관계를 포기하지 않았다는 점은, 앞으로 언급될 작가의 이데올로기적 입지에 관해서 시사하는 바가 크다.[40] 『크랜포드』에서 하녀 마사가 여주인 미스 메티(Miss Matty)의 경제적 몰락에도 불구하고 여전히 봉건적 위계질서에 따름으로써 자본주의 경제질서보다도 계급적 질서에 순응하였던 것은 역시 이러한 여성작가들의 계급적 이해와 맥을 같이 한다고 볼 수 있겠다.

개스켈은 대체로 노동계급에 대해 동정과 이해를 가진 작가로 간주될 수 있지만, 그녀는 근본적으로 자신이 속한 중류층의 계급적 편견과 이데올로기에서 벗어날 수 없었다는 평가에서 자유롭지 못하다. 하녀의 입장에서 가정서비스직을 비판하고 중류층여성의 문제점을 거침없이 지적하는 『메리 바튼』의 개스켈의 모습은, 그녀가 중·상층여성의 입장과 거리를 두고 있다는 인상을 주기에 충분하다. 그러나 남성노동자에 대한 개스켈의 이중적 태도에서도 나타나듯이, 개스켈에게서 나타나는 진보적 견해는 보수적인 계급이데올로기에 의해서 상쇄되는 경향이 있다. 이런 점에서 여성노동자와 중·상층여성에 대한 개스켈의 태도를 표면적으로 나타나는 그대로 해석하는 것은 위험하다. 그녀는 중류층여성의 나태를 비난하지만, 그렇다고 여성노동자를 전적으로 지지하지도 않는다. 개스켈은 계급에 대해서 매우 미묘한 태도를 취하며 그녀가 근본적으로는 자신이 속한 중류계급의 계급주의를 지지하고 있다는 혐의

---

40) 그러나 엘리엇은 이 여성소설가들의 작품들에서 보수적 계급관계가 실제로 공장을 배경으로 여주인에 의해서 재생산되는 경우는 없다고 본다. *Ibid*, p. 387.

를 그녀의 작품 곳곳에서 남긴다. 지배계급여성과 하녀의 삶을 통해서 여성들 내의 위계적인 계급관계를 이상화한 『크랜포드』 역시 개스켈의 계급주의가 위장되어있는 작품이라고 볼 수 있다. 개스켈이 이 소설의 배경으로 산업화된 영국의 도시가 아닌 시골마을 크랜포드를 필요로 하였던 것은 바로 이러한 계급주의와 시대착오를 의식해서였을 것이다.

여성들의 계급차이에서 비롯된 갈등은 어느 시대에나 존재할 수 있다고 볼 때, 19세기의 두 계급의 여성 관계에서 중요한 점은 이러한 갈등이 표면화되었다는 사실이다. 과거의 하층계급여성들이 각자의 위치를 운명적으로 수용하고 상류층여성과의 주종관계를 의문없이 받아들였던 반면, 19세기에 들어와서 노동계급여성들은 자신들과 대립된 이해관계를 갖는 지배층여성들과 충돌하는 것을 더 이상 두려워하지 않았다. 또한 노동계급여성들은 남성부양자들의 사회적 경제적 위치를 바탕으로 사치스럽고 한가한 삶을 사는 숙녀들을 비판적으로 바라봄과 동시에 한가하고 화려한 숙녀의 지위를 욕망의 눈길로 바라보기 시작하였다. 과거의 하층여성들이 중·상류층여성의 지위를 넘볼 수 없는 상징으로 여겼다면, 19세기의 노동계급여성들에게 있어서 이 여성들의 계급은 봉건적인 세습의 개념이 아니라 금전적인 개념으로 이해되었다는 점에서 더 이상 신성한 영역이 아니었다. 이제 중·상층여성들을 '주인마님'이 아닌 '고용주'로서 인식하는 노동계급여성들의 잠재된 욕망은 계급상승의 욕구로 분출될 시기가 된 것이다.

제4장 노동계급여성의 계급이동

1. 낯선 "성공의 복음"

모든 존재가 자신의 정해진 위치를 가지며 이러한 위계질서에 따라서
세계가 구성되어 있다는 중세적 세계관이 확고한 계층사회를 가정하였
다면, 많은 역사가들은 산업혁명의 시대는 엄격한 계층사회가 흔들릴
수 있는 가능성을 보여주었다는 점에서 영국의 세계관에 획기적인 변화
를 가져왔다고 평가한다. 산업자본주의 시대에 자본을 축적한 부르주아
가 부상함에 따라서 이제까지 세습토지를 바탕으로 귀족들이 누려왔던
특권은 더 이상 독점력을 유지할 수 없게 되었다. 부르주아는 경제적 권
력뿐만 아니라 정치적 권력까지 상류층귀족들과 공유하게 되었으며, 이
에 따라서 계층사회가 전제한 위계질서의 엄격한 틀은 더 이상 피지배
계층에게조차도 설득력을 상실하게 되었다. 엥겔스도 지적하였듯이, "프
랑스에서의 정치적 변화와 영국에서의 경제적 변화는 처음에는 중류계
급을 그 후에는 노동계급을 세계사의 소용돌이로 몰아넣게 되었다."[1]

영국 사회에서 이와 같은 중류층의 부상은 도미노 현상으로 노동자
들의 삶에도 파장을 미쳤다. 기계도입에 의한 생산성 증가로 노동자들

---

1) Engels, *Condition*, p. 12.

이 이제까지 사용한 생산방식이 경쟁력을 상실하자, 노동자들은 도시에서 산업프롤레타리아트가 되거나 대규모 농장의 농업프롤레타리아트가 됨으로써 자본주의적 생산체제에 편입되었다.[2] 노동계급은 부르주아들이 제공한 자본 밑에서 임금노동자가 되었으며, 부르주아들은 하층계급의 노동력을 이용하여 자본축적을 할 수 있었다는 점에서 중류층과 하층계급은 새로운 주종관계를 형성하게 되었다. 그러나 노동자와 자본가의 관계는 이전에 하층계급이 지주와 가졌던 봉건적 파라다임을 재현하지 않았다. 이제 노동자들은 자신들을 이윤 추구의 도구로 간주하고 착취하는 자본가들을 더 이상 존경의 시선으로 바라보지 않게 되었으며 오히려 그들을 적대적 계급으로 인식하게 되었다. 과거의 노동자들은 자신들의 위치를 겸손하게 받아들이고 자신보다 높은 계급과 평화로운 관계를 유지하였지만, 산업혁명이 노동자들을 완전히 단순한 기계로 만들어 버리자 노동자들은 자신의 생존권을 조직적으로 요구하게 되었다. 과거 농민과 지주 사이에 형성되었던 봉건적인 온정주의적 관계는 해체되었으며, 노동자와 자본가의 투쟁은 불가피하게 되었다.

노동자들은 '계약에 의해 현금관계'를 맺고 있는 그들의 고용주에 대항해서 자신들의 권익을 주장하였고 이로 인해서 부르주아들은 이들을 통제할 새로운 수단을 강구하지 않으면 안되었다. 이런 점에서 19세기에 새무엘 스마일즈(Samuel Smiles)가 주창한 '자조'(self-help)의 복음은 부르주아들에게 유용한 개념을 제공하였다. 오웬주의에서 영감을 얻은 자조의 원칙은 1840년대 초부터 1859년 사이에 '사회조건의 개선에 대한 노동자의 요구'에 대해서 중류계급이 제시한 처방이 되면서 중류계급의 개인주의 철학으로 편입되었다.[3] 성실하게 자신을 개발하고 근

---

2) *Ibid*, p. 13.
3) J. F. C. Harrison, "The Victorian Gospel of Success," *Victorian Studies* 1

면한 자는 성공할 수 있다는 자조의 논리는 많은 노동자들에게 과격한 파업을 지양하고 주경야독하는 새로운 노동자상을 심어주었다. 자조의 신념은 계급이동의 가능성에 대한 긍정적 인식과 연결되어 노동자들에게 사회계급의 경계를 넘어서려는 욕구를 불러일으켰으며, 이런 점에서 1848년 이후 스마일즈의 신화는 오웬주의나 차티즘[4] 그리고 노동조합 (trade union)이 노동계급에게 주는데 실패했던 진보의 수단을 제공하는 듯하였다.[5] 위대한 업적을 이룬 사람들은 특별한 계급에 속한 사람들이 아니었다는 스마일즈의 주장은 19세기 사회이동에 대한 가장 잘 알려진 진술이 되었다. 따라서 어떤 사람의 신분상승의 실패는 "계급적 장애를 반영한 것이 아니라 개인의 도덕적 결함을 반영한다"[6]고 까지 주장되었다. 자조주의는 빅토리아조 영국을 무한한 기회의 나라로 묘사하였으며 이론상 영국은 사회적 신분상승이 가능한 사회가 되었다.[7]

(December 1957), p. 163.
4) 차티즘에 대한 설명은 이 책 pp. 158~159를 참고할 것.
5) *Ibid*, p. 162.
6) Andrew Miles, *Social Mobility in Nineteenth- and Early Twentieth -Century England* (London: Macmillan Press, 1999), p. 49.
7) 그러나 마일즈에 따르면 1780년과 1914년 사이에 산업화와 사회적 계급이동 사이의 관계는 대체로 적대적인 것이었다. 19세기의 자유주의 정전에서조차 '개방사회'로서의 빅토리아조 영국에 대한 스마일즈의 묘사는 도전 받았다. 밀(J. S. Mill)은 노동자들 사이에서의 상이한 등급 사이의 구분이 세습적인 카스트의 등급과 거의 비슷할 정도로 엄격하게 나타난다고 주장하였다. 그러나 밀은 이것을 일시적인 사태라고 보았으며 적어도 개인적 차원에서 인간은 더 이상 태어난 것에 의해서 위치가 정해지지 않을 것이라고 확신하였다. 마일즈는, 스마일즈가 수집한 명사들에 관한 자료는 매우 소수의 예외적인 사람들을 기초로 하였으며, 실제로 가난한 노동자 천 명 중 한 명 이하가 사회적 스펙트럼의 최하층에서 상류층으로 이동할 수 있었을 뿐이라고 말한다. 마일즈는 비육체적 세계와 노동자계급의 제한된 상호작용으로 인해서 높은 계급장벽이 존재한다는 것을 아버지와 아들의 계급분포도를 통해서 보여주었다. *Ibid*, p. 9, pp. 23-25.

그러나 노동계급에게 전파된 이러한 '성공의 복음'(Gospel of Success)은 주로 남성노동자들을 대상으로 전파되었으며 여성노동자들에게는 다른 성공기준이 적용되었다. 여성에게 강조된 것은 '일생의 적합한 반려자'를 확보하고 효율적인 가정 경영과 관련된 자질을 쌓는 것이었다.8) 자조의 복음은 남성노동자에게는 자수성가한 남성의 신화를 창출한 반면, 여성들의 성공은 행복한 가정을 만드는 것이라는 점이 강조됨으로써 남성노동자와 달리 여성노동자에게 있어서 계급상승의 유일한 수단은 "결혼"으로 한정되었다. "역사적으로 사회에서 여성의 위치는 직업적 역할보다는 딸, 아내, 어머니로서의 가족역할에 의해서 결정되어 왔으므로 여성의 사회적 유동은 무엇보다도 결혼시장에 의해서 지배될 수밖에 없었다."9)

여성의 사회적 유동성의 주요맥락이 결혼일 수밖에 없는 현실은, 『메리 바튼』과 같은 소설 속에서 노동계급여성 주인공 메리로 하여금 일보다는 결혼을 통한 계급상승을 꿈꾸게 만들었다. 남성노동자 젬이 자신의 근면과 기술로써 기술노동자로서의 지위를 성취할 수 있었던 반면, 여성노동자인 메리가 열망하는 계급상승은 자신의 근면이나 직업적 능력에 바탕을 두지 않는다. 이것은, 표 1을 통해서 마일즈가 주장하듯이, 남성의 37%가 '노동시장'에서 계급이동을 경험하는 것과 달리 여성의 약 50%정도는 아버지의 계급과 다른 남성과 '결혼'함으로써 계급이동을 하는 현실을 반영한다.

---

8) Harrison, p. 157.
9) William H. Sewell, *Structure and Mobility: The Men and Women of Marseille, 1820-1870* (Cambridge: Cambridge UP, 1985), p. 271. Miles, p. 148 에서 재인용.

｜표 1｜ 결혼에 의한 여성의 계급이동과 남성의 세대 간 계급이동, 유출률, 1839-1914[10]

아들의 계급(상단 숫자)
딸의 남편의 계급(하단 숫자)

아버지의 계급	I	II	III	IV	V	n	△
I	42.8	33.2	15.9	4.3	3.8	208	5.8
	40.9	38.9	14.4	4.3	1.4	208	
II	2.7	50.2	25.8	12.2	9.1	1782	10.7
	2.7	39.5	33.7	12.5	11.5	1787	
III	0.3	6.8	72.8	10.3	9.8	4277	11.2
	0.4	9.4	61.7	14.6	14.0	4277	
IV	0.4	7.4	33.2	45.6	13.3	1186	17.6
	0.2	10.4	44.0	28.3	17.2	1167	
V	0.0	2.9	21.3	14.1	61.7	2757	9.1
	0.1	4.2	28.8	14.3	52.6	2718	
All	1.5	13.9	44.9	15.6	24.0	10210	0.15
	1.5	14.0	45.0	15.5	24.0	10157	

남녀에게서 계급이동은 모든 계급의 딸들의 계급이동이 아들의 경우보다 덜 경직되어있다는 점에서도 그 특징을 살펴볼 수 있다. 표 2에서 알 수 있듯이 19세기 동안 여성은 자신의 남자형제보다 더 많은 계급이동을 경험한 것이 사실이다. 여성의 계급유동성이 남성보다 더 높다는 사실은 남성보다 여성이 신분상승의 가능성이 더 높다는 것을 의미

---

10) Miles, p. 153.
    class I =전문직계급/중상층(professional/higher middle class)
    class II =중간중류층/중하층(intermediate/lower middle class)
    class III =숙련노동자계급(skilled working class)
    class IV =반숙련노동계급(semi-skilled working class)
    class V =비숙련노동계급(unskilled working class)
    Miles, appendix 1, p. 191

할 수 있다. 그러나 이것은 달리 생각하면 여성의 지위가 남성보다 불안하다는 현실 역시 말해준다. 불안정한 여성지위의 원인은, 아들이 아버지의 일을 계승하거나 다른 직업을 선택함으로써 '어느 부류의 여성과 결혼하는가와 상관없이' 자신의 신분을 유지하거나 변화시킬 수 있었던 반면에, 딸은 자기가 속한 계급의 일을 계승하거나 자신의 신분을 보장할 직업을 갖는 경우가 흔치 않다는 점에서 찾을 수 있다.

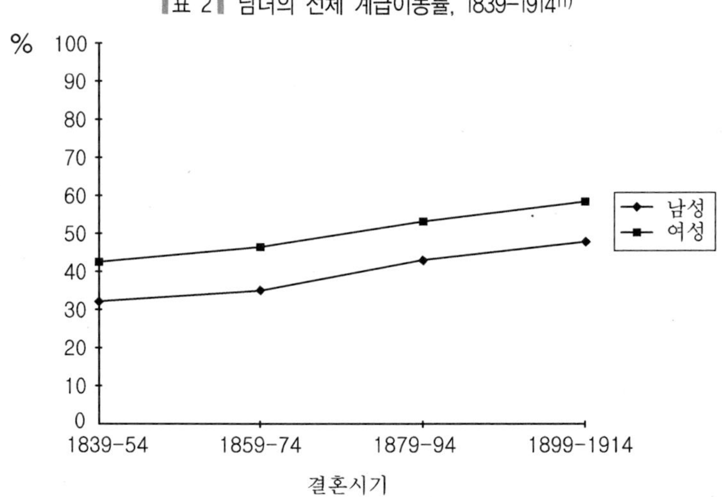

▌표 2▌ 남녀의 전체 계급이동률, 1839-1914[11]

여성은 자신이 속한 계급과 다른 계급의 남성과 결혼하거나, 혹은 자신을 부양하고 있는 남성(아버지 또는 남편)이 계급이동을 하는 경우에 자신의 의지와는 상관없이 계급 변화를 겪을 수밖에 없다. 남성의 경우 노동시장에서 계급이동을 경험하는데 비해서 여성은 결혼시장을 통해서 계급이동이 가능한 사회구조는 결국 노동시장이 여성에게 폐쇄적이라는 사실을 반증하며 여성에게 있어서 결혼이 가지는 의미가 절대적임을 보여준다.

---

11) Miles, p. 155.

적어도 '여성의 보다 큰 유동성'의 원인 중의 일부는 결혼시장이 노동시장보다 더 개방되어있다는 것이다. 다른 말로 하자면, 여성이 남성보다 더 많이 [계급]이동한다는 사실은 단순히 다른 계급에서 남편을 찾을 수 있다는 것과 같은 구조적 명령을 반영하는 것이 아니다.[12]

『무명의 쥬드』에서는 바로 이러한 19세기 노동계급 남녀의 계급이동에 관한 상이한 담론을 읽어낼 수 있다. 고아인 쥬드(Jude Fawley)는 아무런 희망이 없는 환경에서도 학문적 성공을 통해서 자신이 지식층에 편입될 수 있으리라는 실낱같은 희망으로 살아간다. 자기수양(self-improvement)과 독학(self-education)을 통해 성공할 수 있다는 남성들의 성공신화는 쥬드에게 끊임없이 학문을 탐구하게 만드는 원동력이 되었다. 학문의 도시 크라이스트민스터(Christminster)가 리차드 필롯슨(Richard Phillotson)에게 그러했듯이, 그의 야학 제자인 쥬드에게도 그것은 새로운 삶과 계급상승을 가져다 줄 수 있는 상징으로 여겨진다. 주경야독하는 쥬드는 석공이라는 현재의 일은 보다 위대한 꿈을 위한 수단에 불과하다고 스스로를 위안한다. 쥬드는 독학을 통해서 계급 상승을 위해서 노력한다는 점에서 자수성가한 남성의 신화를 재현해내고자 한다.[13] 반면에 수(Sue Bridehead)의 경우는 그녀의 개인적 노력을 통한 계급이동이란 기대하기 어려우며 남편의 계급이 곧 자신의 계급이 된다. 수는 단지 한 남자의 '아내'로서 그 남자가 속한 계급사회의 일원이 될 수 있을 뿐이다. 따라서 교원학교(Training School)에서 그녀가 무엇을 성취하였는가에 대한 텍스트의 무관심에는 여성의 일과 성공을 별개로 보는 성이데올로기가 작용한다고 볼 수 있다. 성/계급

---

12) *Ibid*, p. 154.
13) 그러나 남성노동자들의 성공신화도 극소수의 노동계급남성만이 이룰 수 있었다는 점에서 남성노동자들의 계급이동 역시 한계가 있었다.

이데올로기는 노동계급여성으로 하여금 '일과 계급'이 아닌 '결혼과 계급'에서 상관관계를 찾게 함으로써 같은 계급의 남성보다 더욱 열악한 계급적 위상을 경험하게 했으며 남성들에게 전적으로 의존하도록 만드는 결과를 초래하였다.

　노동계급여성에게 있어서 계급이동의 욕구는 그들의 궁핍한 생활, 열등한 계급적 위치로 인해서 절실하였던 것이 사실이다. 특히 1840년대의 경제불황으로 인해서 이들은 경제적으로 풍족한 숙녀의 지위를 더욱 선망하였으며 이는 양재사 견습생인 메리 바튼으로 하여금 부르주아의 아들과의 결혼을 꿈꾸게 만든다. 제인 에어의 경우 역시 계급상승의 꿈은 그녀가 처했던 암울한 현실과 밀접한 관련을 갖는다. 정신적으로는 하층계급보다 우월하다고 자부[14]하지만 실제적으로는 하녀보다 나을 것이 없는 가정교사로서 생활하는 제인은 끊임없이 열등감과 계급에 관한 강박관념에 시달린다. 제인에게 있어서 계급의 문제는 근본적으로 제인의 어머니가 하층계급의 배우자를 선택함으로써 겪게 된 하향적 계급이동으로부터 시작된다.

---

14) 흥미롭게도, 노동계급여성들 내부에서도 미묘한 적대적 감정은 발견된다. 제인과 하녀 사이에 나타나는 적대감은 하층계급 여성들 내에서도 또 다른 계급 세분화가 이루어짐을 보여준다. '계급지위에 대한 긴장'은 하층계급 사이에서 야심있는 이웃여성들에 대한 적대감으로도 나타난다. 클락은 하층계급여성이 "계급상승을 시도하는 야심있는 이웃들"을 모욕함으로써 분노를 표현하였다고 보며 그 예로 가게주인인 해나 북(Hannah Book)의 일화를 들고 있다. 가난한 마을의 가게주인에 불과한 해나는 중류층의 명예를 열망하며 자기 딸을 부유한 상인과 결혼시켰는데 이 사실은 이웃들의 질투와 적대를 유발하였다. Anna Clark, pp. 54-55. 엘리엇 역시 하인들이 공장노동자들을 무시하며 스스로를 그들보다 우월하다고 생각한다는 것을 『공장소년, 미셸 암스트롱의 삶과 모험』을 통해서 보여준다. Elliot, pp. 377-379.

> 나의 아버지는 가난한 목사였다. 나의 어머니는 낮은 신분과의 결
> 혼을 반대하는 주위의 만류에도 불구하고 그와 결혼하였다. 나의 할
> 아버지인 리드 씨는 그녀의 불복종에 분노하여 그녀에게 1실링의
> 돈도 주지 않고 그녀와 의절하였다. 나의 부모가 결혼한 지 1년 후
> 아버지는 그의 교구가 있는 커다란 산업도시에서 가난한 사람들을
> 방문하다가 당시 유행하던 발진티푸스에 감염되었다. 나의 어머니
> 는 그로부터 전염되었고 두 분 모두 한 달 안에 돌아가셨다.[15]

여성에게 있어서 결혼이 계급이동의 매개체라는 사실은 이처럼 제인의 어머니가 자신보다 낮은 계급의 남성과 결혼함으로써 남성이 속한 계급으로 떨어졌다는 사실로 나타난다. 제인의 계급은 결국 어머니의 하향결혼에 의해서 결정되었고 그 후 고아가 됨으로써 사실상 하녀보다 못한 더욱 열악한 위치로 추락하게 된다. 어린 시절부터 제인을 괴롭혀 왔던 계급의 문제는 그녀로 하여금 계급과 무관하게 "인간은 신 앞에서 동등하다"고 외치도록 만들지만, 그것은 그녀의 잠재의식 속에 끊임없이 계급상승의 욕구를 불러일으키는 요인이 될 수밖에 없었다. 제인은, 빅토리아조 소설에서 종종 찾아볼 수 있는 '계급상승을 꿈꾸는 가난하지만 야심있는 여주인공'의 표본으로서 그리고 계급이동이라는 성공신화를 이룩한 여성으로서 여겨져 왔다. 그러나 실제로 계급상승을 꿈꾸는 많은 노동계급여성들이 제인의 경우와 같이 성공적 계급이동을 이룬 경우는 드물었던 것 같다. 다음에 살펴볼 내용은, 산업화를 배경으로 한 노동계급여성의 계급이동의 역사를 통해서 이들의 계급이동이 당대의 계급/성이데올로기와 어떤 관련을 맺고 있는지, 그리고 소설 속에서 재현된 여성들의 계급이동은 당대의 현실뿐만 아니라 작가의 이데올로기와 어떠한 관련을 맺는지를 살펴보는 것이다.

---

15) Charlotte Brontë, *Jane Eyre*, ed. Richard Dunn (New York: Norton, 1971), p. 21.

2. 산업화와 결혼시장

"신사와 전문직 남성의 딸들이 자신이 속한 사회 집단 안에서 결혼할 비율은 임의분류에 의해서 추측할 수 있는 수치보다 20배가 되며, 엘리트와 결혼할 기회가 노동계급의 여성보다 80배나 된다"[16]는 통계에도 불구하고 19세기에 중·상류층여성이 하층여성으로 전락할 가능성 역시 배제할 수 없었다. 1839-1914년 사이에 class II의 아들이 같은 계급을 유지하는 수치가 50.2%인데 비해서 딸의 경우는 단지 39.4%이며, 아들보다 딸의 경우 class III, IV, V로 하향이동한 비율이 모두 높았다.[17] 중하층여성(lower middle-class)의 계급하락에 대해서 언급하면서, 마일즈는 class II의 아들보다 딸의 세대 간 계급안정성이 낮은 이유를 [딸의] 노동계급 남성과의 결합에 의한 것으로 해석하고 있다. 제인 에어의 어머니가 결혼을 통해서 자발적인 하향이동을 한 경우가 바로 class II의 딸의 '결혼에 의한 하향이동'의 예라고 볼 수 있겠다.

그러나 제인의 어머니의 하향이동은 '자발적'이라는 점에서 중·상층여성의 결혼에 의한 하향이동의 많은 경우를 설명하지는 못하는 것 같다. 빅토리아조 소설 속의 많은 중·상층여성들에게서도 나타나듯이 여성들의 대부분은 재산과 계급을 위한 결혼을 '의무'라고 생각하였기 때문이다. 『맨스필드 파크』의 마리아(Maria Bertram)가 러쉬워드(Mr. Rushworth)와 결혼하려고 한 이유는 그가 "그녀의 아버지보다 더 높은 수입과 도시에 자리잡은 저택"을 가졌기 때문이며, 따라서 그녀는 그와의 결혼을 "명백한 의무"[18]라고 여겼다. 재산과 지위를 위한 결혼은 『허영의 시장』에서 크롤리경(Sir Pitt Crawley)과 결혼하기 위해서 "애

---

16) Miles, p. 154.
17) 이 책 p. 121의 표 1을 참고할 것.
18) Jane Austen, *Mansfield Park* (Oxford & New York: Oxford UP, 1980), p. 34.

정을 버리고 몸을 판" 크롤리 부인(Lady Crawley)에게서도 그 예를 발견할 수 있다.[19] 이렇게 볼 때 중·상층여성의 하향이동은 결혼을 통한 자발적인 하향이동이었다기보다는 주로 19세기의 불안정한 경제상황으로 인한 비자발적인 계급이동의 성격을 가졌다고 볼 수 있다.

나폴레옹 전쟁(1796-1815)과 워털루 전쟁(1815) 등 일련의 전쟁을 겪고 난 영국에서는 많은 공장들이 파산하면서 공장노동자들의 실업과 중류층의 몰락이 야기되었으며, 영국은 1837-1839년, 1842년, 1847년, 1866년, 1876년 등 19세기 전반에 걸쳐서 만성적 불황[20]을 경험하였다. 영국의 경제적 불안은 『허영의 시장』에서 세드리(Mr. Sedley)와 같은 중상층을 파산의 늪 속으로 빠뜨렸으며, 중상층 가장의 파산은 그들의 피부양 여성들의 하향계급이동을 연쇄적으로 초래하였다. 『잉여 여성』의 모니카 자매의 경우, '아버지의 죽음'으로 인한 경제상황의 변화 역시 이들을 사실상 노동계급여성의 위치로 전락시키는 역할을 한다. 여성에게 있어서 아버지의 계급적 위상이 딸의 계급적 위치를 결정할 뿐만 아니라 그들의 결혼전망에 영향을 미친다는 현실을 고려할 때, 모니카 자매의 계급이동 역시 남성부양자의 경제적 위상변화라는 보다 큰 맥락에서 설명될 수 있다.

---

19) William Thackeray, *Vanity Fair* (New York: Penguin Books, 1978), p. 184.
20) 엥겔스는 경제불황의 주기를 두 가지로 구분하여 예측하였다. 그는 공황 재발기간을 1825년과 1842년 사이에는 5년마다, 그리고 1842년과 1868년 사이에는 10년마다 나타나는 것으로 예측하였다. 이러한 엥겔스의 예측은 거의 적중하였으며 영국은 1837년, 1842년, 1867-1869년, 1878-1879, 1884-1887, 1893-1894년에 심한 불황을 겪었다. Frederic Engels, "Preface to the English Edition of 1892," *The Condition of the Working-Class in England* (Stanford: Stanford UP, 1968), p. 364, p. 368; Rose, *Limited*, p. 78. 만성적 실업과 불완전고용에 관해서는 Gareth Stedman Jones, *Outcast London* (Harmondsworth: Penguin, 1976), pp. 19-158을 참고할 것.

> 가족은 계급구조의 기본적인 형성 단위를 구성하고 남성들은 가
> 족 내에서 주요한 노동시장 참여자로 남아있기 때문에 가족의 사
> 회적 운명을 결정하는 것은 [남성들]이다. 따라서 경제적 측면에서
> 여성의 종속적 위치는 그들의 계급 정체성이 결혼 전에는 아버지
> 에 의해서 결혼 후에는 남편에 의해서 효과적으로 발생한다는 것
> 을 의미한다.[21]

아버지의 죽음은 모니카 자매에게 경제적 몰락과 이에 수반되는 계급하락을 의미하였다. 따라서 집안이 기운 집안의 딸로서 모니카의 두 언니들은 더 이상 매력적인 조건을 갖춘 신부감[22]이 될 수 없었으며 잉여 여성의 대열에 합류하게 된다. 해머튼에 따르면, 19세기에 여성의 수가 남성의 수를 초과함에 따라서, 빅토리아조에는 단지 결혼을 위해서 교육받은 수천 명의 중류층 여성들이 결혼을 할 수 없게 되었다. 이렇게 잉여 여성이 된 여성들은 대부분 가난한 노동자의 바로 윗 계급인 "파산한 상인, 가난한 사무원, 가난한 목사"의 딸들이었다.[23] 모니카 자매의 문제는, 아버지로 대표되는 그들 가족의 사회적 위치가 딸들의 사회적 지위를 결정한다는 점에서, 아버지의 상실이 딸들의 경제적·사회적 지위의 상실을 의미한다는 것뿐만이 아니다. 아버지의 죽음 이후에 이들이 직면하게 된 경제적 문제는 근본적으로는 아버지의 보수적 성이데올로기가 초래한 결과라고 볼 수 있기 때문이다.

여성들에게 개방된 직업이 제한되었다는 현실에도 불구하고 여성들

---

21) Miles, p. 147.
22) 유사한 예로, 『허영의 시장』에서 에밀리아(Amelia Sedley)는 아버지의 파산으로 인해서 같은 계급의 남성이었던 조지(George Osborne)와의 결혼에서 시아버지의 반대에 부딪쳤으며, 그녀와 결혼을 강행함으로써 조지는 아버지의 유산상속을 받지 못하게 까지 된다. Thackeray, p. 215, p. 281.
23) Hammerton, p. 58.

이 교사나 공무원이 됨으로써 중류계급으로 이동하였다는 당대의 정황을 고려한다면,24) 모니카 자매의 경제적 위상의 추락은 아버지 매든(Dr Madden)의 죽음 자체로만은 설명하기 어렵다. 매든은 남녀가 본성상 다른 세계에 속하며 "여성은, 어리거나 나이 들었거나 간에, 돈 문제를 절대로 생각해서는 안 된다"고 생각했기 때문에 딸들에게 경제적으로 자립할 수 있는 준비(교육)를 전혀 시키지 않았다. 그 결과 이들은 전혀 혹은 거의 훈련받지 못한 채 몰락한 많은 중·상류층여성의 대열에 동참하게 되었다. 생계에 대한 아무 준비 없이 경제적 위기를 맞은 모니카 자매는 가정교사, 숙녀의 말벗, 여점원, 혹은 실업자로서 생계를 연명하게 됨으로써, 사실상 중상류층에서 하층여성으로 전락한다.

중·상층여성의 계급하락에 대한 공포는 노동계급여성으로의 몰락에 대한 공포이자 잉여 여성이 된다는 공포이기도 하였다. "중하층(lower-middle-class)에게 과거와 미래에 노동세계의 유령이 무시무시하게 어른거렸다"25)는 역사적 현실은 모니카 자매와 같은 지배층여성들이 불안정한 경제적 상황으로 인해서 신분하락을 맞을 수 있는 경우가 드물지 않았음을 말해준다. 『시빌』에서 모브레이(Mowbray)성의 진짜 후계자가 밝혀짐으로써 모브레이 부인(Lady Mowbray)이 급작스런 계급이동을 하게 되는 것이 허구적 사건이었다면, 경제사정의 급변으로 아무런 준비없이 노동시장으로 던져지는 수많은 "모니카 자매들"을 낳았던 것이 19세기의 현실이었다.

---

24) Frances Widdowson, *Going Up into the Next Class: Women and Elementary Teacher Training 1840-1914* (London: Women's Research and Resources Centre Publications, 1980) 여성의 전문직 진출에 대해서는 Gregory Anderson, ed., *The White Blouse Revolution: Female Office Workers Since 1870* (Manchester and New York: Manchester UP, 1988) 을 참고할 것.

25) Miles, p. 27.

여성은 결혼과 더불어 계급이 정해지는 것이 일반적이며 여성들에게 있어서 계급하락의 공포가 적지 않았음에도 불구하고 우리는 자서전을 비롯한 역사적 자료를 통해서 노동계급 기혼여성이 계급 상승한 사례를 찾아 볼 수 있다. 19세기 소설에서 노동계급가족의 계급이동의 대표적인 예는 『메리 바튼』의 카슨 가족의 경우이다. "카슨의 아내가 결혼 전에 여공이었으며 카슨 역시 그녀보다 더 높은 지위에 있지는 않았다"는 것은 카슨 부부가 노동계급 출신이라는 것을 알려준다. 그런데 이런 예에서 전형적으로 나타나는 특징은 노동계급 기혼여성이 중류층으로 진입하는 경우 이것은 전적으로 남편의 경제적 능력에 기인하는 것으로 설명되고 있다는 점이다. 카슨 가족이 경험한 계급상승 과정에 관한 설명은 이 소설에서 비록 자세히 언급되고 있지는 않지만 소설에서 묘사된 그들 부부의 특성은 이들이 계급이동에서 맡았던 역할을 암묵적으로 시사해준다. 우선, 카슨 가족의 계급상승의 요인을 추측하게 만드는 카슨 부부의 특징은 매우 전형적인 중류층 남녀의 역할 범주에서 묘사되고 있다. 카슨은 자수성가한 사람답게 "열성적"이며 "정력적"이다. 반면에 카슨 부인은, 결혼 전에 매우 잘생긴 외모를 가졌지만 "교육받은 자기 딸"보다 하녀가 그녀에게 더 적절한 말벗이 될 정도로 도무지 사업을 일으킬 만한 지적능력을 갖추고 있지 않은 것으로 묘사된다. 뿐만 아니라 그녀는 나태한 삶으로 인해서 만성적인 두통을 앓고 있고 신경이 약해서 가정 밖의 일에는 적합치 않은 무기력한 인물로 묘사된다. 노동계급남성 카슨은 노동계급에게 주입되었던 '자조의 복음'을 실천하고 계급이동의 신화를 이룩한 사람이지만 카슨 부인은 가정이데올로기가 규정하는 여성의 역할을 실천하는 여성일 뿐이라는 것이 이 텍스트의 주장이다.

그러나 계급상승이 전적으로 남편만의 공헌이라는 이러한 주장은 현실과는 동떨어진 것이다. 최근의 연구는 "아내가 단지 가사를 수행하고 남편을 격려해주는 것만으로도 남편의 사업을 향상시킬 수 있다"는 것, 더 나아가서 "아내의 자본, 친분, 수완이 세대의 운명에 미치는 공헌은 쁘띠 부르주아(petty-bourgeois)가족의 경우 보다 현저하다"[26)는 것을 확인하였다. 1830년대 사업가 존 브라운(John Brown)의 자서전 역시 남성의 성공이 배우자의 기술에 의존한다는 실례를 보여준다.[27] 데이비도프와 홀은 자서전의 기록들뿐만 아니라 많은 증언에도 불구하고 노동계급가정이 계급상승 하는데 있어서 여성들의 역할이 언급되지 않았다는 것은 "아내의 협력과정이 사적영역에 놓여있음으로써 역사적 증거를 남길 수 없기 때문"[28]이라고 진단한다.

데이비도프와 홀의 분석은 여성이 가정의 영역 내에서 하는 일이 가족의 계급이동에 공헌한다는 사실을 통해서 가정내에서의 여성의 일의 중요성을 인정하였다는 점에서 의미가 있다. 그러나 가족의 계급이동에서 아내가 차지하는 역할이 간과된 것은 단지 여성이 가정이라는 영역에서만 활동하였기 때문만은 아니었던 것 같다. 여성은 남편에 대한 조언자와 격려자뿐만 아니라 사업의 동등한 동반자로서 가족의 계급적 운명을 변화시키는데 공헌했다는 기록들을 찾아 볼 수 있기 때문이다. 19세기 초반에 레스터의 운송회사 경영자인 챠알스 베이컨(Charles Bacon)은 그들 부부가 "함께 배를 항해하지" 않았다면 결코 성공하지 못했을 것[29]이라고 말함으로써 사업에 있어서 그의 아내를 동등한 동

---

26) Janet Finch, *Married to the Job: Wives' Incorporation in Men's Work* (London & Boston: G. Allen & Unwin, 1983), p. 131. *Ibid* p. 150에서 재인용.
27) Miles, p. 149에서 재인용.
28) Davidoff and Hall, *Family Fortunes: Men and Women of the English Middle Class, 1780-1850* (Chicago: Chicago UP, 1987), p. 33.
29) Charles Bacon, 'The Life Story of Charles Bacon (as told by himself),' typescript, Leicestershire Record Office, 68. (unpublished source) Miles, p. 150에서 재인용.

반자로 인정하였다. 말하자면, 노동계급가정의 계급이동은 현실적으로
는 부부의 공동노력이 요구되는 일이었음에도 불구하고 그것에 관한
사회적 평가는 성이데올로기에 의해서 왜곡되는 경향이 있었다. 노동계
급가정의 계급상승에 있어서 노동계급여성의 공헌이 인정되지 않는 현
실에는 노동계급여성을 계급이동의 주체로 허용하지 않는 성이데올로
기가 은밀하게 작용한다고 볼 수 있다. 계급이동에 여성이 현실적으로
얼마나 개입되건 간에 노동계급여성의 존재를 침묵시키는 성이데올로
기는 노동계급부부의 공동의 노력을 남성의 성공신화로 바꾸어놓았던
것이다.

노동계급 기혼여성이 가족의 계급이동에 있어서 실제적으로는 정신
적·육체적·경제적인 공헌을 하였다면, 노동계급 미혼여성에게 있어서
계급이동은 이와는 다른 차원에서 이루어졌다. 19세기 이전의 경우와
마찬가지로, 빅토리아조 시대 미혼 여성노동자의 계급이동은 대체로 결
혼할 배우자의 계급을 매개로 이루어졌다. 18세기 소설의 하녀 파멜라
(Pamela Andrews)가 지주와 결혼함으로써 상류층의 위치를 점유할
수 있었던 것처럼 19세기의 실제인물인 하녀 해나도 중류층인 먼비와
의 결혼을 통해서 숙녀의 지위에 도달할 수 있었다. 『허영의 시장』에서
예술가의 딸이자 고아인 레베카가 상류층남성과의 결혼에 인생을 거는
것도 바로 여성에게 허용됐던 이러한 가능성 때문이었다. 흥미로운 것
은, 『맨스필드 파크』의 버트람 부인(Mrs. Bertram)의 자매의 사례에서
묘사되고 있듯이, 당대 소설에서는 재산과 지위를 위한 결혼의 당위성
이 세속적이라기 보다 현명한 것으로 받아들여졌다는 사실이다.

30년 전에, 헌팅턴의 마리아 워드 양(Miss Maria Ward)은 단지
7000 파운드를 가지고 노스앰프톤 주 맨스필드 파크의 토마스 버
트램 경을 사로잡는 행운을 가졌고 그럼으로써 안락함, 근사한 집,
높은 수입을 갖는 준남작부인의 지위로 상승하였다. 모든 헌팅턴

사람들은 그 결혼의 대단함에 대해 감탄하였으며 그녀의 변호사 백부는 그 어떤 형평법상의 청구액에도 못 미치는 3000 파운드를 그녀에게 주었다. 그녀에게는 그녀의 계급상승에 의해서 혜택을 볼 수 있는 두 자매가 있었다.…… 그러나 세상에는 예쁜 여자들이 있는 것만큼 재산이 많은 남자가 있는 것은 확실히 아니다. 워드 양은 6년이 지나서 형부의 친구인, 무일푼의 노리스(Mr. Norris) 목사를 사랑하게 되었으며, 프란시스 양(Miss Frances)은 더 일이 안 풀렸다. 워드 양의 결혼이 경멸할 만한 것은 아니었기 때문에 토마스 경은 기꺼이 그의 친구에게 맨스필드에 살도록 임금을 줄 수 있었고 노리스 부부는 1년에 1000 파운드도 안 되는 돈으로 행복한 결혼생활을 시작하였다. 그러나 프린시스 양은 속된 말로 교육도 돈도 연고도 없는 해군중위에게 마음을 줌으로써 철저히 그녀의 가족을 배신하고 그와 결혼했다.…… [프린시스 양]의 남편의 직업은 어떤 흥미도 끌 수 없었다. [버트람 경]이 그들을 돕기 위해서 어떤 다른 방법을 생각하기도 전에 자매들 사이에는 회복할 수 없는 불화가 생겼다. 그것은 각자 행동의 당연한 결과였으며 경솔한 결혼은 거의 항상 그와 같은 것을 초래한다.[30]

여성의 경제적 주변성을 고려한다면, 19세기에 있어서 대부분의 여성의 성공가능성을 규정하고 여성의 유동성의 주요한 수단을 제공한 것은 '결혼시장'이었으며, 이런 점에서 이들 세 자매의 성공은 결혼이라는 세속적인 잣대로 평가될 수 있었다. 여성은 결혼유동성(marital mobility)을 제외하고서는 1914년 이전에는 계급불평등의 패턴에 영향을 미치지 못하였다[31]는 점을 상기할 때, 여성들의 결혼에 의한 계급이동은 남성의 직업에 의한 계급이동과 상응한다. 여성은 결혼을 통해서 남성이 일의 세계에서 계급의 벽을 넘은 것보다 더 종종 계급의 장애를 넘을 수 있었다는 사실은 결혼시장이 노동시장보다 더 개방된 여성의 현실을

---

30) Austen, *Mansfield Park*, pp. 1-2.
31) Miles, p. 174.

반영하고 있으며 여성들로 하여금 노동시장보다는 결혼시장에 더 관심을 쏟게 만들었다. 따라서 『맨스필드 파크』에 등장하는 남성들에 대한 텍스트의 관심이 세습신분이나 직업인데 비해서 여성들의 미래에 대한 관심이 온통 결혼으로 일관되었다는 것은 자연스런 현상이다.

　물론 '도시화' 과정을 통한 여성 직업의 확장은 노동계급여성들에게 상향계급이동의 기회를 제공했던 것은 사실이다. 시웰은, 19세기 프랑스의 마르세유(Marseilles)와 같은 도시 중심부의 코스모폴리탄적 특성은 결혼에 관해서 부모의 압력보다는 개인적 취향의 중요성을 강조한다고 주장하며, class I과 IV에 있어서 대조적인 동족결혼(endogamy)의 비율을 증거로 제시한다.[32] 남녀의 계승율의 변동이 거의 없는 엘리트의 경우 낭만적 사랑에 대해서 문화적으로 제재를 가할 수 있는 시골에 대체로 기반을 두는 반면, class IV의 경우는 대개 도시적 기반을 갖는 서비스 직업에 종사한다. 도시화는 19세기 결혼시장에 있어서 보다 큰 유동성을 가능하게 만든 주요 요인 중의 하나가 되었다. 세기 전환기와 그 이후에 결혼한 class IV의 신부집단에서 발견되는 계급유동성은 노동시장에서의 여성의 경험의 변화를 반영한다. 사무직과 비서직, 서비스업과 소매업에서 점차 젊은 미혼 여성의 수가 늘어감에 따라서 그들에게는 보다 많은 자유와 보다 규모가 큰 사회적 집단에 접근할 수 있는 기회가 주어졌다. 중류계급 남성 상사와 노동계급여성이나 중하층여성 피고용인 사이의 접촉이 일반화 되어감에 따라서 여점원들과 남성들의 교제는 흔한 일이 되었다. 『잉여 여성』은 바로 이러한 도시화의 물결 속에 서 있는 노동계급여성들을 조명한다. 모니카가 위도우슨(Edmund Widdowson)이라는 중류층 중년 남성과의 만남을 자기 계급 여성들의 일상적 일로 받아들이게 되는 과정을 보자.

---

32) Sewell, p. 281. Miles, p. 161에서 재인용.

그녀[모니카]는 부끄럽고 난처하였다. 다른 소녀들은 이런 종류의 일들을 항상 하고 있지 않은가－일하는 소녀들 말이다. 그러나 그렇게 하는 것은 그녀를 하인의 위치에 두는 것 같았다. 왜 그녀가 동의하였는가? 그 남자는 그녀의 관심을 끌 수는 없었다. 그는 너무 늙고, 너무 딱딱한 인상에다가 너무 심각하다. 글쎄, 바로 그런 이유 때문에 그를 만난다는 것이 별로 해가 될 것은 없을 것이다.…… 만일 그[위도우슨]가 리치몬드에서 [만났을 때]처럼 무례하지 않다면 그와의 만남은 그것이 그녀의 삶에 가져올 다양성으로 인해서 이어질 수 있다. 만일 불쾌한 일이 일어난다면, 그녀는 그냥 가버리면 되는 것이다. 그 약간의, 아주 약간의, 기대로 인한 설레임은 스코처 씨 상점의 여점원에게 상당히 소중하게 여겨졌다.[33]

모니카가 일하는 스코처 상점은 일요일이면 종업원들을 모두 외출시켜서 잘 시간이 될 때까지는 돌아오지 말도록 명령하였다. 이러한 관행은, 주중에는 13시간 반을 그리고 토요일에는 평균 16시간을 가게에서 일하는 젊은 여성들이 일요일에는 바깥 공기를 쐬야 한다는 명목으로 행해졌다. 이들 여성들이 남성고객을 상대로 일했고 또한 일요일에 바깥에서 하루를 보내야만 했다는 사실은 여점원들이 중류층남성들과 교제할 기회를 제공하였다. 점원뿐만 아니라 여급(barmaid)도 남성손님들과의 접촉을 전제로 한다는 점에서 결혼을 통한 여성노동자들의 계급이동의 가능성은 점차 높아졌다. 여급은 토나의 소설 「모자제조사와 양재사」의 마구간지기의 딸 케이트(Kate Clarke), 『무명의 쥬드』의 아라벨라(Arabella Donn)를 비롯해서 종종 당대 소설 속에서 찾아볼 수 있는 여성의 직종이 되었으며, 여성노동자들에게 또 다른 삶의 가능성을 제시하게 되었다.

도시화는 노동계급여성으로 하여금 다양한 직종에 종사할 기회를 제공함으로써 계급이동에 영향을 미친 요소 중의 하나가 되었다. 그러나

---

33) Gissing, pp. 36-37.

여기서 중요한 것은 이 직업여성들이 계급이동을 할 수 있었던 것은 직업적 성공에 의해서가 아니었다는 점이다. 그들에게 직업은 중상류층 남성들을 상대하게 함으로써 이들과 결혼할 기회를 제공하였다는 점에서, 이들 노동계급여성의 계급이동 역시 결혼에 의한 계급이동이라는 19세기 여성들의 전형적인 특징을 공유하고 있었다.

이처럼 여성의 '계급위상'을 결정하는 데 있어서 주요 인자인 '결혼'의 중요성은 배우자의 경제적 전망이 결혼결정에 주요하게 작용하는 것으로 표현된다. 빈센트(David Vincent)는 노동계급여성의 경우 결혼 결정에 있어서 부모의 영향을 보다 많이 받으며 청혼자의 경제적 전망에 대해서 보다 관심을 가진다는 증거를 제시한다.[34] 딸의 결혼은 아들의 직업만큼이나 일생의 투자이거나 재정적 보험과 같으며, '야심있는' 노동계급신부는 눈에 보이는 가장 안정적인 배우자를 찾고자 하였다. 노동계급여성인 메리(Mary Barton)가 자본가의 아들을 배우자로 꿈꾸는 것도 평생의 안락을 보장받고자 하는 야심이었다. 이것은 실제적인 의미에서 노동계급으로 전락한 중상층여성에게서도 마찬가지로 나타난다. 『다니엘 디론더』(Daniel Deronda)에서 집안의 파산으로 인해서 내키지 않는 귀족과의 결혼을 하게 된 궨돌렌(Gwendolen Harleth)이나, 『잉여여성』에서 파산과 다름없는 아버지의 죽음 때문에 사랑 없는 결혼을 한 모니카에게 있어서 공통점은 그들의 계급적 위치가 바로 청혼자들의 경제적 지위에 의하여 결정될 것이라는 점이다. 물론 노동계급남성들도 돈, 재산, 안정, 지위를 확보해 주는 결혼을 할 수는 있었다. 그러나 역사적 자료 속에 나타난 증거들은 결혼을 통해서 남성들이 물질적 재산을 추구한 경우는 드물었음을 보여준다. 많은 자서전 작가들은 결혼이

---

34) David Vincent, *Bread, Knowledge and Freedom: A Study of Nineteenth-Century Working Class Autobiography* (London: Europa, 1981), p. 51.

남성노동자들의 삶에서 심각한 전환점이라는 견해를 가지고 있었지만, [장인]의 농장과 경작지를 계승함으로써 직접적인 경제적 이득을 취한 윌리엄 존스톤(William Johnston)과 같은 경우는 드물었다.[35] 현실적인 문제들이 중요하긴 해도 남성에게는 애정이 결혼 결정의 최종요인이었다는 점에서 남성의 결혼은 여성과는 다른 양상을 보였다.

3. 계급이동신화와 그 실체

비록 노동계급의 딸이 아들보다는 계급상승하기 쉬운 것으로 간주되었지만, 노동계급 내에서는 여전히 동족결혼이 지배적이었다. "노동계급여성이 그들의 남자형제보다 중류계급으로 진입할 가능성은 50% 더 되었지만, 이 가능성은 여전히 노동계급여성 10명 중 1명에게만 해당되는 것이었다. 따라서, 노동계급여성의 보다 큰 이동은 기본적으로 '계급 내의 관계'에서 이루어졌으며, 기본적인 인구학적 관계에서 남성보다 여성을 계급결속의 매체가 되도록 만들었다."[36] 특히 식모(kitchen maids), 하녀(housemaids), 비숙련 일반하인과 같은 여성 하급하인(lower servant) 내에서 이러한 동족결혼의 경향은 매우 강하였다. 비기술직이라는 직업상의 특성으로 인해서 직업전환이 빈번하고 조혼경향이 있었던 이 여성들은 역시 조혼성향이 강한 비기술직 노동계급남성에게 인기있는 신부감이었다. 대부분의 하급하인들은 이 집단출신이었으며 이 집단으로 되돌아갔다.[37] 반면에 상급하인(higher servant)들은 안정된 직업을 가진 남성들, 가령 기술직 노동자 혹은 사무원, 가게주인, 소농과의 결혼

---

35) Miles, p. 131.
36) *Ibid*, p. 154, p. 175.
37) Gillis, p. 152.

에 매력을 느꼈다. 그들은 중하층과 상급노동계급(upper-working class) 사이에 있는 남성과의 결혼을 일반적으로 기대할 수는 있었지만, 더 높은 계급의 남성과의 결혼을 열망하는 것은 바람직하지 못한 것으로 인식되었다. 가령 앤 매즈덴(Ann Marsden)이 스코틀랜드 신사와의 결혼을 선언하였을 때 그녀의 먼 친척인 휴쓴 부인(Mrs. Hewetson)은 "숙녀가 된다는 어리석은 허영"[38]으로부터 앤을 보호하는 것을 자신의 의무라고 보고 그 신사와의 관계를 청산시켰다.

소설 속에서도 역시 하층계급여성과 중·상층남성의 만남은 결혼까지 이어지지 않는 것이 일반적인데, 간혹 결혼에 성공하는 경우는 도덕적 가르침이라는 교훈을 의도한 것이었다. 18세기 소설 『파멜라』에서 하녀 파멜라가 '미덕'으로 주인과의 결혼이라는 보상을 받는다는 교훈적 이야기는 일반적으로 신데렐라류의 허구적 사건에 불과할 뿐 실제적인 가능성과는 거리가 있었다. 노동계급여성들과 중·상류층남성의 대부분의 만남은 결혼을 전제로 하지 않는다. 『루스』에서 결혼을 고려하지 않은 채 귀족이 루스를 농락한 것처럼, 『메리 바튼』에서 부르주아의 아들 해리도 메리와의 미래에는 관심이 없다. 해리가 근본적으로 노동계급여성과의 결혼에 관심이 없었다는 점은 그의 고백에서도 잘 나타난다.

> '…… 나의 부모가, 내가 너와 결혼하기를 원치 않는다는 것을 너는 알고 있을 것이다. 그들은 화를 낼 것이고 나는 심한 조소에 맞서야 할 것인데 나는 물론 이제까지는 이것을 생각지 않았다. 나는 결혼하지 않고서도 우리가 충분히 행복할 수 있을 것이라고 생각하였다. (그 말들은 메리의 마음 깊숙이 새겨졌다)' …… 그의 애착이 애정의 대상을 유혹할 준비를 하는 저급하고 비열한 종류

---

38) *Ibid*, p. 154.

> 였다는 것을 안 것은 다행이었다.…… 그녀는 이러한 음모자에게
> 미안해 할 필요가 없었다. 그것은 안도감이었다.[39] (필자강조)

위의 인용은, '해리가 비열한 그의 의도를 고백하기 이전에 메리가 그와의 관계를 청산하였다'는 외면적 메시지보다 근본적으로 메리가 중류층과 결혼 할 수 없다는 사실에 무게를 실어준다. 메리가 해리의 청혼을 거부하였다는 점에서 그녀가 젬을 배우자로 선택한 것은 계급적 장벽에 좌절되었다기보다 애정에 의한 것이라고 말할 수는 있다. 그러나 진정으로 사랑한 사람이 젬이었다는 메리의 인식이 그녀로 하여금 계급상승 시도를 포기하게 만들었다는 텍스트의 진술은, 사실상 메리가 계급상승을 이루기는 불가능하였다는 텍스트의 암시에 의해서 반박되고 있다. 메리의 '야심,' '허영'에 대한 화자의 부정적 평가 역시 텍스트에서 계속해서 언급됨으로써[40] 노동계급여성의 계급상승이 현실적으로 어렵다는 사실뿐만 아니라 메리의 상향계급이동을 허용하지 않는 작가와 텍스트의 보수성을 암시하고 있다.

빅토리아조 소설에서 노동계급 여주인공의 계급상승의 어려움은, 이들의 높은 동족결혼율이 말해주듯이, 재산상의 극적인 변화가 수반되는 경우 이외에는 이들의 계급이동이 사실상 허용되지 않는다는 점으로 나타난다. 빅토리아조 소설에서 신분상승을 이룬 제인 에어의 계급이동은 바로 이러한 보기 드문 경제적 상황의 변화에 의해서 설명될 수 있다. 그러나 제인의 성공신화의 현실 불가능성은, 제인이 당대의 계급·성이데올로기에 저항적인 하층계급 여성을 표상한다는 페미니스트들의 평가[41]에 가려서 간과되어왔던 것이 사실이다. 또한 가정교사인 제인

---

39) Gaskell, *Mary Barton*, pp. 137-138.
40) *Ibid*, p. 10, p 81, p. 116, p. 131.
41) 제인이 열등한 사회적 위치에서도 당대의 지배이데올로기에 대한 도전적

의 저항적 메시지는 하층계급출신 작가가 그 계급의 대변자가 될 수 있다는데 힘을 실어주었다. 그러나 하층계급출신여성이 작가로서 자신의 계급을 대변할 수 있다는 논리는, '제인이 표면적으로 주장하는 혁명적인 내용'과 '실제로 작품 속에서 구현되고 있는 것' 사이에 존재하는 균열로 인해서 재고될 필요가 있다.42) 제인이 자신의 과거를 회고하면서 쓴 이 자서전적 소설에서 주목해야 할 점은 동일인물인 서술자와 주인공 간의 시간적/심미적 거리가 존재한다는 점이다. 가난한 고아인 제인은 어린 시절 중류층 친척 집에서 기거하면서 자신을 계급적 타자로 취급하는 리드 가족(the Reeds) 특히, 가부장적 권위로 그녀를 제압하려는 사촌 존(John Read)에 대해서 반항한다. 그러나 이러한 사건을 회고하는 '현재의 제인'은 자신이 "이질적인" 존재이기 때문에 이러한 "참을 수 없는 억압"을 겪게 되었다는 점을 인식하지만 이와 동시에, 분노한 타자로부터 독자가 기대한 것과는 달리, 반성적인 자세로

인 발언들(Brontë, p. 96, p. 222)을 서슴치 않았다는 점은 지배세력들에게 적대적 반응을 일으켰다. 아놀드(Matthew Arnold)는 제인을 창조한 브론테의 마음은 "반란과 열정"으로 가득 차 있다고 비난하였으며, 올리펀트 여사(Mrs. Oliphant)는 기존의 글쓰기 전통에 "경악스런 혁명"을 가져왔다는 점에서 이 작품에 불만을 토로하였다. Sandra M Gilibert and Susan Gubar, *The Madwoman in the Attic* (New Haven: Yale UP, 1984), p. 337에서 재인용.

42) 이 텍스트의 전복적 성격에 대한 지배계급의 평가에도 불구하고 이를 액면 그대로 받아들이기에는 문제가 있다. 이 작품의 페미니즘적인 요소들과 계급 타파적인 혁명적 성격을 지적하는 비평이 텍스트의 많은 부분을 설명해주는 것은 사실이나, 이러한 독법은 소설이 표방하는 주장 이면에 있는 상충적인 요소를 간과하게 만든다는 점에서 위험성을 내포할 수 있기 때문이다. 마슈레이(Pierre Macherey)도 지적하다시피, 텍스트는 하나 이상의 방향으로 읽혀질 수 있으며 텍스트 내에는 이면과 표면이 공존할 수 있다. 텍스트의 풍요함은 바로 텍스트의 복합성과 밀도로부터 나오는 것이라고 볼 때 텍스트를 일관적이고 통일된 전체로 보는 것은 텍스트의 복합적인 결을 살릴 수 없다. Pierre Macherey, *A Theory of Literary Production* (London: Routledge & Kegan Paul, 1980), p. 26, p. 41.

곧 전환한다.

> 　내가 만약 쾌활하고 영리하고 상냥하고 민첩하고 얼굴이 예쁜
> 장난꾸러기였더라면 비록 내가 남의 신세를 지는 외톨이였더라도
> 리드 부인은 내가 있는 것을 좀 더 담담하게 견뎌낼 수 있었을 것
> 이며 아이들도 나에게 친구같은 따스함을 보였을 것이다.[43]

　이 텍스트에서 '과거의 제인'과 '글을 쓰는 제인' 사이에 드러난 간극은 '가정교사로서의 샬롯 브론테'와 '중류층 작가로서의 샬롯 브론테'가 보이는 간극과도 상통한다. 스스로 생계를 해결해야만 했던 샬롯 브론테가 이 텍스트를 쓰는 시점에서는 이미 중류층의 이데올로기를 수용한 '중류층 작가'라는 점은 이 텍스트가 지배계급의 이데올로기를 은밀히 구현하도록 만들었다. 로우드(Lowood)에서 제인이 느꼈던 저항의식이 제인의 회고 속에서 반성적 어조로 바뀐 것은 이 텍스트가 지배계급이 노동계급에게 주입한 '순응'이데올로기[44]를 옹호한다는 것을 증명한다.

---

43) Brontë, pp. 12-13.

44) 톨프슨(Trygve Tholfsen)이 주장하듯이, 빅토리아조 시대의 중·상류 계급은 자신들의 계급적 이익을 지키기 위해서 노동자들의 '도덕적·지적 진보'라는 표방 아래 대중교육을 시행하였다. 그에 의하면, "대중교육의 체계는 사회적 통제의 수단으로 의도되어지는 것"이며 "대중교육체계의 꾸준한 팽창은 노동계급의 급진주의적 가치들을 침식시켰다"는 것이다. "규율"을 강조하는 로우드 학교에서 제인이 받았던 교육도 톨프슨이 지적하는 순응화 과정으로서의 하층계급 교육과 무관하지 않다. 이러한 관점에서 보았을 때, 제인이 과거를 돌이키면서 자신의 참지 못하는 난폭한 성격을 반성하는 부분도 그녀가 로우드 학교에서 내면화시킨 '순응' 이데올로기의 영향이라고 추측할 수 있다. Trygve R. Tholfsen, *Working Class Radicalism in Mid-Victorian England* (New York: Columbia UP, 1977), pp. 201-227.

이 8년 동안 나의 삶은 단조로왔지만 불행했던 것은 아니었다. 왜
냐하면 생활이 정적인 것은 아니었기 때문이다. 나에게는 훌륭한 교
육을 받을 수 있는 길이 있었으며, …… 나는 나에게 주어진 편의
를 충분히 활용하였고 …… 내게 선생의 자리가 주어졌다. 나는 2
년 동안 열심히 그 직무를 수행하였다.……나는 [템플 선생님]으로
부터 그녀의 성품의 일부와 습관의 많은 부분, 그리고 조화로운 사
고를 체득하였다. 보다 잘 통제된 감정이 나의 마음에 살게 된 것이
다. 나는 의무와 질서에 충실하게 되었다. 나는 조용했으며 내가 만
족하고 있다고 스스로 믿었다. 다른 사람들에게 그리고 심지어 내
자신에게도 나는 규율을 잘 지키고 복종적인 사람처럼 보였다.[45]

아저씨의 유산이 없었다면 제인의 '성공신화'가 불가능했다는 자명한
사실뿐만 아니라 내러티브가 보여주는 이와 같은 이데올로기적 간극은,
이 텍스트가 계급적 질서를 넘어 상향이동하는 하층계급여성을 보여주
었다는 기존 평가에 의문을 보여주기에 충분하다.

19세기 텍스트에서 나타나는 노동계급여성의 상향계급이동의 가능성
은『제인 에어』의 경우뿐만 아니라『시빌』의 경우를 살펴볼 때도 매우
희박해 보인다. 경제적 변화로 계급하락이 일상적인 차원에서 이루어진
반면 하층계급으로부터 상류층으로 계급상승하는 경우는 매우 드문 상
황에서 공장 노동자의 딸, 시빌의 계급상승은 일견 매우 이례적인 것이
다. 그러나 시빌이 상류계급으로 이동하는 과정은 그녀의 잃어버린 계
급을 회복하는 것이었다는 점에서 일반적인 노동계급여성의 계급상승
과는 근본적으로 다르다. 시빌에 대한 묘사가 노동자의 딸이라는 그녀
의 계급과 어울리지 않았던 것은 작가가 처음부터 그녀를 노동계급여
성으로 설정한 것이 아니었음을 암시한다. 그녀는 소설의 시작부터 노

---

45) Brontë, p. 73.

동계급의 딸의 특성보다는 귀족적 특성과 연결되었다. 그녀는 노동자의 딸들과는 달리 임금노동을 하지 않으며, 숙녀의 외모와 특성을 가진 것으로 묘사된다. 시빌은 소설 전체를 통해서 "거룩한 미와 천상적인 힘" 그리고 "천사와 같은 얼굴"을 가진 귀족적 여성으로 그려진다. '숙녀같은 노동계급여성'이라는 시빌의 파라독스적인 특성은 그녀의 재능에서도 드러난다. 시빌의 예술적 재능은 교양을 위해서 노래를 배우는 숙녀들을 상기시킨다. 그녀의 노랫소리는, 상류층여성들의 그것과 마찬가지로, 상류층남성 에그레몽(Charles Egremont)의 흥미와 관심을 유발하는 데 기여한다. 뿐만 아니라 그녀의 귀족적 성향은 가난한 사람을 방문하는 그녀의 자선활동에서도 드러난다. 그러나 자선은 중·상층여성이 하층여성을 상대로 베푸는 행위라는 점에서 가난한 노동자의 딸인 시빌과는 어울리지 않는다.

비록 시빌은 "나는 사랑을 위해서 태어나지 않았어요"라고 말하지만, 그녀가 이 소설에서 맡고 있는 역할이 에그레몽, 몰리(Stephen Morley), 그리고 해튼(Baptist Hatton)의 청혼을 받는 아름다운 여성이었다는 점은 결혼을 목표로 미혼시절을 보내는 숙녀들의 삶을 상기시키기에 충분하다. 이와 같은 그녀의 귀족적 특성은 소설 말에서 그녀가 귀족의 후손이었다는 사실이 확인됨으로써 더 이상 모순되는 정체성이 아닌 그녀의 진정한 정체성으로 자리매김 된다. 따라서 시빌의 계급 변화는 원래 그녀가 속했던 신분이 밝혀짐으로써 이루어졌다는 점에서 '신분상승'이라기보다는 '신분확인'이었다는 것이 보다 정확한 표현이 되겠다. 『시빌』은 노동계급여성의 계급상승이 '우연'에 기반을 두지 않는 경우 현실적으로 불가능하다는 단적인 예를 보여준다.

노동계급여성의 계급상승은 일단 성공하기 어려웠을 뿐만 아니라 이를 성취한 후에도 그 부작용을 감수해야 했다는 점에서 담보를 요구하는 것이었다. "노동계급여성의 경우 그들의 남자형제보다 중류계급과의 결합이 두드러졌지만, 이러한 결합은 시간이 지남에 따라서 …… 결코 강하지 않았으며" "계급동질화도 잘 이루어진 편은 아니었다"[46]는 사실을 말해준다. 동질화 과정의 어려움은 당대 소설 속의 여주인공들에 게서도 찾아볼 수 있다. 모니카의 경우 비록 중류층남성과의 결혼으로 이전에 그녀가 속했던 계급지위를 회복하였지만 과거의 계급으로 복귀 하는 것 역시 쉽지 않은 과정이었다. 모니카는 계급 이동을 통해서 안락 한 미래를 보장받는 대신 그 대가를 죽음으로써 단단히 치러야 했기 때문이다. 이러한 경험은 『위대한 유산』(*Great Expectations*)의 에스 텔라(Estella)가 미스 헤비샴(Miss Havisham)의 정신적 노예가 됨으로 써 숙녀가 되는 대가를 혹독히 치러야 했다는 사실과도 상통한다. 사랑 없는 결혼 이후에 모니카가 겪게 되는 일련의 고통과 죽음은, 계급하락 은 쉽게 일어나는 반면 계급상승과 동질화 과정은 죽음을 각오할 정도 로 험난하다는 것을 말해주며 당대 계급구조의 경직성을 강조하고 있다.

계급이동의 어려움과 이동 후 동질화의 어려움을 보여주는 또 다른 대표적인 예는 해나 컬윅이다. 비록 소설에서는 때로 일어나는 일이기 도 하지만, 철저한 계급사회인 빅토리아조에서 하녀인 해나와 중류층남 성인 먼비와의 결혼은 이목을 집중시킬 만한 것이었다. 해나와 먼비의 구애기간이 18년이었으며, 이들의 결혼이 비밀리에 이루어졌다는 사실 은 계급적 장애를 극복한 이들의 결혼이 당대사회에 일으킨 센세이셔 날한 파장을 짐작케 한다. 이들의 관계는 노동계급 여성의 삶에 관심이 많은 먼비가 해나에게 말을 건 1854년에 시작되었다. 해나는 여러 집을 돌아다니며 하녀노릇을 하였지만 실제로 먼비에 의해 고용된 적은 없 었음에도 불구하고 그들의 관계는 흑인노예와 주인의 관계로 상징되었

---

46) Miles, p. 156.

다. 그녀는 목에 자물쇠와 사슬을 걸었고 먼비만이 이 열쇠를 가지고 있었다. 그녀는 그와 만난 직후 그를 주인(Massa)이라고 불렀으며, 먼비의 새 구두뿐만 아니라 헌 구두도 핥았다.[47] 그녀는 그가 있는 곳에서는 음식을 거의 먹지 않았으며 그의 시중을 들고 그의 발을 닦아주었다. 내밀한 애인관계에서 조차 숨길 수 없었던 이러한 엄연한 계급 차이를 넘어서서 그들이 결혼을 한다는 것은 사실상 불가능한 일이었다. 이것은 단지 먼비 부모의 반대 때문만은 아니었다. 먼비의 부모가 돌아가신 이후에도 그들은 곧 바로 결혼하지 않았으며, 그들이 결혼을 한 이후에도 먼비는 자신의 결혼을 동료들에게 알릴 수 없었다. 중류층 남성 먼비와 하층여성의 결혼은 부모의 반대보다도 더 거스리기 어려운 계급이데올로기에 의해서 금지되고 있었기 때문이다.

해나의 사례가 흥미로운 이유는 단지 계급을 초월한 결혼 자체만은 아니다. 해나는 결혼 후에도 남편과 대등한 부부관계를 이루기보다는 여전히 자발적으로 하녀의 위치를 고수함으로써 주인과 하인이라는 과거의 관계를 답습하였기 때문이다. 그녀는 사교계에 들어가기를 완강히 거부하였고 그의 하인으로 남기를 원했다. 그러나 결혼 후에도 단지 두 명의 친한 친구만을 제외하고는 먼비가 중류층 지인들에게 그녀의 존재를 알리지 않았다는 사실은, 그녀가 사교계에 속하기를 거부했다는 것이 단지 그녀의 자발적인 의도에 의한 것만은 아니었음을 반증한다. 해나가 결혼 후에도 자신이 이전에 하던 '일'을 하고자 하는데 대해서 먼비가 한편으로는 걱정하였지만 내심 이를 반겼다는 것은, 그에게 계급적 편견이 여전히 작용하고 있음을 시사한다. 그러나 누구보다도 과

---

[47] 해나가 먼비의 구두를 핥는 것은 주인의 새 가죽구두를 핥는 하인의 관례에서 유래하는 것으로 이러한 관례는 주인에 대한 종속과 복종을 의미하였다. 그러나 해나의 경우는 새 구두뿐만 아니라 더러워진 구두까지 종종 핥았다는 점에서 새도매저키즘(sado-masochism)의 특징을 갖는 것으로 생각되기도 한다. Stanley, p. 307.

거의 계급의 굴레에서 벗어날 수 없었던 사람은 해나였다. 먼비는 자신의 아내가 된 해나가 숙녀처럼 장갑을 끼기를 원했지만 그녀는 "장갑이 거추장스럽다"며 거부하였다. 또한 해나는 결혼 후 먼비로부터 숙녀처럼 옷을 입고 공개적으로 그의 아내가 될 것을 설득받았지만 이것은 그들의 신혼 여행 중에만 잠시 가능하였을 뿐이다. 여성이 남성의 계급으로 상승한 이후에는 남편의 신분을 취할 수 있다는 일반적인 사회관념에 비추어보면, 해나가 결혼 후에도 남편을 주인으로 받들고 하층여성에게 강요된 종속의 원칙을 고수하였다는 점은 매우 흥미롭다. 자신이 속했던 계급에 대한 이와 같은 해나의 집착에 대해서는 다양한 해석들이 있다.

우선, 자신이 속했던 계급에 대한 해나의 집착에는 역으로 먼비의 계급이데올로기가 반영되었다는 추측을 할 수 있다. 여성노동자의 삶을 관찰하고 자료를 모으는 일에 관심을 가진 먼비는 시골소녀와 광산에서 일하는 소녀를 찾아다니며 이들에 대한 자료를 수집하였다. 그가 노동계급여성들에게 매료된 것은 그들의 일이나 심지어 재정적 독립이 아니라 육체노동 때문이었다. 많은 빅토리아조 지배층과 마찬가지로 그는 자신의 계급을 넘어서려는 사람들을 싫어하였다. 그는 "건강한 농장하인과 진짜 시골 여자들"을 "숙녀의 옷을 입고 있는 여위고 창백하며 불손한 상층하인(upper servants)"과 대조시켰다.[48] 신혼여행에서 돌아온 해나가 숙녀노릇을 계속할 것을 거부한 것에 대해서 먼비가 비밀스럽게 안도하고 그녀가 그의 가정부로 남는 것을 허용하였다는 사실은, 지배층남성이 가진 계급이데올로기가 아내의 계급이동조차 수용할 수 없을 정도로 완고한 것이었음을 보여준다. 해나는 이러한 먼비의 계급이데올로기를 존중하였으며 먼비가 그녀에게 주입했던 종속의 원칙을

---

48) Davidoff, "Class," p. 103.

내화하였다고 볼 수 있다. 그는 그녀와의 첫 만남에서부터 그녀에게 복종과 겸손의 원칙을 설교하였으며 해나는 그녀 자신의 방식으로 사랑을 표현하기 위해서 자발적으로 이를 수행하였다고 해석할 수 있다.

그러나 먼비와 해나의 관계를 주인과 하녀 사이의 지배/종속관계가 아닌 다른 관점에서 보는 견해도 있다. 『하인의 손』에서 브루스 로빈스는 주인에게 손가방을 건네주면서 미묘한 힘을 가하는 하녀의 손을 통해서 이들이 상호적인 권력관계를 주고받는다고 주장하였다. 이들의 관계에 관한 스탠리의 견해 역시 같은 맥락에서 이해될 수 있다. 흑인노예와 주인의 관계로 상징되는 해나와 먼비의 관계는 흔히 새도매저키즘으로까지 의심되는 것이 사실이지만, 스탠리는 해나가 먼비에게 보이는 복종적 태도를 또 다른 권력관계로 설명한다. 먼비로 하여금 자기를 필요로 하게 하고 그와의 관계를 계속 유지하기 위해서 해나가 스스로를 종속자의 입장에 두었다는 것이다. 그녀가 그를 영원히 묶어 둘 수 있는 방법을 찾을 수 없었기 때문에 나온 고육지책인 셈이다. 스탠리는 해나가 먼비에 대해서 권력을 발휘하기 위해서 무력(powerlessness)을 사용하였다고 본다. 그러나 로빈스의 상호적인 권력이라는 주장이, 담론적인 차원에서 가질 수밖에 없는, 현실적 권력관계에서 보여주는 한계는 스탠리의 경우에서도 역시 발견될 수 있다. 해나의 '비권력의 권력'이라는 스탠리의 진단 역시 경제적·사회적으로 열등한 노동계급여성이 자신보다 우월한 중류층남성과의 관계에서 벌일 수밖에 없는 열등한 자의 해법이라는 점에서, 근본적으로 먼비와 해나가 갖는 지배/종속의 틀을 벗어나지 못하고 있음은 분명하다.

먼비를 묶어두기 위해서이건 혹은 내화된 프로테스탄트적 노동관으로 인해서이건 간에 결혼 후에도 해나가 과거의 계급적 정체성을 유지할 수밖에 없었다는 사실은 하층여성의 계급상승을 허용치 않는 사회구조의 완고함을 역설한다. 20세기 노동계급여성이 중류층으로 이동한 다양한 실례들을 소개한 롤러(Steph Lawler)는 이 여성들이 중류층으로 이동한 후에도 계속해서 과거의 계급적 범주에서 벗어날 수 없었음을 부르디외(Pierre Bourdieu)의 상징자본(symbolic capital)과 아비투스(habitus)[49] 개념을 통해서 설명한다. 롤러는, 교육과 결혼을 통해서 성공적으로 계급상승을 이룩한 노동계급여성들이 새로운 계급에서 보이는 부적응은 "문화자본이 상징자본으로 전환되지 않았을 때, 특정한 아비투스가 완전히 '습득(생활화)'(inhabited)되지 않았을 때" 초래된 결과라고 본다. 즉 "계급의 경제적·문화적 형태의 복잡한 상호 관계"에서 계급차이와 계급불평등의 보다 명백한 표시는 문화적 요소라는 것이다. 이러한 주장은 해나가 중류층에 적응하지 못한 이유를 보다 적절히 설명해 주는 것 같다. 하층계급인 해나가 결혼을 통해서 비록 계급이동에는 성공했으나 그녀의 자아는 이동된 계급에서 "문화적 부적절성"을 체험하게 됨으로써 스스로를 숙녀로 인정할 수 없었을 것이기 때문이다.[50]

노동계급여성들이 상향적 계급이동을 한 이후에도 새로 획득한 계급에 동질화될 수 없었다는 사실은, 당대의 계급이데올로기가 노동계급여성의 계급이동을 사실상 허용하지 않고 있으며 대부분의 노동계급여성들은 자신들이 처한 계급적 위치를 받아들여야만 했다는 냉혹한 현실을 말해준다. 비록 노동계급남녀가 열등한 '계급'이라는 공통점을 가지고 있었지만 '여성'이라는 또 다른 장애물로 인해서 노동계급여성들이

---

49) 아비투스는 개인, 그룹, 사회, 국가의 일상적 습관이나 관례에 깃든 문화의 양상들이며, 여기에는 습득된 습관, 신체적 기술, 스타일, 취향, 특정 그룹에 당연히 존재한다고 여겨지는 비담론적 지식이 포함된다.
50) Steph Lawler, "'Getting Out and Getting Away': Women's Narratives of Class Mobility," *Feminist Review* 63 (Autumn 1999), pp. 4-18.

직면했던 현실이 노동계급남성들의 그것보다 더 열악하였다는 사실은 계급상승에 대한 이 여성들의 욕구를 단순히 사치로 비판할 수 없게 만드는 이유가 된다. 다음 장에서는 노동계급 내에서 또 다시 남/녀라는 차별구도를 형성하고 있는 당대의 성이데올로기에 주목할 것이다. 특히 여기서 관심의 초점은, 노동계급여성이 일의 세계에서 접하는 성적갈등과 차별이 노동계급남성과 지배층남성과의 관계 속에서 형성되는 메카니즘이며 이것을 통해서 성과 계급이라는 이중의 이데올로기 속에 갇힌 노동계급여성의 현실을 규명해 보는 것이다.

제5장 부르주아남성, 남성노동자, 그리고 여성노동자의 삼각관계

1. 노동계급이론 속의 여성노동자

산업화 이후 여성노동자가 일의 세계와 가정 내에서 차지하는 위치를 규명하는 데 있어서 중요한 점은 산업화가 가부장적 이데올로기와 어떻게 공모하였으며 이러한 공모에 의해서 여성노동자가 처한 특수한 상황을 이해하는 것이다. 이 장의 관심은 노동계급 남성과 노동계급여성 그리고 부르주아남성과의 삼각관계 속에서 산업자본주의와 가부장적 이데올로기가 어떻게 공모하며 서로를 강화시키는지를 살펴보는 것이며 이를 통해서 성/계급의 지형학에서 노동계급여성이 차지하는 위치를 가늠하는 것이다. 19세기 산업화 시대 여성노동자의 상황을 본격적으로 다루기 이전에, 우선 노동계급이론에서 배제된 여성노동의 문제를 맑스와 엥겔스의 노동계급이론을 통해서 살펴보자.

맑스는 1847년과 1848년에 노동계급의 발전과 역사적 역할에 대한 견해를 공식화하였으며, 봉건시대에서 자본주의시대로 전환하면서 산업화·도시화를 겪게 된 영국사회의 문제점들을 계급투쟁과 사회변화라는 각도에서 논의하였다.[1] 엥겔스 역시 1840년대 영국노동자들의 삶을 목격하고 이들이 자본가에 의해서 착취당하면서 비참한 삶을 이어나가고 있다는 사실을 『영국노동계급의 상태』(1845)를 통해서 고발하는 등 맑스와 더불어 노동자들의 권리를 찾기 위한 이론화 작업의 양대 맥을 형성하였다. 노동자의 착취구조를 비롯한 노동계급에 관한 맑스와 엥겔스의 분석은 계급에 관한 담론에서 영향력 있는 관점을 제공하였다.

계급에 관한 담론은 주로 남성노동자들의 문제를 중심으로 전개되었지만 당시 많은 여성들과 어린이들은 공장을 비롯해서 다양한 일터에서 일하였으며, 엥겔스 역시 남성노동자의 문제를 다루면서 이들의 존재를 인정하지 않을 수 없었다. 엥겔스에 의하면, 직물산업의 경우 기계의 기술적 진보로 인해서 공장에서 행해지는 실질적인 노동은 여성과 어린이들에 의해서 이루어졌다.2) "1808년 영국의 모든 직조공(weavers)의 반은 여성과 아동"이었으며,3) 엥겔스의 1844년 통계에 의하면, 직물산업에서 여성노동자의 비율은 면직물 공장에서 56.25%, 모직물 공장에서 69.5%, 견직물 공장에서 70.5%, 아마포 공장에서 70.5%로 남성노동자의 비율을 넘어서고 있었다.4) 이렇게 볼 때, 노동계급이론의 문제점은 그것이 기본적으로 노동시장의 남성노동자를 중심으로 전개되었고, 산업화 현장에서 나타나는 노동자의 성차별에는 주목하지 않았다는 점에서 찾을 수 있다. 따라서 맑스와 엥겔스의 이론에서 주로 논의되고 있는 남성노동자의 문제가 노동자 전체의 문제를 대표할 수 있는가라는 점은 노동계급여성의 문제에서 중요한 관건을 제공하고 있다.

영역분리 개념에 바탕을 두고 있는 19세기 성이데올로기는 특히 노동계급 남녀가 노동시장에서 대립되었던 상황에서 남성노동자에게 유

---

1) 자세한 것은, Claudio J. Katz, *From Feudalism to Capitalism: Marxian Theories of Class Struggle and Social Change*를 참고할 것.
2) Engels, *Condition*, p. 158.
3) Anna Clark, p. 22.
4) Engels, *Condition*, pp. 159-160.

리한 이념적 토대가 되었다는 점에서 주목된다. 19세기 남녀노동자의 이해관계는, "1820년대 초반 호전적인 노동조합원들에게 시달렸던 고용주들이 장인의 힘을 없애기 위해서 기술과정을 단순업무로 나누고 노동자 스웨팅(sweating)[5]을 도입함으로써 여성노동자들이 대거 공장에 들어오게 되자"[6] 본격적으로 대립되었다. 고용주들이 저임금 여성노동자들을 선호함에 따라서 남성노동자들의 투쟁은 자본가로부터 여성노동자들에게로 확대되었으며, 이때 가정성(domesticity)에 기초한 성이데올로기는 여성노동자들에 대항하여 자신들의 노동권을 요구하는 남성노동자들에게 유용한 개념을 제공하였다.

맑스의 계급이론은 바로 1840년대 조직력 있고 기술있는 '남성노동자의 관점'의 기본 요소들을 결합하였는데, 이 요소들은 남성노동자가 스스로를 노동계급가족의 유일하고 합당한 부양자라고 보는 가정이데올로기에 기초하였다.[7] 맑스의 분석은, 계급조직에서 남녀의 공동 참여를 방해하는 노동계급남성의 지배 메카니즘을 밝혀내고자 한 '초기 유토피아 사회주의자'의 분석형태와는 다른 입장이었다. 맑스의 이론은 초기 유토피아 사회주의자들의 분석양식과 결별하고 이와 동시에 사회적 해방에 있어서 여성의 개입에 관한 유토피아적 개념을 수정하였다. 오웬

---

5) '착취노동자'(sweated labour)란 일반적으로 장시간을 저임금으로 일하는 노동자로 정의된다. 영국의 1889년 상원위원회의 보고서는 이러한 관행에 대해서 우려를 표명하였다. Hanson, p. 444.

6) Anna Clark, p. 197.

7) Harold Benenson, "Victorian Sexual Ideology and Marx's Theory of the Working Class," *International Labor and Working Class History* 25 (Spring 1984), p. 1. 그 밖에도 Jane Humphries, "The Working Class Family: A Marxist Perspective," *The Family in Political Thought*, ed. Jean Bethke Elshtain (Amherst: Massachusetts UP, 1982); Gita Sen, "The Sexual Division of Labor and the Working-class Family," *The Review of Radical Political Economics* 12. 2 (Summer 1980), pp. 78-79를 참고할 것.

주의적 선전주의자들이 "사회적 힘 즉, 노동시장에서의 남성의 권력이 낮은 여성임금 수준을 결정한다"[8]고 주장한 데 비해서, 맑스는 여성이 저임금노동자로 고용된 이유를 단순히 근육발달이라는 생물학적 차이로 축소함으로써 본질론적 관점으로 여성노동문제에 접근하였다.

노동계급가족에 대한 맑스의 개념은 분리된 성적영역에 대한 보편적인 빅토리아조의 개념과 중요한 특징을 공유하는 것이었다. 빅토리아조의 도덕가들처럼, 맑스는 가족영역을 적극적인 사회적 갈등과는 먼, 공동 목적을 가진 상호 의존적인 것으로, 그리고 기존사회에서 여성에게 배당된 적절한 위치로 묘사하였다.[9] 이러한 맑스의 노동계급이론은 남성노동자가 노동자가족 전체의 이익을 대변한다고 전제함으로써 여성노동자의 권익을 외면할 수밖에 없었다.[10] 맑스의 경제이론의 모순은, 그 이론이 '부양가족이 있는 성인남성'으로 개념화된 '보통의 노동자'를 상품생산의 매개체로 가정하지만 그 이론은 모든 가족이 임금노동해야 하는 노동자가족의 현실과는 배치된다는 사실에 있었다. 맑스는, 베넨슨이 지적하듯이, 자본주의자의 기계화 경향은 남성노동을 여성과 아동의 노동으로 대체하려는 움직임과 병행한다는 것을 주장함으로써 여성노동에 대한 부정적 태도를 드러내었다.

노동계급이론에서 나타나는 이와 같은 가부장적 경향에 대해서 강력하게 비판한 사람은 역시 페미니스트들이었다. 가부장적 이데올로기가

---

8) Benenson, p 3.

9) *Ibid*, p. 11.

10) 버그는 노동과정에 대한 역사적 연구가 가지고 있는 남성편향적 태도를 다음과 같이 지적한다. "노동과정의 관점에 대한 또 다른 문제점은 그것이 노동장소와 생산과정에 편협하게 집중되어있다는 점이다. 노동장소에서의 문화, 공동체가족의 영향은 무시된다. 이것은 특히 '남성적' 관점이며, 실제로 노동과정에 대한 우리의 모든 역사 연구가 남성 노동인구와 노동에 대한 남성의 태도에 초점이 맞추어져 있다는 것은 놀라운 일이 아니다." Berg, p. 196.

지배적인 시대에 배태된 맑시즘은 여성의 노동과 관심사를 평가절하하
고 자신들(남성)의 문제를 남성에 의해 지배받는 집단(여성)의 문제와
구별하는데 실패하였다는 것이 페미니스트들의 주장이다. 맥킨논은, 맑
시즘이 "남성의 세계관과 남성의 이익 내에서 작용한다는 점에서 이론
과 실천에 있어서 남성적으로 정의된 것이며, 사회를 계급의 용어로써
배타적으로 분석하는 것은 성 사이의 변별적인 사회경험을 무시하는
것"이라고 비판하였다. 맥킨논은 맑시즘에 대한 페미니스트들의 비판에
는 타당성이 있다고 본다. 페미니스트의 입장에서 성은 계급을 분리시
키지만 맑시스트들은 이를 설명하거나 변화시키기보다는 부정하거나
무시하였기 때문이다.[11] 계급이라는 잣대로 여성들의 문제를 모두 설
명하고자 하는 맑시스트들의 시도는 페미니즘이 보기에는 다양하면서
도 공통적인 여성들의 경험을 설명하기에는 부적절한 것이었다.

> 맑시스트에 의해서 여성들은 하나의 사회적 지위(caste), 하나의
> 계급(stratum), 하나의 문화적 집단, 시민사회 내의 한 부분, 이차적
> 모순(a secondary contradiction) 혹은 비적대적 모순이 된다.……
> 가장 일반적으로 여성들은 "여성노동자들"과 같은 어떤 다른 범주
> 로 축소되며 모든 여성들과 동일한 시·공간에 있는 것으로 취급된
> 다.…… 또한 생산관계의 반복이라는 맑시스트의 재생산의 의미는
> 생물학적 재생산의 분석으로 말장난 되어서 마치 여성의 신체적인
> 차이가 남성에 종속하는 이유가 되어야 하는 것처럼 되었다.[12]

맑시즘의 남성중심적 경향은 노동자들의 이익을 위해 결성된 노동조
합의 편견과 상통하는 것이다. 초기 산업혁명의 혼란 속에서 나타난 새
로운 조직형태인 노동조합[13]은 자본과 관련하여 노동자의 이익을 주장

---

11) MacKinnon, p. 4.
12) *Ibid*, pp. 10-12.
13) 영국에서는 1810년경을 시작으로 장인, 옥외노동자(out-workers), 기술

하는 대표적인 집단이었다. 그러나 직물노조를 제외하고는 19세기 중반까지 노동조합의 주체는 대개 기술있는 남성노동자 집단으로 구성되었다. 남성노동자들의 여성배타적 경향은 노동자들의 참정권을 주장한 차티스트운동(People's Charter)[14]에서도 역시 찾아볼 수 있었다. 차티스트운동은 1838년에 '일반노동자 연합'(General Working Men's Association)을 중심으로 '인민헌장'(People's Charter)을 작성하였고 '신빈민법'(The New Poor Law) 반대 운동과 '10시간 노동법안' 지지운동 등을 통해서 노동계급의 권익을 위해 투쟁하였다. 그러나 21세 이상의 모든 성인 남성에게 투표권을 부여한다는 조항을 골자로 하는 인민헌장에서 노동계급여성에 대한 배려는 찾아 볼 수 없었다. 남성차티스트들은 여성이 노동운동의 성공을 위해서 할 수 있는 역할은 아이들을 교육시키는 것이라고 믿었으며, 여성들 역시 자신들이 차티스트의 원칙들을 아이들에게 주입시키는 것이 차티스트의 대의에 공헌할 수 있는 최선의 방법이라고 여겼다. 여성들은 아이들의 이름을 유명한 차티스트의 이름을 따서 명명하든가, 아이들에게 노동운동에 관한 신문인 『노던 스타』(*The Northern Star*)를 규칙적으로 읽어줌으로써 어린이들의 노동자 의식을 고양시키

있는 직조공이, 과거의 상업과 동업조합 단체를 직업적 이익을 추구하기 위한 넓은 개념의 '조합(unions)'으로 전환시켰다. Benenson, p. 6. 이하 노동조합은 '노조'로 쓰기도 함

14) 1811년 기계파괴(Luddite)운동으로 시작된 영국의 노동운동은 1824년 노동조합을 결성하고, 그후 정치권력의 필요성을 인식함에 따라서, 차티스트운동(Chartist Movement)을 전개하는 것으로 발전되었다. 1832년 1차 선거법 개정에서 선거권을 획득하지 못한 노동자들은 1837년 인민헌장을 작성하여 의회에 청원함으로써 선거권 확대운동을 전개하였는데 이를 차티스트운동이라고 하며 이 운동의 가담자를 차티스트(Chartist)라고 한다. 차티스트운동은 그 초창기인 1835년에는 주로 노동자의 운동이었음에도 불구하고 급진적인 소부르주아와 명백하게 분리되지 않았다. 1842년 봉기의 실패를 계기로 노동자계급과 부르주아는 완전히 분리되었으며 차티스트운동은 순수한 노동자계급의 운동이 되었다. Engels, *Condition*, p. 266.

는 데 만족할 수밖에 없었다.[15]

1840년대 중반까지 차티즘이 채택한 조직은 여성으로 하여금 정치에서 물러나 가정으로 돌아가도록 장려하였으며, 남성차티스트들은 여성을 차티스트운동에서 적극적으로 몰아내고자 하였다. 메리 앤 워커(Mary Anne Walker)가 1842년 '여성차티스트 연합'을 결성하기 위해서 연설하였을 때 한 남성연설자는 여성의 정치참여에 대한 모든 의견들에 반대하였다. 일부 남성들은 여성차티스트 연합 결성을 지지한 반면, 1843년 '국가 차티스트 연합'의 규칙은 "사람들" 대신 "남성"이라는 단어를 사용함으로써 차티즘은 남성만을 정치적 매개체로 정의한다는 것을 분명히 하였다. 40년대 말에 쇠락한 차티스트운동은 기본적으로 남성노동자를 중심으로 벌어진 운동이었으며, 그것의 실패원인의 하나는 "그 운동이 평등적 이상을 노동계급의 가부장제에 화해시키지 못하였다"[16]는 점이었다. 이처럼 계급의 평등을 지향하는 노동운동이나 노동이론조차 그 내부에 또 다른 불평등의 요소를 배태하고 있다는 점은 모순이라고 하지 않을 수 없다.

2. 부르주아남성의 여성노동자 착취

산업화 이전뿐만 아니라 이후에도 여성노동은 저임금직이었으며 여성고용의 기회가 제한되어 있었다는 공통점에도 불구하고, 산업화는 노동계급여성에게 과거보다 많은 고용기회를 제공했다는 점을 인정하지

---

15) Jutta Schwarzkopf, *Women in the Chartist Movement* (New York: St. Martin's Press, 1991), pp. 124-125.
16) Anna Clark, pp. 245 246.

않을 수 없다. 기계화에 의한 탈기술화(deskilling)는 여성노동자들을 공장으로 대거 진입시켰다는 점에서 이전보다 여성노동자들에게 경제적 독립의 기회를 더 많이 제공하였다. 과거의 여성노동이 대체로 남성 가장을 대표로 한 가정산업 속에서 이루어진 것이었다면, 19세기 여성의 노동은 고용주와의 개인적인 계약관계에 바탕을 둔 독립적 고용이었다. 그러나 생산업에서 여성노동자들은 남성보다 낮은 임금으로 고용되었다는 점으로 인해서 여성고용은 남성노동자들과 갈등의 소지를 안고 있었다. 남성노동자가 저임금여성노동자로 대체되는 상황에서 남성들은 자신들의 노동권을 위협받게 됨을 느꼈고 남녀노동자 사이의 경쟁은 이들을 서로의 생계를 위협하는 존재로 만들어 버렸기 때문이다. 따라서 19세기 여성노동자의 문제는 이들을 저임금으로 고용한 고용주와의 이해 관계뿐만 아니라, 여성노동자로 인해서 노동권을 위협받은 남성노동자와의 미묘한 이해 관계와 긴밀히 연관되어 있었다. 이때 중류층 고용주와 남성노동자들이 여성노동자들과 가진 관계에서 중요한 배경으로 작용하였던 것은 19세기 가부장적 성이데올로기였다. 이 이데올로기는 고용주와 남성노동자와의 이해관계 속에서 여성노동자들에게 적대적으로 작용하였으며 성차별적 노동시장의 구조를 체계화하고 강화함으로써 여성노동자들의 노동조건을 열악하게 만든 주요 원인이 되었다. 다음에서 살펴볼 것은 바로 이러한 이해의 삼각관계를 이루는 여성노동자와 중류층 고용주, 그리고 여성노동자와 남성노동자의 관계이다. 우선, 이들의 이해관계에서 중요한 역할을 하였던 당대의 성이데올로기인 '가정이데올로기'를 살펴보는 것을 시작으로 이들의 미묘한 삼각관계를 해부해 보자.

18세기 후반과 19세기 초반에는 남성성과 여성성, 성적 노동분리(sexual division of labor), 성 관습에 대한 견해에 중요변화가 있었는데, 이러한 변화는 계급정치학의 발전과 밀접하게 관련되었다. 18세기 말 이래 영국은, 토지를 권력의 토대로 삼았던 귀족적 상업자본주의사회로부터 자본을 바탕으로 등장한 부르주아를 중심으로 한 산업자본주의사회로 전환하는 시기였다. 산업화 시대를 주도한 새로운 계급인 중류층 부르주아들은 프롤레타리아트뿐만 아니라 젠트리와 귀족계급으로부터 자신을 차별화시켜 정의하고자 하였으며 그들의 계급 정의는 정치·경제적 차원뿐만 아니라 문화적·이데올로기적 차원에서 이루어졌다. 새로운 부르주아의 생활방식은 여성관을 재규정하였으며, 이러한 사고에 중심이 된 것은 여성을 가정적 존재로서, 주로 아내와 어머니로서 강조하는 것이었다.

부르주아가 가정이데올로기를 도입하게 된 배경에는 18세기 말 불안정한 영국의 정치·경제·사회에 영향력을 발휘했던 복음주의(Evangelicalism)가 있었다. 1780년대에 복음주의자들은 귀족의 해이함을 공격하고 새로운 생활규칙을 세우고자 하였으며 현재의 정치적 위기는 도덕적 타락이 반영된 것이라고 진단하였다. 그들은 관습의 차원에서 국가적인 개혁의 필요성을 확신하였으며, 이러한 복음주의자들의 소규모 캠페인은 프랑스 혁명의 영향으로 더욱 요긴한 것으로 여겨졌다. 1790년대 영국은 프랑스혁명의 여파로 불안정하고 위험한 사회분위기가 형성되었으며, 나라 안팎으로부터의 위협은 신념에 심각한 위기를 일으켰다. 이러한 시기에 단순한 억압적 정책은 충분치 못했으며, 적극적인 갱생이 영국을 유지하는데 필요하였다. 이에 따라서 가정은 적절한 종교적 삶의 기초로 간주되었고, 가정생활의 가치는 매우 높이 평가되었다. 종교를 가정과 연결시키는 것은 공적 영역과 사적 영역을 구분하는 것으로 확대되었으며, 이러한 분리는 빅토리아조 영국에서 일상적인 것이 되었다. 공적·사적 영역의 분리는 남녀 사이의 분리가 됨으로써, 바깥세상은 남성의 영역이 된 반면 가정은 여성의 영역이 되었다.17)

복음주의는 적대적 세상으로부터 보호된 공간을 확보할 필요성을 역설하였으며 가정은 바깥세상과는 상대적으로 독립되고 통제될 수 있는 안식처를 제공해야 한다고 주장하였다.

산업화 시대의 자본가들은 이러한 "분리영역이데올로기"(the ideology of separate spheres)에 따라서 남녀의 각기 자연스런 성향과 책임에 맞는 분리되고 다른 영역으로 일과 가정의 세계를 묘사하고 이를 통해서 남성과 여성의 영역을 구별하였다. 그들은 분리영역이데올로기에 바탕을 둔 가정이데올로기의 성취를 남성적 자존심·명예와 연결시켰으며, 이와 같은 성이데올로기에 따라서 노동자를 고용하고 노동과정과 작업장을 구성하였다. 고용주들은, 기술노동자는 정의상 남성이며 여성노동자 특히 노동하는 어머니의 개념은 모순이라고 보았다. 이러한 중류층의 성이데올로기는 고용구조에 깊이 개입되었기 때문에 노동계급은 그들의 성에 따라서 상이한 노동현실을 경험하게 되었다. 19세기에 거의 모든 고용주들은 기술직과 '복잡한' 기계와 관련된 일에 남성을 고용하였으며 이것의 타당성에 대해서 의문을 품지 않았다. 기술을 요하거나 크고 복잡한 기계를 사용하는 능력은 '본질적'으로 남성적 특성을 가진 것으로 믿어졌으며, 여성은 이미 '여성의 일'(women's work)로 정의된 일에 고용되었다. 여성의 일은 남성의 일에 비해서 상대적으로 저임금[18]이었으며 기술적 능력과 훈련을 거의 요구하지 않는 것이었다. 여성이 저임금노동자인 이유는 중류층의 가정이데올로기가 여성을 남성에게 생계를 의존하는 "보조적인 임금노동자"로 묘사하였기 때문이었다. 사실, 클락(Alice Clark)과 핀치백(Ivy Pinchbeck)도 인정하였듯이, 16세기 이래로 대부분의 견습제도에서 배제된 여성들은 산업화

---

17) *Ibid*, p. 24.
18) 남성임금과는 달리 산업주의자들은 여성임금을 관습적인 임금(customary rate)에 기초하여 정하였다. Rose, *Limited*, p. 23.

이전에 이미 저임금 노동자로서 인식되었다. 그러나 산업화 이후 여성의 저임금은 여성의 직업참여도가 과거보다 점차 높아지고 있는 상황에서도 여전히 계속되었다는 점에서, 그리고 이것이 영역분리의 개념에 바탕을 둔 중류층의 가정이데올로기에 의해서 체계적으로 지지되고 있다는 점에서 문제가 되었다.

산업주의자들은 가정의 경제적 복지에 대한 책임이 남성에 있기 때문에 남성이 여성보다 더 많은 임금을 받는 것이 당연하다고 믿었다. 분리영역이데올로기가 부르주아 남녀의 세계관에 중심적인 모티프가 됨에 따라서, 중류층의 가정이데올로기는 여성의 저임금을 정당화하였고, 여성에게 다양한 법적제재를 가함으로써 노동시장에서 구조적인 여성차별을 일상화하는데 기여하였다. 고용주들에 의해서 채택된 대표적인 여성차별법[19]으로는 결혼한 여성은 직장을 떠나야 한다는 '결혼장벽'(marriage bar)을 들 수 있다. 많은 고용주들은 기혼여성을 고용하는 것이 노동자의 가정생활을 타락시킬 것이라고 믿고 있었다. 여성고

---

19) 여성과 아동의 노동시간을 제한하는 '10시간법안'(Ten Hours Bill)은, 1833년 '공장법안'(The Factory Bill)을 통해서 아동의 노동시간을 제한한데 이어서, 1847년 '공장법안'(The Factory Bill)의 도입으로 직조공장의 아동과 여성의 노동을 10시간으로 줄이고 야간노동을 금지하는 결과를 낳았다. Rose, *Limited*, p. 56. 여성과 아동의 노동에 관하여 보호법을 도입한 배경에는 복잡한 힘들이 작용했다. 가령 샤프츠베리 경과 같은 개혁가들의 경우는 열악한 조건에서 일하는 여성과 어린이를 구제하려는 의도를 가졌으며 마침 곡물법 철폐로 공장주에게 보복하려는 토리당으로부터 의외의 연합세력을 발견하게 되었다. 이러한 보호법에 대해서 고용주들은 노사의 개인적 협상의 신성함에 대한 도전을 이유로 반대하였으며, 여성노동자 역시 이것이 돈을 벌 수 있는 자신들의 능력을 제한하는 조치라고 반대하였다. 반면에 남성노동자들은 자신들의 노동시간을 제한하고, 자신들의 직업을 보호하고, 임금수준을 유지하기 위해서 이 운동을 지지하였다. Angela Coyle, "The Protection Racket?," *Feminist Review* 4 (1980), pp. 3-4.

용의 폐해를 목격한 이후로는 결코 여성을 고용하지 않았다는 한 소금 제조업자는 다음과 같이 증언하고 있다.

> 아내와 함께 1주일에 2 파운드 또는 1년에 100 파운드 정도를 버는 남성들은 더러움 속에서 살고, 아이들은 거리에서 욕을 하고 거짓말과 도둑질을 하며, 아이들은 가장 열악한 환경에서 자라서, 부도덕하거나 사악하다기보다는 방탕하고 저급하게 된다. 내가 보기에 이 모든 것은 어머니가 없는 가정에서 기인한다. 그리고 여자아이가 집을 청소할 수 있을 정도로 크면 그녀는 소금을 채취하는 좀 더 임금을 많이 받는 일에 고용된다. 어느 날 저녁에 나는 이런 생각을 하고 있다가, 세 명의 여성이 더운 날씨에 평소보다 늦게 일을 마치고 기진해 있는 것을 보았다. 나는 선광용 냄비에서 일하는 남성에게 다가갔고 그가 그의 삽 위에 기대서 매우 생기있게 담배를 피우고 있는 것을 보았다. 나는 당장 그 일을 여성이 하지 못하게 하였다.…… 나는 그들을 더 이상 고용하지 않았다. 나는 그것이 일반적인 잘못된 관행, 즉 야만적인 것이라고 믿는다.[20]

이처럼 산업주의자들의 분리영역이데올로기는 고용구조를 결정하고 여성의 일의 성격을 규정하였다는 점에서 중요하다. 산업화의 물결은 가내수공업에 종사하던 노동계급 남녀를 다양한 방식의 임금노동에 종사하게 만들었지만, 중류층의 성이데올로기는 여성을 가정의 책임과 주로 관련시키고 임금노동자인 경우라도 저임금을 받는 피부양인으로 묘사하였기 때문에, 노동계급여성들은 "탄력있는 노동인구"(elastic labour force)가 되었다.[21]

그러나 산업현장에서 부르주아들이 지지한 가정이데올로기는 근본적으로 중류계급의 이해를 토대로 형성되었다는 점에서 노동계급에게 적

---

20) Rose, *Limited*, p. 45.
21) Sonya O. Rose, "'Gender at Work': Sex, Class, and Industrial Capitalism," *History Workshop* 21 (Spring 1986), p. 115.

용하기는 적절치 못한 것이었다. 노동계급가정의 경우, 기술이 있고 안정된 직업을 가진 남성노동자는 전 노동자의 10-20%를 넘지 않았으며[22] 특히 19세기 초 어린이의 노동이 점차 줄어들자[23] 여성의 임금은 노동계급 가정경제에 필수적인 것이 되었다. 대부분의 노동계급가정은 남성부양자만으로는 생계를 유지할 수 없었으며 이러한 노동계급의 현실은 여성을 피부양자로 정의하는 가정이데올로기와는 양립할 수 없었다. 그러나 당대의 정부보고서에서는, 노동계급의 엄연한 현실을 무시한 채, 노동하는 아내와 어머니는 여전히 부자연스럽고 부도덕적인 것으로 묘사되었다. 여성노동자들은 가난한 가정주부와 부적절한 어머니로 혹평되었으며, 기혼여성의 임금노동에 대한 부정적 이미지는 이들 여성노동자들로 하여금 자신들의 노동을 독립의 수단이 아닌 수치로 받아들이도록 만들었다. 아내가 집에 머무는 부르주아가족은 정상적인 가정으로 간주되었는데, 이것은 곧 결혼한 여성은 일해서는 안 된다는 것을 의미하였다. 이러한 가정이데올로기의 문제는 홀에 의해서 다음과 같이 지적된다.

> 가정이데올로기는 그리하여 계급관계를 은폐하였다. 왜냐하면 그것은 계급과 무관하게 나타났기 때문이다. 또한 그 이데올로기는 노동의 성적분리에 관한 문화적 정의를 은폐하였다. 왜냐하면 남녀 사이의 분리는 본질적으로 규정된 것으로 간주되었기 때문이다. 자연은 모든 여성들이 우선 아내이자 어머니라고 규정하였던 것이다.[24]

---

22) Eric Hobsbawm, *Labouring Men: Studies in the History of Labour* (New York: Basic Books, 1964), p. 290. Rose, *Limited*, p. 77에서 재인용.

23) 1834년 공장법의 의무교육 조항에 따라서, (견직물 공장을 제외하고) 9세 이하 어린이의 고용은 금지되었으며 9-13세의 어린이들의 노동시간은 주당 48시간, 최고 하루 9시간으로 제한되었다. 이 법은 14세 이하의 어린이들을 하루 2시간씩 의무적으로 학교에 보내도록 규정하였으며, 공장 의사의 연령증명서와 학교 교사의 재학증명서 없이 어린이를 고용하는 경우에 공장주를 치벌하도록 하였다. Engels, *Condition*, p. 194.

노동계급의 현실은 기혼여성들로 하여금 '내직'(home work)이나 시간제나 호황시에만 고용되는 예비노동자 등 다양한 형태의 임금노동에 종사하도록 만들었다는 점에서, 가정이데올로기는 사실상 노동계급가정에서는 실현될 수 없는 이상에 불과하였다.

가정이데올로기를 토대로 한 노동시장 구성의 문제점은 가장이 가족부양비를 벌지 못하는 대부분의 노동계급가족의 현실을 무시하였다는 점뿐만이 아니었다. 이것은 특히 "미혼 여성이나 과부 그리고 '아프거나 알콜중독자이거나 혹은 비정규적인 계절노동에 종사하는 저임금 임시노동자'를 남편으로 둔 아내들의 현실에 대해서 무관심하였다"[25]는 점에서 맹점을 드러냈다. 여성의 일에 대한 당대의 규정은 스스로 부양해야만 하는 여성, 혹은 무능한 남편을 가진 여성부양자들의 생존에 적대적이었다. 『메리 바튼』의 앨리스, 『잉여 여성』의 모니카 자매들은 이러한 불합리한 사회구조의 희생물이다. 중류층에 속했던 모니카 자매는 아버지를 잃음으로써 피부양자의 위치를 상실한다. 그러나 이들이 스스로 부양자가 되어야만 했을 때 생계를 위해서 직업을 찾는 이들 자매들에게 주어진 일은 매우 한정된 것이었다. 버지니아는 '숙녀의 말벗'으로 고용되었으나 얼마 후 실직자가 되었으며, 앨리스는 가정교사로 일했지만 가르쳤던 아이들이 학교에 가게 되자 일자리를 잃게 된다. 가정교사를 지원할 때 학위나 자격증이 요구되었지만,[26] 앨리스는 이런 자격을 갖추지 못한 처지에서 무보수직도 생각할 수밖에 없게 된다. 여성들은 피부양자이기 때문에 생계유지를 위한 일이나 대책을 마련할 필

---

24) Hall, p. 31.
25) Rose, "Gender," p. 115.
26) 1848년 이후 여성교육기관의 등장으로 정식으로 교육받은 중상층의 딸들은 전문직으로 가정교사직에 지원하게 되었으며, 훈련받지 않은 가난한 여성들이 가정교사가 된다는 것은 매우 어려워졌다. Hammerton, p. 54.

요가 없다는 가정이데올로기는 바로 이들 여성이 스스로 부양해야만 하는 상황에 직면했을 때 이들을 무력하게 만들었다.

　소설의 제목이기도 한 잉여 여성(odd women)27)은 바로 앨리스나 모니카 자매와 같은 스스로 부양해야만 하는 당대 미혼여성을 지칭하는 것이기도 하다. 영국은 1851년에 50만의 잉여 여성이 있었으며,28) 스스로 자립해야만 하는 수십만의 미혼여성들은 삯바느질, 가정교사, 공장노동자 등 저임금노동자로 일해야만 했다. 남성들의 보호를 받아야 할 많은 여성들이 고통스럽게 자급해야 하는 상황은 빅토리아조 사람들의 우려를 낳았으며 이 여성들은 아내와 어머니라는 여성의 역할을 하지 못한다는 점에서 쓸모없고 부정적인 존재로 인식되었다. 그러나 『잉여 여성』에서 미혼여성노동자의 후원자인 로다 넌(Rhoda Nunn)은 잉여 여성에 대한 이러한 기존의 선입관에 대해서 다음과 같이 반박한다.

　　"혼자 살기로 작정하고 꾸준히 어떤 목적을 위해서 일하는 여성
　　에게는 31세나 51세나 마찬가지입니다. 그러나 당신은 아직 어린

---

27) 'odd women'은 크게 두 가지로 해석될 수 있겠다. 우선 odd를 '홀수'라고 해석하는 경우 '짝을 못 찾은 여성,' '노처녀' 등으로 해석 가능하고, odd를 '이상한'이라고 해석할 때는 '정상이 아닌 여성'이라고 해석할 수 있겠다. 이 두 가지 뜻이 반드시 일맥상통하는 것이라고 볼 수는 없지만, '짝을 못 찾은 여성'을 '정상이 아닌 여성'으로 본다는 점에서 이 두 해석은 빅토리아조의 여성에 대한 편견을 보여준다.

28) 1851년 영국과 웨일즈 지역의 센서스에 의하면, 30세 여성의 24.86%, 35세 여성의 17.78%, 50세 여성의 11.88%가 미혼여성이었으며, 남성 100명 중 30세 남성의 25.89명이, 35세의 경우 18명이, 50세의 경우 10.74명이 미혼이었다. 네프는 이와 같은 통계자료를 바탕으로 잉여 여성은 남성보다 여성이 많아서라기보다는 당대의 영국의 불안정한 경제사정으로 인해서 남성들이 결혼을 인 했기 때문에 발생하였다고 진단한다. Neff, p. 12.

소녀예요, 모니카. 행복하길 바래요!"

모니카는 그녀의 친구가 일하는 목적이 무엇인지를 대담하게 물었다.

"어떻게 말해야 할까?" 상대방은 웃으면서 대답했다. "여성들을 냉정하게 만드는 것이지."

"냉정하게 만든다고요? 이해할 수 있을 것 같아요."……

"…… 당신은 이 행복한 나라에 여성이 남성보다 50만이나 더 많다는 것을 알고 있나요?……

"그 정도 숫자라고들 하지요. 그렇게 많은 잉여 여성들이 짝을 못 찾았지요. 부정론자들은 이들을 쓸모없고, 패배한, 무용한 인생이라고 부르지요. 그들 중의 하나인 나는 당연히 다른 견해를 갖습니다. 나는 그들을 거대한 예비인력으로 봅니다. 한 여성이 결혼해서 사라지면, 그 예비인력은 세상 일을 하기 위한 대체 인력이 됩니다. 사실 그들은 아직 훈련을 받지 않았어요. 전혀 받지 못했다구요. 나는 그 예비인력을 훈련시키는 것을 돕고 싶어요."[29]

잉여 여성에 대한 부정적인 사회의 인식은 여성에게서 아내와 어머니 외의 다른 가능성을 인정하지 않는 가정이데올로기가 빚어낸 부산물에 불과하며 이들 여성들의 진정한 문제는 결혼이 아니라 직업을 위한 훈련임을 로다는 강조한다.

가정이데올로기를 근거로 한 노동시장의 구조는 결과적으로 남녀노동자의 사회적·경제적 위치를 차별화시킴으로써 여성노동자의 현실을 노동계급남성의 그것에 비해서 더욱 열악하게 만든 요인이 된다. 『메리 바튼』을 예로 들어보자. 메리보다 단 몇 살이 많은 젬은 청년시절에 이미 '기술노동자'로서 가족의 생계를 책임질 정도의 경제력을 가지고 있다. 그는 "직공장"으로서 노동자들 내에서도 상당한 위치를 가지고 있었으며, 비록 자신이 부유한 사람이 되지는 못하겠지만 적어도 궁핍하

---

29) Gissing, pp. 40-41.

지는 않을 것임을 확신한다. 반면에 앨리스는 미혼으로 평생을 살면서 생계노동을 하지만 그녀의 일은 대부분 세탁부, 하녀, 간병인과 같은 비기술직·저임금직·비정규직이라는 전형적인 여성노동직으로 점철되었다. 그녀는 아침 6시부터 한시도 쉴 새 없이 노동하였지만 간신히 생계를 이어갈 수 있을 뿐이다. 마가렛(Margaret Jennings) 역시 삯바느질로 시력을 잃을 정도로 노동에 시달리지만 마지막에 가수로서의 직업전환이 이루어지지 않았다면 시력뿐만 아니라 생계를 잇지 못할 위험을 감수했어야 했다. 메리도 아버지가 실직하자 양재사 견습생의 일을 마친 후에도 몇 펜스라도 더 벌기 위해서 밤늦도록 바느질을 한다. 남녀노동자 사이에서 나타나는 이와 같은 경제적 전망의 차이는 남녀노동이 근본적으로 분리영역이데올로기에 의존함으로써 여성노동자에게 불리한 노동조건을 부여하고 있음을 말해준다.

산업화 이후 '여성의 일'에 관한 문제에 접근하는데 있어서, 중류층의 가정이데올로기는 노동계급이 실천하기는 불가능했던 특정계급의 특권이었다는 사실은 중요하다. 고용주들은 가정이데올로기를 노동계급에게 선택적으로 적용함으로써 자신들의 이익을 철저히 지켜나갔다. 가령 고용주들은 남성의 임금을 정할 때 그들의 가정적 상황을 고려하지 않고 다른 비용들을 산출하여 정하였으며 특히 다른 고용주들이 같은 일에 대해서 지불하는 것과 비교하여 지불하였다.[30] 말하자면, 고용주들은 남성노동자들이 가정을 부양할 정도의 임금인 가족임금(family wage)을 지불하는데는 관심이 없었다. 부르주아들은 분리영역이데올로기를 토대로 노동시장을 구성하였지만 정작 노동계급 가장에게 가족임금을 지불하지 않음으로써 이 이데올로기는 근본적으로 부르주아의 이익에 공헌하는 방식으로 남을 수밖에 없었다.

---

30) Rose, *Limited*, p. 23.

고용주들이 남성노동자의 임금을 가족임금의 수준에 못 미치게 함으로써 얻을 수 있는 이점은 이로 인한 직접적인 비용절감 이외에도, 자발적인 여성노동 참여를 유도할 수 있었다는 점이었다. "노동계급남성은 정치권력을 거부당하고 노동계급여성은 임금을 벌어야 했으므로 가정에 안주할 수 없었다"[31)]는 현실 뒤에는 자본가들이 분리영역이데올로기를 자신들의 이익에 따라서 운용하였다는 사실이 자리 잡고 있었다. 고용주들은 경쟁적 시장 압력에 의해서 노동비 절감이 필요할 때 고용관행의 성적 전제를 재평가함으로써 자신들의 편리에 따라 분리영역이데올로기를 활용하였다. 비록 중류층들은 여성은 가정이라는 영역을 담당해야 한다고 주장하였지만, 여성노동자를 고용함으로써 $\frac{1}{3} - \frac{1}{2}$까지 비용을 절감할 수 있다는 사실은 이들로 하여금 여성들을 저임금노동자로 착취하도록 만들었다. 노동계급여성의 고용에 있어서 가장 문제가 되었던 것은 바로 여성노동의 평가절하였으며, 이것은 고용주들로 하여금 여성 '성과급 노동자'(piece-workers)를 남성기술자에 대한 값싼 경쟁자로 대체하도록 만들었고, 그 결과 남녀노동자들 사이에 치열한 투쟁을 야기시켰다. 노동계급여성들의 노동과 삶을 악화시키는 주요한 요인 중의 하나는 바로 고용주들이 그들의 분리영역이데올로기를 자신들의 이익을 위해서 매우 교묘하게 적용함으로써 여성노동자들을 착취하였다는 점이다.

초기산업화 단계에서 이러한 특징들의 중요한 한 측면은 임금노동, 가족부양과 소비, 그리고 공동체 네트워크가 특별하게 혼합되어 있다는 것이다. 이 모든 활동의 중심들의 간격을 메우는 것은 바로 여성들이었다. 여성이 하는 가사 그리고 가족생계를 확보하고자 하는 임금노동과 공동체노동이라는 혼합된 성격은 여성노동자를 착취에 취약하게 만들고 여성의 노동을 산업화 초기단계에서

---

31) Anna Clark, p. 2.

자본주의자들의 이윤의 원천으로 만들었다.[32]

여성의 노동은, 18세기 말과 19세기 초에 레이스와 밀짚끈 제조, 장갑 제조, 셔츠단추 제조와 같은 새로운 농촌산업과 1830년대 이래 발생하여서 번창한 새로운 도시 착취산업의 값싼 노동의 원천이 되었다. 저임금 여성노동은 새로운 노동집약산업에 착수하는 제조업자의 이윤의 원천이 되었으며 초기 산업화의 체계는 싸고 무제한으로 공급되는 노동을 통해서 번창할 수 있었다.[33] 산업화 시대의 노동계급여성들의 노동이 가족의 생계에 필수적이었고 이들의 저임금 노동이 초기산업화에 공헌하였던 배경에는 여성노동자들을 착취함으로써 이득을 취하는 자본가들이 자리잡고 있었다.

고용주들의 여성노동자 착취는 노동계급여성들의 정신적·육체적 고통뿐만 아니라 신체적 손상과 죽음까지도 동반하는 것으로 나타난다. 여성노동자의 노동현실은 토나의 소설 『헬렌 플릿우드』, 『여성 학대』 2부 「버려진 가정」, 해리엇 마티노(Harriet Martineau)의 『정치경제의 예증』에서 묘사되고 있는 공장과 같은 산업화 현장뿐만 아니라 개스켈의 산업소설인 『메리 바튼』, 『루스』, 토나의 『여성 학대』 1부 「모자제조사와 양재사」에서 다루어지고 있는 양장점, 모자제조업, 그리고 『잉여 여성』에서 모니카가 일하는 포목상점과 같은 자본주의 시장에서 살펴볼 수 있다. 우선 토나의 소설 『여성 학대』 1부 「모자제조사와 양재사」를 통해서 고용주에 의한 여성노동자 착취의 현장을 살펴보자.

토나는 정부감독관인 그래인저(Mr. Grainger)의 보고서를 토대로, 농부의 딸이었던 앤 킹(Ann King)과 프란시스 킹(Frances King)이 도

---

32) Berg, p. 175.
33) *Ibid*, p. 146.

시노동자로 살아가는 노동현장을 이 소설에서 다루었다. 이 소설의 배경은 기계화와 자본주의의 도입으로 인해 소작농과 지주와의 봉건적 관계를 기초로 하는 농촌 경제구조가 흔들리게 된 19세기 산업화시대 영국이다. 소작농의 자리를 잃은 존 스미스(John Smith)의 가족에게 교구당국은 공장지역으로 이사갈 것을 권고하며, 이 권고에 따라 이들 가족은 버밍햄에 정착하게 된다. 존에게는 15세, 17세 가량 되는 프란시스와 앤이라는 딸들이 있으며 이들은 각각 양재사와 모자제조사 견습생으로 일하게 된다. 앤은 3년간 30 파운드를, 프란시스는 5년간 30 파운드 이상을 사례금(premium)으로 지불하고 일을 시작한다. 앤은 아침 6시에 일어나서 새벽 2시까지 일하며, 시간 외에 일하는 경우에도 별도의 수당을 받지 못한다. 뿐만 아니라 하루에 20시간이나 일하는 그들에게 제공된 식사는 그들의 노동량에 비하면 너무나 보잘 것 없으며, 유일한 휴식시간인 식사시간 마저 15분에 불과하다.

> [식사]시간이 되었다. 긴 테이블이 펼쳐지고 그 위에는 차가운 양고기, 수이트 푸딩, 그리고 적은 양의 감자가 놓였다. 여성노동자 중 일부가 이 초라한 음식을 먹는 신속함은 다른 여성노동자들이 접시에서 음식을 뒤집을 때 넌더리 나고 혐오하는 표정을 짓는 것과 대조적이었으며 이것은 [앤]을 놀라게 하였다. 그러나 기절할 것 같은 얼굴 색의 변화로 그녀의 관심을 끈 후자 중의 한 명을 바라보는 동안에 그녀는 옆 사람으로부터 더 이상 시간을 낭비하지 말라는 친절한 암시를 받는다. 왜냐하면 식사 시간이 15분이었기 때문이다.[34]

고용주에 의한 착취의 양상은 앤의 자매인 프란시스나 개스켈의 여주인공 루스가 양재사 견습생으로 경험하는 삶에서도 마찬가지로 나타난다. 양재사의 노동시간은 특히 악명 높아서 이들은 새벽 4시부터 밤

---

34) Tonna, *Wrongs* I, p. 402.

10시까지 작업하고 일이 밀리는 시기에는 1-2시간밖에 잠을 자지 못한 채 일해야 했다는 기록을 찾아볼 수 있다.[35] 『루스』의 첫 장면은 바로 이처럼 바쁜 시기에 양재사들의 고된 삶을 묘사하고 있다. 고용주들은 일감이 많아도 다른 보조자들을 부르지 않고 기존의 양재사들에게 과도한 일을 모두 전가시켰으며, 그렇다고 해서 추가노동에 대한 추가임금을 지불하지도 않았다.[36] 또한 견습생이 견습기간을 못 채우고 떠나는 경우 고용주들은 견습비를 반환하지 않았기 때문에, 견습생들은 견습기간 동안 고용주의 횡포에 대해서 묵묵히 순종할 수밖에 없었다. 견습비를 둘러싼 고용주들의 이기적인 관행은 견습생들의 노동조건을 악화시키는 주요인이 되었으며 19세기 문학에서 이것은 종종 여성노동자들에게 극도의 인내를 요구하는 이유가 되었다. 루스의 동료인 제니 (Jenny Wood)도 바로 이러한 고용관행의 희생자이다.

> [제니는] 잘 수도 쉴 수도 없었다. 옆구리가 평소보다 더 아팠다. 그녀는 집으로 보내는 편지에 그것에 대해서 써야 한다고 까지 생각하였다. 그러나 그때 그녀는 아버지가 견습비를 지불하기 위해서 고생하셨던 것, 자기의 대가족과 돌봐줘야 할 어린 동생들을 상기하며 참기로 결심하였다. 날이 따뜻해지면 고통도 기침도 사라질 거라고 믿었다. 그녀는 신중하기로 작정했다.[37]

노동계급여성들이 이기적인 고용주로 인해서 직면하는 고통은 장시간의 노동시간뿐만 아니라 열악한 작업환경을 통해서도 나타난다. 앤이 일하는 작업장은 환기가 안 되고 좁으며, 이들 여성들의 잠자리 역시 한 침대에서 3명이 잘 정도로 비좁다. 공장노동자의 작업환경에 대한 보다 자세한 묘사는 토나의 소설 『헬렌 플릿우드』에서 생생하게 나타

---

35) Neff, p. 116.
36) *Ibid*, p. 407.
37) Gaskell, *Ruth*, p. 11.

난다. 토나는 이 소설에서, 농촌에서 더 이상 생계를 유지할 수 없게 된 헬렌 가족이 엠(M)이라는 도시로 이주한 후, 특히 어린 여성노동자들이 공장노동에서 겪는 고통과 문제점들을 보여주었다. 전원에서 우유 짜던 시골 소녀 헬렌은 하루의 대부분을 숨막히는 공장에서 보내며 질식할 것 같은 나날을 보낸다.

> 지 씨(Mr. Z)는 내가 알기로는 어린 딸들이 있지요. 그가 자기 딸들을 매일 1시간 만이라도 우리에게 보내겠습니까? 그가 그럴 리 없지요. 우리가 이른 아침부터 밤 늦게까지 갇혀 지내는 이 방의 열, 증기, 악취, 그리고 먼지 속에서 오랫동안 머물러 있는 것만으로도 딸들의 건강이 파괴될 것이라는 것을 그는 너무나 잘 알고 있습니다. ……
>
> 신선한 공기가 차단되고, 대낮의 순수한 빛이 거의 차단된 채, 악취가 나는 숨결과 '더럽고 과로한 육체로 인해서 많은 경우 병들어 있는 무리들로부터 나오는' 역겨운 호흡에 의해서, 그리고 사방에서 올라오는 숨막히는 먼지에 의해서 오염된 공기에 갇혀서, 신이 인간에게 부여한 온화한 기후에서는 인간의 체질이 결코 견딜 수 없는 인위적 열의 강도에 의해서 기운을 잃고, 인간이 견디어 낼 수 있는 능력에 의해서가 아니라 '지칠 줄 모르는 힘에 복종하는 기계에 의해서 측정된 과도한 노동'에 의해서 이중으로 열이 오르고 이중으로 쇠약해져서 …… 이러한 체제에서는 강인한 성인이라도 급속히 신체가 병들고 감정이 음침해지며 당장 마음의 왜곡과 도덕의 타락이 초래된다고 해서 놀랄 사람이 있겠는가?[38]

이 소설에서 공장은 "살인하는 공장"(murdering mills)으로 묘사되는데 이는 과장이 아니다. 탐 사우스(Tom South)는 공장에서 자신의 아이 3명을 잃었으며, 새라(Sarah)는 너무 오래 서서 일하다가 다리를 못쓰게 되었고 기계에 팔을 잃었다. 새라, 헬렌을 포함해서 이 소설에

---

38) Tonna, *Helen Fleetwood*, p. 92, pp. 94-95.

등장하는 많은 어린 여성노동자들의 죽음은 대부분 공장의 가혹한 작업환경에 기인한 것으로 설명된다. 이들은 기계의 움직임에 따라서 이리저리 뛰어다니며 노동하였고 잠시라도 앉을 여유가 없었다. 14시간 이상을 기계에서 나오는 소음과 열, 보푸라기 등으로 시달린 여공들은 실수로 공장기계의 회전장치에 사고를 당하곤 했지만 이 치명적인 부분을 막아놓는 방지책은 1844년이 되어서야 법으로 제정되었다. 『메리 바튼』의 제인(Jane Wilson)은 결혼 직전 이 회전장치에 허리를 다쳐서 파혼을 당할 위기를 겪었던 경험을 다음과 같이 들려준다.

> 그녀는 또 다시 회전부분에 허리를 다쳤어요. 그것은 회전장치를 막도록 되어있기 전이었지요. 그때 그녀는 마침 결혼을 앞두고 있었는데, 많은 사람들은 조지가 약혼을 파기할 것이라고 생각했어요. 그러나 나는 그가 그런 기만을 할 사람이 아니라는 것을 알고 있었습니다. 그녀가 다시 밖에 나갈 수 있게 되었을 때 그녀가 간 첫 장소는 그 오랜 교회였어요. 불쌍한 처녀는 얼굴이 파리해져서 절뚝이면서 복도로 갔고 …… 많은 무례한 청년들이 그와 그녀에게 조소를 보냈어요.[39]

여성노동자들에 대한 고용주들의 착취는, 여성노동자들에게 장시간의 노동과 열악한 작업환경을 제공했을 뿐만 아니라 심지어 주말마다 이들을 내쫓다시피 함으로써 중노동에 대한 최소한의 휴식장소도 제공하지 않으려는 이기적인 모습으로 나타난다. 『잉여 여성』의 포목점 주인은, 주중에 장시간의 노동에 시달리는 여종업원들에게는 일요일에 신선한 공기가 필요하다는 명목으로, 종업원들을 식사시간 직후에 쫓아내서 잠자기 전까지는 돌아오지 못하게 함으로써 "양심있는 사람"임을 자처한다. 이러한 관행은 토나의 소설을 비롯하여 19세기의 노동계급을 다

---

39) Gaskell, *Mary Barton*, p. 89.

룬 다른 소설들에서도 나타난다. 가령, 토나의 「모자제조사와 양재사」에서 프란시스는 일요일에 식사가 제공되지 않아서 하루종일 식사를 거른 채 밖에서 방황한다. 이것을 보고 아버지가 식사비를 제공했으나 그녀는 불친절한 대우를 못 참고 유혹에 넘어가서 타락하며, 계약 만료 6개월 전에 계약이 취소되어 쫓겨난다. 토나는 고용주의 이기적 발상에서 나온 이와 같은 주말 관행이 여성노동자에게 미치는 심각한 결과에 대해서 다음과 같이 지적한다.

> 어떤 집에서는 일요일에 견습생과 도제에게 아침식사 외에는 제공하지 않는다. 고용주의 집에서 식사를 하지 못하게 된 결과 한 젊은 여성은 하루종일 거리를 배회한다는 사례가 진술되었다. 런던에 친구가 없는 여성들을 고려하지 않았기 때문에 그러한 대우는 가장 큰 도덕적 악을 초래하는 것 같다.[40]

주말 관습의 폐해는 개스켈의 소설 『루스』에서도 루스의 '타락'의 발단이 된다. 루스가 주말마다 갈 곳이 없다는 사실은 밸링햄으로 하여금 그녀에게 접근할 수 있는 기회를 제공한다. 주말마다 밸링햄과 함께 시간을 보내던 루스는 어느 날 그와 함께 있는 것이 고용주에 의해서 목격되고, 양장점의 명예를 손상시켰다는 이유로 일자리에서 쫓겨난다. 가난한 고아인 루스가 직장을 잃은 후 밸링햄의 정부가 되고 결국 '타락한 여성'이 되고 말았다는 내용으로 인해 이 소설은 중류층 독자들에게는 불온한 책으로 인식되었으며, 이 소설에 대한 비판은 이 책을 불사르는 극단적인 행동으로까지 이어졌다.[41] 중류층 독자들이 보기에는 타락한 여성이 소설의 주인공이 된다는 자체가 도저히 납득할 수 없는

---

40) Tonna, *Wrongs* I, p. 416.
41) J. A. V. Chapple and Arthur Pollard, eds., *Letters of Mrs. Gaskell* (Manchester: Manchester UP, 1966), p. 221.

일이었다. 그러나 이 소설에서 이들이 간과하였던 것은 '왜 루스와 같은 많은 노동계급여성들이 타락하지 않으면 안되었는가'라는 점이다.

고용주들에 의한 노동계급여성의 착취는 그들의 육체노동에 대해서만 이루어졌던 것은 아니었다. 여성노동자들은 고용주들의 착취를 견디다 못해서 매춘을 하거나 매춘과 다름없는 결혼을 강요당했으며, 종종 고용주의 성적 욕망의 노예가 되는 것까지도 감수해야 했다. 런던 사생아에 대한 길리스(John R. Gillis)의 논문은 중·상층남성에 의한 여성노동자의 성적학대의 차원에서 언급할 가치가 있다. 길리스는 18세기에 순진한 시골소녀를 유혹하던 지배층의 모습을 19세기에 들어와서는 거의 볼 수 없고, 19세기에는 도시의 방식을 경험한 성숙한 여성이 사회적 위치가 비슷한 남성과 성적관계를 맺는다고 주장하였다. 그러나 그의 주장은 다음과 같은 점에서 문제를 안고 있다. 19세기에 '고아 병원'(Foundling Hospital)에 입원한 노동계급 미혼모들의 경험에 바탕을 두고 있는 길리스의 견해는, 그도 인정하였던 것처럼, 그 병원에 들어올 수 있는 매우 제한된 자격조건으로 인해서 하층계급 중에서도 특정 여성 집단만을 표본으로 선택했다는 문제점을 안고 있다. 또한 노동계급 미혼모의 상대가 비슷한 계급의 남성들이라고는 하지만, 하인과 주인의 관계는 산업화를 거치면서도 여전히 보다 엄밀하게 통제[42]되고 있었다는 점에서 이들의 권력관계에서 비롯되는 성적 착취가 적지 않았다는 점을 그는 경시하고 있다. 오히려 그의 논문에서 제시된 미혼모의 상대남성의 계급분포(표3)는 중·상층남성이 여전히 이 여성들의

---

42) 비록 가정집 하인이라는 직업의 성격이 산업화와 무관해 보이지만 하인들의 노동조건은 산업자본주의의 그것과 매우 유사했다. 고용주들은 생산수단과 노동과정 자체를 보다 엄격하게 통제하였으며, 매분마다 일상적 스케줄을 짜는 것은 대부분의 가정집에서 규범이 되었다. Gillis, pp. 151-152.

성적학대의 주체로 남아있음을 보여준다. "비록, 문학적 관습과는 달리, 하녀와 신사라는 다른 계급의 만남은 통계적으로 드물었지만, 미혼모의 상대남성의 경우 미혼모의 경우보다 상류층이 5배나 더 많았다"[43]는 사실은 중·상층남성에 의한 여성노동자의 성적 착취가 여전히 문제가 되고 있음을 입증하고 있다.

┃표 3┃ 고아 병원에 입원신청서를 낸 하녀의 상대남성의 사회적 특징, 1801-1900 (1861과 1891년 남성 전체 인구와의 비교 첨부)[44]

	남성의 사회계급(퍼센트)					10세 이상의 런던 남성인구의 사회적 특징 스태드맨 존스(Stedman Jones)산출 p. 387						
	I	II	III	IV	V		I	II	III	IV	V	기타
1801-1810 n=82	5	1	32	55	7							
1811-1820 n=80	6	10	35	45	4							
1821-1830 n=85	9	7	41	41	2							
1831-1840 n=75	3	16	38	43								
1841-1850 n=73	5	15	23	52	5	1861 인구조사	7.2	16.3	31.7	11.3	20.1	13.4
1851-1860 n=82	9	13	30	45	3	1891 인구조사	6.5	19.1	25.0	12.7	21.6	15.1
1861-1870 n=80	4	24	34	31	7							
1871-1880 n=78		13	46	33	8							
1881-1890 n=90		13	42	38	7							
1891-1900 n=71		17	38	39	6							
1801-1900 n=796	4.1	12.9	35.9	42.2	4.9							

43) *Ibid,* p. 158.
44) *Ibid,* p. 159.

여성노동자에 대한 남성고용주의 성적 학대는 비록 현실에서는 잘 드러나지 않는 측면이 있지만, 노동계급여성의 자서전에서 종종 언급되곤 하는 익숙한 주제이다. '여성협동길드'(The Women's Co-operative Guild) 사무실에서 일하는 여성노동자 키드(Miss Kidd)의 경험은 고용주가 여성피고용인에게 가하는 성적 학대의 전형적 모습을 보여준다.

> 내가 17세의 소녀였을 때 마을에서 훌륭한 지위와 명망을 가지고 있었던 나의 고용주는 어느 날 밤, 실제로는 다른 목적을 가지고 있었지만, 명목상으로는 책 한 꾸러미를 그의 집으로 가져가라고 나를 보냈다. 18세 때 나는 엄마가 되었다. 내 아이가 한 살이 될 때까지 나의 고용주는 나에게 그 일에 관해 자신이 개입되었다는 것을 비밀로 하라고 위협하였으며 나는 모든 짐을 혼자서 떠맡았다. 그의 피고용인들은 그를 의심하였지만, 감히 그를 비난하지 않았고 따라서 실체는 드러나지 않았다.[45]

엥겔스 역시 당대 고용주와 여성노동자 사이에 존재했던 성적 착취의 양상에 주목한다. 그는, 고용주들이 어떤 노동자의 부인이나 딸이 마음에 들 경우 그 여자는 고용주의 욕망을 만족시켜 주어야만 했으며,[46] 공장에서 일하는 소녀들에게 있어서 해고의 위협은 순결에 대한 집착을 넘어섰다는 점을 강조한다. "만일 공장주가 타락한 사람이라면, 그의 공장은 그의 하렘(harem)이 되었다."[47] 여성노동자를 겁탈한 자가 고용주일 경우 권력을 가진 고용주의 위치가 면죄부로 작용한다는 키드의 사례는, 여성노동자에 대한 고용주의 성적 학대가 무방비상태에서 자행될 뿐만 아니라 이에 대한 처벌이나 예방책이 마련되어 있지 못한 현실을 보여준다. 키드의 경우가 말해주듯이 이러한 사건이 노출되지 않도

---

45) Davies, pp. 76-77.
46) Engels, *Condition*, p. 204.
47) *Ibid*, p. 168.

록 고용주가 대부분 권력을 행사한다는 현실을 고려할 때, 이 드러난 자료는 그보다 더 많은 사례들을 함축하고 있음을 짐작할 수 있다.

3. 남성노동자의 가정이데올로기 전유

중류계급이 노동계급에게 편의적으로 분리영역이데올로기를 적용하면서 도입한 것은 여성의 노동력을 이용하기 위한 '탈기술화'였다. 고용주들은 비용절감을 위해서 이제까지 남성들에게 맞게 고안된 복잡하고 큰 기계를 여성의 몸에 맞추어지고 기술을 요하지 않는 '여성의 기계'(women's machines)로 전환하였다. 산업화의 불균등한 발전으로 인하여 모든 산업에 존재하는 남녀노동자들의 상황을 일률적으로 말할 수는 없지만, 남녀는 양말업(hosiery industry), 직조업(textiles)을 비롯하여 금속세공업 등 많은 산업에서 경쟁하게 되었다. 예를 들어, 가정에서 공장으로 양말업이 이동하자 여성들은 기계로 양말을 짜게 되었고 이에 따라서 생산관계에 중요한 변화가 초래되었다. 아버지가 아내와 아이를 지도하여 가족노동에 대한 임금을 지불받았던 체제로부터 벗어난 여성들은 남편과 아버지에게 고용되기 보다는 동력직조기를 사용하는 공장에서 일함으로써 자신들의 임금을 벌 수 있게 되었다.[48] 여성이 자신의 임금을 벌 수 있게 되었다는 것은 일견 가부장적 생산체제하의 종속적 여성노동자로부터 독립적 노동자로 여성노동자의 위상이 변화되었다는 것을 의미하는 것처럼 보인다. 그러나 여성들의 임금이 여성의 독립을 보장할 수 있는지, 그리고 여성노동자들의 노동조건이 남성의 그것과 대등한 것인지, 더 나아가서 임금을 벌 수 있는 이들의 경제적 위상의 변화가 가정과 직장에서의 여성의 위상의 변화와

---

48) Rose, *Limited*, pp. 5-6.

상응하는지는 별개의 문제였다.

우선, 여성은 같은 일에 대해서 남성보다 ½ 내지 ⅓ 정도 적은 임금을 받았으므로 여성의 임금이 여성의 독립을 보장하기란 사실상 어려웠다. 또한 저임금으로 인해서 고용주들에게 선호된 여성들은 남성노동자들의 질시의 대상이 되었으며 남성노동자들로부터 끊임없이 노동권을 위협받고 있었다. 저임금여성노동자의 고용은 남성노동자들의 임금을 동반하락시키거나 남성노동자들을 여성노동자로 대체시켰으며, 이것은 필연적으로 남녀노동자들을 대치시키는 결과를 초래하였다. 『시빌』의 워너(Philip Warner)는 기계화에 수반되어 등장한 여성노동으로 인해서 1시간에 1페니라는 저임금노동자로 전락한 자신의 신세를 한탄한다.

> '한 때 그는 장인이었다. 지금 그는 기껏해야 기계를 지켜볼 수 있을 뿐이다. 그리고 심지어 그 직업도 그의 손에서 빠져나가서 여성과 어린이에게로 갔다. 자본주의자는 성공하여 막대한 재산을 모은다. 우리는 점점 더 밑으로 가라앉아서 짐칸의 짐승들보다 더 저급해 졌다. 왜냐하면 우리보다 그 짐승들이 더 잘 먹고 보다 잘 보살펴지기 때문이다.'
> '왜 당신은 다른 남자들처럼 몇 년 전부터 기계로 일을 하여 그 일에 익숙해지지 않았어요?'
> '[그랬다면] 나는 지금쯤 소녀와 여성들에게 자리를 빼앗겼을 테지. 그것도 마찬가지로 나쁜 일이야!'[49]

워너와 같은 직조인들이 저임금노동자로 전락한 것은 기계화 경향을 따르지 않음으로써 생산성이 저하되었을 뿐만 아니라 '저임금' 여성노동자로 인해서 남성임금이 동반하락 되었기 때문이다. 기계를 다루던 남성노동자들 역시 저임금여성노동자를 선호하는 경향으로 인해서 직

---

49) Disraeli, pp. 100-101.

장을 잃을 위기에 처하게 되었다는 점에서 더 나을 것이 없었다. 남성 노동자들은 저임금여성노동자로 인해서 종종 직장에서 해고되었으며, 고용주들이 여성노동자를 파업 대체인력으로 고용함에 따라서 파업이 성공하지 못하게 되자, 여성의 노동을 금지할 것을 요구하게 되었다. 여성고용 제한에 대한 남성노동자들의 의지는 남성 면방적공들의 '시간 축소 위원회'(Short- Time Committee)에 의해서 1840년대에 구체화되었다. 1846년에 '10시간 옹호론자'는 여성의 공장노동시간은 제한되어야 하며 기혼여성들은 가정의 의무에 전념해야 한다고 주장하였다.[50]

생산조직에서의 변화를 놓고 일어난 이러한 투쟁은 19세기 초부터 노동자투쟁의 중심이 되었으며, 여성노동의 이슈는 노동자의 정치적 수사법을 통해 번번이 거론되었다. 1820년-40년대 동안 노동시장에서 일어난 성적갈등은, 여성노동자가 남성노동자를 대체하고 저임금과 불규칙한 고용으로 남성들이 아내와 아이의 임금에 의존하게 되었다는 사실에서 야기되었다. 부르주아들은 남성노동자들이 여성을 노동시장에서 배척함으로써 그들을 매춘부로 전락하도록 만들었다고 비난하였으며, 부르주아에 대항해서 남성노동자들은 "여성을 공적세계의 더러움에서 보호하기 위해서 그들을 배제해야 한다"고 대응하였다.[51] 물론 가정이데올로기를 지지하는 고용주들이 기혼여성의 고용에 대한 비판여론에 공식적으로는 동의하였던 것은 사실이다. 그러나 여성들은 직업에 종사한 기간에 따라서 임금이 올라가지 않았으며 연금도 받지 않았기 때문에 고용주의 입장에서 여성을 결혼 후에 해고하는 것은 직접적으로 금전적인 이득을 가져오는 것이 아니었다. 오히려 일부 고용주들은 이러한 관행이 능숙한 노동자들을 잃게 만든다는 점에서 불만을 토로하였다.[52]

---

50) Neil Smelser, *Social Change in the Industrial Revolution* (Chicago: Chicago UP, 1959), p. 301. Rose, *Limited*, p. 146에서 재인용.
51) Anna Clark, p. 14.
52) Rose, *Limited*, p. 47.

고용주, 남성노동자 그리고 여성노동자의 삼각관계를 보여주는 대표적인 사례는 바로 런던 양복사들의 파업이다. 저임금노동자인 여성을 통해서 노동력을 여성화하려는 고용주들은 남녀노동자 사이에 경쟁과 갈등을 야기시킬 수밖에 없었다. 남성노동자들은 아내와 딸들이 가정경제에 공헌하는 것은 환영하였지만, 여성들로 인해서 자신들의 일의 세계가 침범받는 것은 원치 않았으므로 여성노동자의 노동에 대해서 공식적으로 반대의사를 보였다. 1834년 5월 런던노조는 파업을 일으켰으며 그들의 요구는 '성과급 방식의 작업'(piecework)과 내직(homework)의 종식, 달리 말하면, 저임금 여자양복사 고용 반대였다. 이리하여 여성노동의 문제를 두고 고용주와 노조 사이의 일련의 공식적 공격과 맞공격이 시작되었다. 고용주들은, 그들의 대변자인 『타임』(*The Times*)의 사설을 통해, 노조가 "정직하고 부지런한"(그리고 값싼 노동자인) 여성들에 대해서 "독선적인" 태도를 보이는 것에 대해서 기만적 눈물을 흘렸다.[53] 여성노동자는 고용주에 의해서 '파업을 깨뜨리는 노동자'(strikebreaker)로 동원되었으며 이 여성들은 종종 남성 파업노동자들에게 공격당하고 재료를 빼앗겼다. 한편, 오웬주의적 선전주의자인 프란시스와 제임스 모리슨(Frances and James Morrison)은 남성장인의 반응을 공정치 못하고 자기 기만적인 것이라고 비난하였다. 그들은 동등한 일에 대해 동등한 임금을 주장하는 여성의 요구를 "노동에 대한 공정한 보상이라는 장인의 개념"을 토대로 지지하였다.[54]

　　여성의 임금은 평균적으로 남성의 ⅔를 넘지 못한다고 하나, 우

---

53) *The True Sun* 2 (May 26, 1834), p. 229. Barbara Taylor, "'The Men Are as Bad as Their Masters…': Socialism, Feminism, and Sexual Antagonism in the London Tailoring Trade in the Early 1830s," *Feminist Studies* 5. 1 (Spring 1979), p. 32에서 재인용.

54) Benenson, p. 3.

리는 현실에 있어서는 그것이 ⅓이 넘는 경우도 거의 없다고 믿는
다. (아내들은 거의 임금을 받지 못한다.) 그러나 여성노동에 의한
생산이 유용하지 않은가? …… 근면한 여성은 근면한 남성과 같은
급료를 받을 자격이 있다."55)

이런 상황에서, 자신들의 경제적 특권을 빼앗기지 않기 위한 노동계
급남성들의 투쟁은 우선 가정이데올로기를 중류층으로부터 전유하는
것에서 시작되었다. 클락은 노동계급이 계급투쟁과 성투쟁에서 중류층
의 가정이데올로기를 받아들이게 된 배경을 다음과 같이 설명한다.

노동자들을 통합하기 위해서 급진주의자들은 그들이 공통의 이익
을 갖고 있으며 이러한 이익을 수호하기 위해서 조직될 수 있다는
것을 확신시킬 정치적 수사법을 만들고자 하였다. …… 또한 [노동
자들이] 이러한 곤경을 벗어날 수 있다는 것을 확신시키고, 과음,
성적 적대감 그리고 동업자들 사이의 분열로 고통받는 서민문화를
변화시킬 것을 약속하는 미래의 비전을 제공해야만 했다. 이러한 비
전은 가부장적 권리를 상실하고 초조해 하는 남성노동자와 고된 노
동과 무책임한 남편으로 인해 지친 여성들을 확신시켜야 했다. 의회
로부터 승인을 얻어내기 위해서, 급진주의자들은 '정치적 경제'와
'분리영역개념' 사이의 모순을 조종해야 했다. …… 그들의 선택은
담론의 우월성에 의해서가 아니라 권력의 현실들 즉, 그들 자신이
정치적 권력을 결여하고 있다는 것과 가정과 작업장에서 여성들을
통제하고자 하는 남성노동자들의 욕망에 의해서 결정되었다.56)

가정이데올로기를 통해서 남성노동자들은 성인남성이 가족의 생계에
대한 유일한 부양자여야 하며 자신들이 임금노동자와 그 가족의 대변
자라고 자처하였다. 남성노동자로 대표된 노동조합과 차티스트운동은

---

55) "Editorial," *The Pioneer* (April 12, 1834). *Ibid,* p. 3에서 재인용.
56) Anna Clark, pp. 8-9.

남성노동자가 계급의 이익을 대변한다는 점을 강조함으로써 여성노동자의 문제를 덮어버렸다. 노동계급남성에 의한 가정이데올로기의 전유는 저임금 여성노동자에 의해 제기된 위협으로부터 남성노동자들의 직업과 임금을 보호하기 위한 투쟁의 일환으로 이루어졌다는 점에서 근본적으로 남성노동자의 이익을 대변하는 것이었다.

노동계급남성의 새로운 자기인식을 결정화하는데 공헌한 두 가지 조직은 고용주에 대항해서 노동자들의 요구를 수호하기 위해서 만든 '노동조합'과 모든 남성의 보통선거권을 요구한 '차티스트운동'이었다. 1840년대의 노조원들은 직장에서 여성의 배제를 주장하였으며 그들의 호소는 남성이 가족경제의 책임자라는 이상에 기초하였다. 차티스트들 역시 여성의 고유영역은 가정이라는 믿음을 표명하였으며 한때 노동계급가정에서 정상으로 간주되었던 임금 버는 아내는 이들에게 "남성의 불명예의 증후이자 상징"57)이 되었다. 차티스트 프로그램을 작성한 런던의 노동자 연합은 여성을 회원에 포함시키지 않았으며 헌장의 주요 항목에 여성의 참정권을 포함시키지 않았다.58)

---

57) Barbara Taylor, *Eve and the New Jerusalem: Socialism and Feminism in the Nineteenth Century* (New York: Pantheon, 1983), p. 111.

58) 남녀노동자의 이해관계를 언급하는 과정에서 로즈는 베넨슨의 논문 "Victorian Sexual Ideology and Marx's Theory of the Working Class" 의 내용을 다음과 같이 소개한다. "새로운 여성고용 패턴이 전통적인 남성성의 이미지에 도전하였으며, 그럼으로써 잠재적으로 성적으로 통합된 노동계급운동에 쐐기를 박았다." 그러나 이것은 베넨슨의 주장이라기 보다는 로즈의 해석이라고 볼 수 있으며 근본적으로 여성고용이 노동시장에서 독점력을 확보하려는 남성노동자들의 의지를 꺾지는 못했다. 로즈의 해석과는 달리, 베넨슨은 자신의 이 논문에서 유토피아 사회주의 이론가들의 논의를 통해서 남녀노동자들이 근본적으로 상호배타적 이해관계를 가졌음을 지적한다. 즉, 전제적인 남성의 권위, 기만, 그리고 결혼과 핵가족 제도에 의해서 부과된 사회적 고립은 여성의 종속을 낳았으며, 계급 조직에서 남녀의 공동 참여를 방해하는 '노동계급남성의 지배 매카

여성들이 일의 세계에 침범하는 것을 차단하기 위한 남성노동자들의 다양한 여성배제 전략 중의 하나는 기술독점이다. 남성노동자들은 직업에 필요한 기술을 정의하고 그것을 배우는 것을 제한함으로써 기계화에 따른 여성노동자와의 경쟁에도 불구하고 기술지위를 보유할 수 있었다. 앤 필립과 바바라 테일러가 지적하였듯이 "기술은 자본주의 산업에서 성적 계급화를 반영하는 이데올로기적 범주"로 작용하였다.[59] 남성의 기술 독점은, 직업의 성적 유형화를 초래하였을 뿐만 아니라, 남녀노동자가 같은 일에 종사하는 경우라도 남녀노동자 사이에 기술을 토대로 위계관계를 형성함으로써 여성노동자는 남성고용주와 가졌던 권력관계를 같은 노동계급남성들에게서도 여전히 경험하도록 만들었다.[60]

여성노동자들이 사용하는 기계의 수리를 둘러싸고 남성기술자가 여성노동자에게 행사하는 권력은, 바로 남성노동자가 기술지위를 통해서 여성노동자보다 우위에 있음을 보여준 한 예이다. 토나의 소설에서는 여성노동자가 기술에서 배제됨으로써 보다 열악한 노동조건에 처하게 된 상황을 다음과 같이 묘사한다.

여기에다 고통의 새로운 이유가 더해졌다. 노동자들이 사용하는 다양한 기계를 수리하는 남성이 최근에 얌전한 여성과 정숙한 아내에게 매우 감정을 상하게 할 말을 그녀에게 한 것이다. 그녀는

니즘'은 남녀노동자들의 상호배타적인 이해관계를 필연적으로 만들 수밖에 없다고 보았다. Rose, "Gender," p. 125.

59) Ann Phillips and Barbara Taylor, "Sex and Skill," *Feminist Review* 6 (1980), p. 79.

60) 노동계급 내에 존재했던 성에 따른 영역분리는 하인들 사이에서도 성차별적 노동 관행으로 표현되었다. 남성들은 1880년 이후 특히 상층 하인(upper servants)으로 정의됨으로써 더럽고 힘든 일은 어린 소녀와 하녀에게 돌아갔다. 비록 남성하인들이 이런 일들을 할 수 없거나 하지 않은 것은 아니었지만 여성보다 높은 위치에 있었던 남성들은 이런 종류의 일들을 무시할 수 있었던 것이 관례였다. Davidoff, "Mastered," p. 413.

이것에 강력하게 분개하였다. 그리고 그에게 볼 일이 있었을 때, 친밀감을 거부하기로 결심한 것을 잘 보여주는 표정을 항상 취하였다. 그러나 이 남자는 불쌍한 여성들에 대해서 권력을 행사하였고, 그 위력을 그녀는 곧 경험하게 되었다. 자신의 거친 말과 방종에 의해서도 그녀가 공략 당하지 않는 것을 알게 된 그는 그녀가 일을 하기 위해서 정말로 필요한 도움을 얻으러 올 때마다 너무 바빠서 그녀에게 관심을 기울일 수 없는 것처럼 하였다. 그래서 그녀는, 성실치 못한 사람들과 그가 역겨운 대화를 하는 동안 귀를 더럽히고 그녀의 일과를 지연하면서 기다려야 했다. 결국 그녀는 성실하지 못한 것처럼 보이게 되었고 그녀의 나태로 인해서 심한 비난을 받았다.[61]

남성노동자들의 기술독점은 여성을 저임금노동자로 만들고 노동시장에서 남성노동자의 우월한 지위를 확보하는데 공헌하였다. 물론 모든 산업분야에서 여성노동자가 항상 남성노동자에 의해서 일방적인 차별을 받은 것은 아니었다. 클락은 직물노동자와 장인의 노동문화를 비교하여 두 노동문화가 여성노동에 대해서 상이한 태도를 보인다는 점을 지적한다. 이에 따르면, 장인의 문화는 여전히 남녀의 가부장적인 관계에 기초하고 있는데 비해서 직물노동 문화는 여성의 노동이 초기산업 가족경제에 중요하다는 것을 수용함으로써 남녀노동자의 우애적 결속에 기초하였다고 본다.[62] 그럼에도 불구하고 여성노동이 주를 이루었던 직물노동에서조차 여성에 대한 차별적 양상은 존재하였다.

여성노동이 주요한 원천이었던 면직 산업에 관한 소냐 로즈의 연구는 바로 이 점에 관해 말해준다. 로즈에 따르면, 레이스 산업의 남녀는 근본적으로 다른 위치에서 일함에 따라서, 남자는 높은 임금을 받고 여성은 낮은 임금을 받는다. 반면에, 동력기 면직 산업은 성적으로 통합

---

61) Tonna, *Wrongs* II, p. 435.
62) Anna Clark, pp. 5-6.

된 산업으로 남녀가 같은 일을 함께 하고 거의 동등한 임금을 받는다.[63] 랭카셔(Lancashire)의 남녀 면직조인은 서로 경쟁하지 않았고 같은 일을 하고 같은 임금을 받는다는 점에서 면직업은 19세기 영국의 산업 중에서 독특한 것이었다. 그러나 비록 성과급(piece rates)이 하나의 기준이라 하더라도 남성들은 여러 이유로 여성들보다 종종 더 많이 벌었던 것으로 나타났다.[64] 뿐만 아니라 남성은 여성을 감독하였지만 그 반대의 경우는 불가능하였다. "남성만이 직조에서 최고의 임금을 받는 감독이 될 수 있었다"[65]는 것은 남녀가 거의 같은 노동조건을 갖고 있는 면직업에서도 당연시되었다.

기술지위를 독점한 남성으로 인해서 여성들은 같은 직장 내에서도 비기술직, 저임금직을 맡게 되었는데, 이러한 노동분리는 여성들이 직업선택에서부터 '여성적인' 직업을 선택하도록 강요받는다는 사실과 밀접한 관련을 갖는다. 여성은 '남성적' 직업이 요구하는 기술을 교육받을 기회가 거의 없었으며 이런 점에서 19세기 후반 여성노동자들의 사무직 진입은 이제까지 남성직으로 여겨져 왔던 영역을 여성들이 침범하였다는 점에서 의미가 있다. 『잉여 여성』에서 중류층여성 바푸트는

---

63) Rose, *Limited*, p. 4.
64) 비록 성과급이 하나의 기준에 따라 정해졌더라도, 종종 남성노동자는 여성노동자보다 더 많은 임금을 받았다. 여성들은 자기가 받는 임금이 임금표와 맞는지를 확인 안 하는 습성이 있었기 때문에 고용주들은 여성들에게는 임금을 적게 주었고, 대체로 여성들은 부담이 적은 일을 하므로 낮은 임금을 받았다. 남성이 임금을 더 많이 받는 그 밖의 이유들로, 남성은 자신이 직접 직조기를 작동시켰지만 여성은 수리공이 직조기를 조정할 때까지 한가하게 기다렸으며, 남성은 여성에 비해서 더 많은 직조기를 작동하였다는 점을 들 수 있다. 또한 남성은 여성과 달리 야근이나 식사시간 중에도 일을 하는 것이 허용되었으므로 더 많은 수입이 가능하였다. *Ibid*, pp. 157-158.
65) Rose, *Limited*, p. 158.

이제까지 여성에게는 금지되어왔던 사무직에 진입할 수 있도록 노동계급여성을 교육시키는 "혁명적인" 존재로 나타난다. 그녀는 여성들이 기술을 습득하여 남성세계에 진입할 수 있을 때 남성들과 대등한 위치를 가질 수 있다는 점을 강조한다. 바푸트는 "침입자로서의 여성"이라는 주제에 대한 강의에서 노동계급여성이 처한 노동시장의 성적분리 문제의 핵심을 다음과 같이 들려준다.

> "그들은 엄격하게 여성에게 어울리는 것으로 여겨지는 6개의 직업을 지적하였습니다. 왜 우리가 이러한 분야에 스스로를 제한하지 않을까요? 왜 내가 소녀들에게 가정교사, 병원간호사 등이 되도록 격려하지 않습니까? …… 간단히 사실을 말하자면, 나는 당신이 돈을 벌어야 된다는 것을 기대하는 것이 아니라 일반적으로 여성들이 합리적이고 책임있는 인간이 되기를 바랍니다. ……
> "자, 이유는 이렇습니다. 여성적인(womanly)과 여자 같은(나약한)(womanish)은 다른 단어입니다. 그러나 세상사람들이 사용하는 것처럼 후자는 실제로 전자와 동의어가 되어왔습니다. 여성적인(womanly) 직업은 실제로는 남성이 경멸하는 직업을 의미합니다. 그리고 여기에 문제의 핵심이 있습니다. …… 나는 문제를 일으키고, 공격적이며, 혁명적인 사람입니다. 나는 남성들이 여성들로 하여금 진입하지 못하도록 항상 금하는 영역에 여성들이 침입하고 무장운동함으로써 '여성적인'과 '여자 같은'이란 단어에 대한 일반적인 혼란을 없애기를 바랍니다. …… 만일 여성이 더 이상 여자 같지 않고 힘과 책임을 갖는 인간이 되려면, 그녀는 호전적이고 저항적이어야 합니다.[66]

바푸트가 말하고 있듯이 영역분리를 역설하는 가정이데올로기는 직업의 세계에서 여성들을 열등한 위치에 자리매김하는데 공헌하였으며, 따라서 이러한 이데올로기를 거부하고 남성의 직업으로 간주된 직업에

---

66) Gissing, pp. 152-153.

침입하는 여성의 등장은 남성들에게 위협적인 존재로 부각되었다. 바푸트의 강의에서 소개된 한 남성노동자의 편지는 바로 영역분리의 개념을 넘어서려는 여성들에 대한 남성노동자들의 적대감을 대변해 준다.

> 오늘은 바푸트 양이 4시에 강연을 하기로 된 날이었다. '침입자로서의 여성'이라는 주제는 일주일 전에 공고되었다. ……
> 여느 때와 같이 그녀는 가장 단순한 대화체의 어조로 시작하였다. 얼마 전 그녀는 익명의 편지 한 장을 받았다. 그것은 일자리를 잃은 어떤 사무원이 쓴 것으로 그녀가 사무직의 세계에 여성의 경쟁을 조장하였다는 것 때문에 그녀를 비난하고 있었다. …… 그럼에도 불구하고 그의 무례한 공격은 의미가 있었고 보다 공손한 말로 그의 논의를 재촉하는 많은 사람들이 있었다. "그들은 당신에게 말할 것입니다. 상업세계로 들어가는데 있어서 당신은 스스로를 탈성화(unsex)하였을 뿐만 아니라 오직 최저생계를 위해서 분투하는 많은 남성들에게 슬픈 오류를 범했습니다. 당신은 임금을 삭감시켰고 가뜩이나 적체된 분야를 더욱 어렵게 만들었으며 충분히 돈을 번다면 아내를 부양할 수 있는 남성들이 결혼할 수 없도록 만듦으로써 당신과 같은 성을 가진 사람들에게 마저 해를 끼쳤습니다."[67]

실직한 남성노동자가 자신의 분노를 가정이데올로기를 토대로 정당화하였다는 점은 주목할 만하다. 여성의 고유영역을 할당받은 여성이 남성의 영역을 침범하였다는 것은 남성들에게는 그 여성이 여성이 아니라는 것을 의미한다. 노동계급의 대변인인 엥겔스도 남성의 노동시장을 침입하는 여성은 근본적으로 정상적인 분리영역을 역전시킨다는 점을 문제삼았다. 그는 여성의 가정 밖 노동이 가족생활의 해체를 가져온다는 점을 아이양육의 문제점, 남편의 자존심, (미혼)여성의 가사에 대한 무지 등과 관련지어서 주장한다. 남녀의 고유영역을 지키지 않음으로써

---

67) *Ibid,* pp. 151-152.

발생하는 여성노동의 폐해에 대해서 토나의 소설 속의 한 남성노동자 역시 다음과 같이 증언한다.

> 허덜필드의 명망있는 주민인 호크야드 씨는 애쉬리 경이 1841년 에 이 도시를 방문하였을 때 열린 회합에서 모든 여성들을 공장에 서 몰아내기 위한 하나의 결의안을 제출하였다. …… 그는 말하길, 자기는 35년 동안 이러한 관행이 여성노동자의 도덕을 타락시키고, 여성들이 고유영역에서 일을 할 수 없도록 만들고, 어린 나이의 여 성들을 부모에게 순종치 않게 만들고, 하녀로서의 가사 의무를 수 행하는 데 적합치 않게 만듦으로써, 그 결과 노동자의 아내로서 부 적합하도록 만든 사악한 경향을 지켜보았다고 말하였다.[68]

노동계급남성의 여성고용 반대는 주로 '여성의 위치는 가정'이라는 가정이데올로기에 기초하였으며, 특히 기혼여성의 노동은 어머니와 아 내라는 여성의 역할을 수행하지 못하게 한다고 비판되었다. 영아사망과 엄마의 고용의 관계에 관한 논의는 19세기 중반 이후부터 증가하였으 며 19세기의 마지막 25년간은 기혼여성 노동의 해악에 대한 공적 동의 가 있었다. 기혼여성의 노동의 문제점은 아이양육과 모성애에 호소하는 매우 감정적인 방향으로 전개되었으며 과부가 된 엄마조차 집 밖에서 일하는 것을 비난하는 여론이 조성되었다.[69] 『맨체스터 가디언』은 화 재로 인해 사망한 어린이의 경우를 끊임없이 보고하였으며 기혼여성의 취업은 곧 아이의 생명과 연결되어 비난받았다.

> "어머니의 취업"으로 인해 유아의 총사망율이 증가하고 있다는 것은 자명하며 이에 대한 많은 증거가 있다. 애를 낳은지 3-4일 밖 에 안 돼서 여성이 공장에 복귀하는 경우가 흔히 있는데 물론 어

---

68) Tonna, *Wrongs* II, p. 437.
69) Rose, *Limited*, p. 46.

린애를 데려갈 수는 없다. 공장의 휴식 시간에 그들은 어린애에게 젖을 주고 자신도 식사를 하기 위해서 집으로 달려온다. 어린애를 제대로 키울 수 없다는 것은 아주 명백하다.[70]

엥겔스도 기혼여성이 공장에서 일하는 경우 가족생활은 불가피하게 파괴된다는 점을 강조한다는 점에서 한 목소리를 낸다. 가족적 삶에 토대를 둔 현 사회에서 가족생활의 해체는 어린이와 부모 모두를 타락시키는 결과를 가져온다는 점에서 (기혼)여성노동은 사회의 문제거리가 된다는 것이다.

> 기혼여성이 자기 아이를 돌볼 시간을 가질 수 없고 갓난아이를 볼 수 조차 없다면, 관심을 필요로 하는 아이의 기본적 욕구조차 충족시키지 못한다면, 그 여성은 정말로 어머니로 간주될 수 없다. 그런 어머니는 불가피하게 아이의 행복에 무관심하며 아이가 마치 타인인 것처럼 사랑과 적절한 관심없이 아이를 다룬다. 그러한 조건에서 자란 아이들은 진정한 가족생활이 무엇인지에 대해서 알지 못한다. 그들은 어린 시절 외로움을 경험하였기 때문에, 그들이 자라서 자신의 가족을 가질 때 소외감을 느낀다. 그런 부모는 노동자들의 가족생활에 전반적인 타락을 낳는다.[71]

그러나 무엇보다 기혼여성 고용의 최악의 결과로 제기되었던 문제는 아이에 대한 아편 사용을 조장시킴으로써 공장지역에서 어린이의 아편 복용을 보편화시켰다는 점이었다.[72] 기혼여성들은 일을 하느라 아이를

---

70) Engels, *Condition*, pp. 160-161.

71) *Ibid*, p. 161.

72) 당시에 아이에게 먹인 아편의 판매는 불법적인 것이 아니었으며 약국에서 싼 가격에 쉽게 구입할 수 있었다. 아편은 아이에게 죽음을 초래하는 치명적인 부작용을 가지고 있었음에도 불구하고 그것의 위험성에 대해 대중들은 대체로 무지하였다. 아편은 뇌에 손상을 가하여 바보가 되게 만들었으며, 신체마비, 위의 부종, 체중저하를 초래하여 사망 또는 성장

돌볼 수 없게 될 때 아이를 잠들도록 하기 위해서 고드프리 액(Godfrey's Cordial)이라는 아편을 갓 태어난 아이들에게 먹였으며, 이 약을 복용한 아이들은 창백해지고 허약해져서 대개 두 살이 안 돼 죽게 되었다. 아이에게 아편을 먹이는 관습은 개스켈의 소설에서 불황시기에 배고파하는 아이들을 진정시키기 위해서 행해졌던 것으로 묘사되며, 토나 역시 「버려진 가정」에서 여성노동의 부작용 중의 하나로 아이에게 고드프리 액을 복용시킨다는 사실을 들고 있다.[73] 엥겔스는 어린이에게 술과 아편을 주는 관습은 성장장애를 일으키며 어린이들이 경련으로 사망하는 주요원인을 제공한다고 주장하였다. 그는 이와 관련하여 맨체스터 노동자 자녀의 54%가 5세 이전에 죽는 반면 상층계급 자녀의 20%, 농촌노동자 자녀의 32%가 5세 이전에 죽는다는 사실을 그 증거로 제시하였다.[74]

여성의 역할을 '생물학적 재생산자'로부터 '양육자'[75]로 변화시킨 데는 가부장제의 정치적 요구가 숨겨져 있다고 본 아이젠스타인의 지적대로,[76] 남성노동자들은 여성을 양육자로 규정함으로써 노동시장에서 자신들의 우월성을 확보할 수 있다는 사실을 알고 있었다. 따라서 노동권을 독점하고자 한 남성노동자들의 정치적 수사법은 소설 속에서 아이양육의 문제를 여성의 책임과 연결시키는 내러티브를 낳았다. 『시빌』에서 데블즈더스트라는 한 노동자의 불행했던 어린 시절에 대한 텍스트의 목소리는 바로 이러한 남성노동자들의 관점을 대변한다.

장애를 일으켰다. Macdonald Daly, ed., *Mary Barton* (New York: Penguin Classics, 1996), p. 401.
73) Tonna, *Wrongs* I, p. 443.
74) Engels, *Condition*, p. 121.
75) 맑스 역시 『독일이데올로기』(*The German Ideology*)에서 "첫 노동분리는 아이양육을 놓고 남녀 사이에 이루어졌다"고 봄으로써 노동분리는 여성의 양육자로서의 기능을 토대로 이루어졌다고 본다. Engels, *Origin*, p. 739.
76) Eisenstein, p. 15.

194

'어, 데블즈더스트, 잘 지냈어?'

이것은 이 젊은이를 부르는 친숙한 호칭이었다. 그는 실제로 세례명이건 부모로부터 물려받은 이름이건 간에 그 어떤 이름도 갖지 못했다. 그의 엄마가 그를 낳고 나서 약 2주 후에 공장으로 복귀하였고 그를 보모에게 맡겼다. 즉, 1주일에 3펜스를 어떤 할머니에게 주었으며 그 노인은 갓난아이들을 낮에 돌보아 주고 밤에는 아이의 어머니들이 노동현장에서 서둘러―예의상 여전히 집이라고는 불리우는―지하감옥이나 굴로 돌아올 때 되돌려 주었다. 그 비용은 많지 않았다. 당밀 섞인 아편(laudanum and treacle)은 대단한 민간 만능약(popular elixir)의 형태로 투여되어서 이 순진한 아이들에게 존재의 달콤함을 잠시 맛보게 해주고, 그들을 조용하게 만듦으로써 다가오는 무덤의 고요를 준비하게 만들었다. 영아살해는 갠지스의 제방에서 그랬던 것처럼 영국에서 광범위하게 법적으로 자행되고 있었다. …… 심지어 기아와 독약, 모진 엄마와 악마같은 보모를 이겨내는 영아들이 있었다. 그러한 아이가 우리가 말하고 있는 이름 없는 그 사람이었다. 우리는 그가 잘 살았다고 말할 수는 없다. 그러나 그는 죽지 않았다. 그가 두 살때 그의 엄마는 시력을 잃었고 주급이 끊기자 마차에 치여죽도록 그를 거리로 '놀러' 내보냈다. 심지어 이와 같은 수단도 실패하였다. …… 거리에서 3달간 노는 것은, 맨 발로 거의 반쯤 옷을 안 입고 머리가 헝클어져 있는 2살에서 5살 사이의 이 어린이들을 제거하였다. 일부는 마차에 깔리고 일부는 없어지고 일부는 감기와 열병에 걸려서 다락방이나 지하실로 되돌아가서 고드프리 액을 복용하고 평화롭게 죽었다. 이름 없는 그 아이는 죽지 않았다.[77]

가정이데올로기로 무장한 남성들에게 어머니의 임금노동은 아이들을 거리로 내몰아서 마차에 깔리거나 유괴당하거나 병에 걸리도록 방치하는 결과를 가져왔다고 여겨졌다. 특히 아이에게 마약을 복용시키는 관습은 이것을 먹고 자란 아이들에게 성장장애나 죽음을 초래하고 어른

---

77) Disraeli, pp. 84-85.

이 된 이후에도 어머니를 증오하게 만들었다는 점에서 심각한 정신적·육체적 손상을 입힌 것으로 간주되었다. 마약을 먹고 자란 또 다른 남성노동자인 댄디(Dandy Mick)가 죽어가는 어머니를 향해 보이는 강한 적대감은 바로 이와 같은 정신적 부작용의 한 예라고 볼 수 있다.

　'네 어머니에게 가보렴, 네가 2층에 세들어 있는 동안 네 어머니는 계단도 없는 뒷 지하실에서 죽어가고 있어.'
　'죽어간다고! 그녀는 술만 마시고 있던데' 하고 그 젊은이는 말하였다.
　'만일 그녀가 단지 취했다면, 무엇 때문에 그녀가 단지 일에만 취했지? 아침 5시부터 저녁 7시까지, 그것도 너 같은 놈을 위해서'라고 캐리 부인은 흥분하여 대답하였다.
　'그것은 좋은 거지요'라고 젊은이는 말하였다. '내가 어렸을 때 내 혀를 정지시키고 나의 위를 채워놓기 위해서 어머니가 나에게 당밀 섞인 아편을 준 것 외에 무엇을 했는지 알고 싶어요. 내 여자친구 말대로 [어머니]가 모브리에서 가장 멋진 인물의 성장을 방해하였다는 것이 그 증거이지요.'[78]

　비록 이 텍스트는 노동계급여성의 결혼생활을 "슬픔의 세월" "노예 중의 노예"로 비유하지만, 아이에게 마약을 먹이는 '모진' 여성노동자의 모습은 더 이상 연민의 대상이 아닌 부도덕한 존재로 각인된다. 그러나 아편을 먹인 어머니에 대한 댄디의 증오는, 근본적으로 아이의 양육을 일방적으로 어머니의 의무로 규정하는 분리영역이데올로기에서 비롯되었다는 점에서, 여성노동자들에 대한 부당한 비난이 아닐 수 없다.

　여성노동에 대한 남성노동자들의 반대가 기혼여성의 경우 아이양육과 관련되어 제기되었다면, 일하는 여성은 부도덕하다는 평

---

78) *Ibid*, pp. 76-77.

가는 미혼 여성노동자들의 노동을 반대하는 이유로 종종 제기되었다. 노동계급 미혼여성들의 일 역시 가정경제에 필수적인 것이었음에도 불구하고 일하는 미혼여성에 대한 사회적 인식은 대체로 부정적이었다. 가령 공장 소녀에 대한 부정적인 선입관에는 이들 여성들이 자신의 임금을 주로 옷과 장신구를 사는데 탕진한다든가, 성적으로 순결하지 못하고, 언행이 거칠다는 등을 구체적인 내용으로 한다. 토나는 『헬렌 플릿우드』에서 여공에 대한 부정적인 사회적 인식을 자세히 다루고 있다. 여성노동자들이 과도한 일로 인해서 "기질이 고약해지고 정신이 붕괴되었다"는 토나의 지적은 그들의 거친 언행에 다소 동정의 여지를 남겨주고는 있다. 그러나 공장 소녀들이 도덕적으로 타락하였다는 인식은 중·상층에게뿐만 아니라 같은 노동계급사람들에게도 보편적으로 퍼져있었다는 점에서 그들에 대한 부정적인 인식은 그 뿌리가 깊었다.

공장 소녀들이 늘어남에 따라서 1820년대 이후 여공들의 도덕이 사회적 이슈로 떠올랐는데,[79] 노동계급여성에게 부여되는 오명이 전혀 근거가 없었던 것은 아니었다. 토나의 소설 「모자제조사와 양재사」에서 양재사 견습생 프란시스는 옷감을 사러 거리를 다닐 때 정숙한 소녀라면 보고 듣지 말아야 할 것을 접하게 된다. 이것은 미혼 여성노동자들이 성적 공격에 쉽게 노출되어 있으며 이로 인해서 흔히 도덕적·성적 타락을 범하기 쉽다는 것을 의미한다. 미혼 여성노동자들이 혼외관계에서 낳은 아이를 살해하거나 아이를 위탁모에게 맡기는 경우들이 있었다는 당대 기록들도 바로 이러한 우려들이 현실에서 빈번히 일어났음을 증명한다. 공장에서 일하는 미혼여성에게 나타나는 문제점은 "가사에 무지하며 아내와 어머니가 되는 것에 매우 부적합하게 된다"[80]는 점에서 거론되었지만, 무엇보다 가장 나쁜 결과는 이들을 도덕적으로

---

79) Anna Clark, p. 62.
80) Engels, *Condition*, pp. 165-166.

타락시킨다는 점이었다.

　도덕적 악은 이미 말한 문제보다 더 심하다. 공장에서는 남녀노
소가 한 방에서 함께 일한다. 그들이 서로 친밀하게 접촉하는 것은
불가피하다. 도덕적·지적 교육의 혜택을 받지 못한 많은 남녀가
함께 모여있다는 것은 여성의 미덕을 고양시키지 못한다. ……
1833년의 공장위원들은 종종 공장에서 사용되는 언어가 거칠고 저
급하고 상스럽다고 비난하였다. …… 공장 심의위원회에 따르면 레
스터의 한 증인은 자신의 딸이 지옥같은 공장에 가는 것보다 구걸
을 하는 것이 낫다고 말하였으며, 레스터의 매춘부의 대부분은 현
재 자신이 타락한 것이 공장 때문이었다고 말하였다. [맨체스터의
한 증인은] 공장에서 일하는 14세-20세의 소녀들의 3/4은 순결하
지 않다고 서슴없이 말하였다. 또 다른 위원인 코웰 씨는 공장노동
자의 도덕적 기준은 노동계급의 평균보다 더 낮다고 분명히 말하
였다.[81]

　공장 소녀에 대한 인식은 산업소설 속에서 여공의 도덕성을 경멸적
으로 묘사하는 결과를 낳았다. "확실히, 50명 중 한 명도 깨끗하지 못
할 것이요. 그리고 확실히 소상인의 아내들은 여공을 하녀로 받아들이
는 것을 원치 않을 것이요."[82] 여공에 대한 이러한 선입관은 토나의
여주인공 헬렌같이 시골에서 바르게 자란 소녀일지라도 일단 공장에서
잠시라도 일할 경우 하녀로 고용되지 못할 것이라고 확신할 정도로 강
한 것이었다. 여성고용이 여성의 도덕적 타락을 가져온다는 믿음은 남
성노동조합원들이 여성라이벌을 매춘부라고 모욕하는 근거로 인용되었
으며, 『메리 바튼』의 노조대표자 존의 다음과 같은 경고도 같은 맥락에
서 이해될 수 있다.

---

81) *Ibid*, p. 167.
82) Tonna, *Helen Fleetwood*, p. 71.

'[에스더가] 집을 아주 나갔는지 궁금하군요'하고 그의 친구는 말하였다.

'그게 바로 공장노동이 소녀들에게 미치는 최악의 결과이지요. 그들은 일감이 많을 때는 돈을 많이 벌 수 있어서 어쨌든 스스로 생계를 꾸릴 수 있어요. 나의 [딸] 메리는 절대로 공장에서 일하지 않게 할 거라고 나는 결정했어요. 당신도 아시다시피 에스더는 자신의 예쁜 얼굴을 돋보이게 하려고 옷을 사는데 돈을 소비하고 밤에 늦게 집으로 왔어요. 그래서 내가 그녀에게 내 생각을 말했어요. 처제는 내가 심술궂게 말했다고 생각했겠지만, 나는 [그녀가] 올바르게 되었으면 하고 바랬어요. [내 아내를] 위해서 나는 에스더를 사랑했으니까요. "에스더, 네 꾀에 넘어가 하늘하늘한 베일을 쓰고 다니며 정숙한 여성들이 잠자리에 들 시간에 외박하는 너의 종말이 어떻게 될지 나는 안다. 너는 매춘부가 될 것이다 그리고 비록 내 아내가 너의 언니이지만 우리 집의 명예를 네가 손상하도록 내가 내버려 둘 것이라고 생각치 말아라." 그러자 그녀는 "걱정마세요, 존, 나는 짐을 싸서 당장 떠날 겁니다. 나는 당신이 나를 그렇게 부르는 것을 가만히 듣고 있진 않을 테니까요"라고 말했다.'83)

여성노동자에 대한 존의 비난은 특히 여공들에게 집중되어 있다. 공장노동자 존이 딸 메리의 직업을 선택할 때 굳이 견습비용을 부담하는 양재사를 선택한 것도 바로 이러한 공장 소녀에 대한 선입관이 작용한다. 그는 자기 딸을 다른 노동은 몰라도 공장에는 보내지 않겠다는 강한 의지를 보임으로써, 특히 남성과 경쟁하는 직업을 가진 여성노동자들이 남성노동자들의 반발을 샀다는 점을 우회적으로 보여준다. 여성의 노동을 주로 반대하였던 차티스트들 역시, 존과 마찬가지로, 남성과 경쟁하는 여성노동을 주로 문제삼고 있다는 혐의를 지울 수 없다. 그러나 표 4에서 나타나듯이 19세기 중반 여성 다수는 가정서비스, 농업노동, 의류제조, 가사노동에 종사하고 있었으며 공장에서 일하는 여성노동자

---

83) Gaskell, *Mary Barton*, p. 9.

는 전체 여성노동자 중에서 상대적으로 적은 비율을 차지하고 있었다. 이런 점을 고려할 때 차티스트들이 여성의 공장노동의 문제점을 들어서 모든 여성의 노동을 반대한 것은 매우 부적절한 논리라고 볼 수 있다.

┃표 4┃ 영국과 웨일즈의 여성 직업들, 1851[84]

직업	전체 여성
옥외 농업노동자와 옥내 농장하인	199,150
가정집하인	905,165
모자제조인, 양재사, 여자재봉사, 셔츠제조인	340,365
여자세탁부, 빨래짜는 노동자, 세탁장관리인, 잡역부	200,796
면직공장 노동자	160,052
모직과 소모공장 노동자	77,135
실크공장 노동자	29,190

근본적으로 여성노동에 대한 남성노동자들의 적대감은 여성들이 남성의 경쟁자가 되었다는 점에 있었다. 여성의 노동은 남성의 노동권을 위협하고 여성에게 경제적 독립[85]을 가져다 주었다는 점에서 가부장적 남성권력에 대한 도전으로 비쳐졌다. 독립적인 여성에 대한 남성의 두려움[86]과 적대감은 이 여성들을 매춘부('public women,' 'women of the town')로 부르는 일상적 현실에서도 표출되었다.[87]

---

84) Judy Lown, *Women and Industrialization: Gender at Work in Nineteenth-Century England* (Minneapolis: Minnesota UP, 1990), p. 20.

85) 여성의 노동시간 축소를 주장하는 '10시간 옹호자'(Ten Hour's Advocate)들의 여성노동 반대도 젊은 여성들이 너무 "독립적"이 된다는데 대한 남성들의 공포감에서 비롯되었다. Anna Clark, p. 244.

86) 17세기에도 여성노동은 여성의 독립을 가져오고 여성들을 통제할 수 없게 만들며 도덕적으로 타락시킨다는 이유로 바람직하지 않은 것으로 여겨졌다. 1687년 리트의 법원은, 브래드포드 장원의 여성 모직 직조공들을 비난하는 근거로 건강하고 강한 젊은 여성들이 통제 없이 함께 살며 추수할 때 일을 거부하고 천한 짓을 한다는 점을 들고 있다. Berg, p. 155.

87) *Ibid*, p. 209.

여성노동자들의 도덕의 문제는 특히 이들의 화려한 옷에 대한 비난을 통해서도 언급되었다. 밸버드(Mariana Valverde)에 따르면, 빅토리아조의 의상은 기호학적으로 '정직한 옷'과 '화려한 옷'으로 구분되었다. 화려한 옷의 기준은 옷을 입는 사람의 사회적·경제적·도덕적 지위에 따른 상대적인 것으로, 숙녀에게는 우아하고 적절한 옷이라도, 그녀의 하녀에게는 그 옷이 사치스럽고 정직하지 못하다고 본다. 노동계급여성에게 있어서 화려한 옷이란 상류층여성들을 모방하기 위해서 겉치레로 입는 옷이기 때문에 그 옷은 멋지고 눈에 띄지만, 어떤 명확히 말할 수 없는 방식으로, 싸구려 옷이다. 여성의 의복에 대한 허영이 도덕적 타락과 경제적 몰락을 가져온다는 논의는 여성의 허영심에 관한 문학과 종교의 논의에 종종 나타났으며 매춘의 원인에 대한 정치적·과학적 논쟁에서 중심이 되었다.[88] 매춘의 원인으로 가난과 취업의 어려움을 꼽는 윌리엄 액튼(William Acton) 역시 여성의 옷에 대한 허영심이 매춘을 부추긴다는 점을 강조하였다.

> 내가 만일 여성의 열정 이외에 다른 원인을 찾는다면, 그 일의 출발점에서 허영, 허영, 그리고 허영을 마주칠 것이다. 이런 이유가 아니라면 무엇 때문에 옷에 대해 애착과 감탄을 하겠는가, 그리고 수 만 명의 교육받지 못한 [여성들이] 이것을 얻기 위해서 어떤 희생도 마다하지 않겠는가?[89]

그러나 옷에 대한 사치는 노동계급남성들에게 있어서도 마찬가지로 존재했다는 사실을 고려할 때,[90] 사치에 대한 비판이 유독 여성들에게

---

88) Mariana Valverde, "The Love of Finery: Fashion and the Fallen Woman in Nineteenth-Century Social Discourse," *Victorian Studies* 32. 2 (Winter 1989), pp. 169-170.
89) *Ibid*, p. 175.
90) Berg, p. 172.

만 가해졌다는 점은 그 비판의 저의를 엿볼 수 있게 한다. 노동계급여성의 옷에 부여된 도덕적 의미는 "그들의 도덕적 규제에 중요한 역할을 하였으며 이들을 가정과 노동시장에서 억압하는 것을 합법화"[91]시켰다는 점에서 중요했다. 여성의 사치에 대한 비판은 중·상층에게는 고용된 노동계급여성들의 도덕적 통제와 계급 구분의 효과를 위해서 유용했던 반면, 노동계급남성에게는 경제적으로 독립한 여성들을 통제할 수 없을 것이라는 공포, 그리고 여성고용에 의해서 일자리를 빼앗긴 위축된 남성들의 현실과 관련되어서 제기되었다.[92]

이렇게 볼 때, 존이 예상했던 대로 사치스런 옷을 즐기던 에스더가 매춘부가 된 것은 여성의 독립과 부도덕성을 연결시키는 남성노동자들의 논리를 증명하고 있는 셈이다. 그러나 실제로 노동계급여성들이 매춘부가 된 원인은 이와는 달리 가난과 고용의 어려움으로 인한 것이 대부분이었다. 매춘의 길로 들어선 것은 남성노동자들이 주장하는 사치 때문이라기 보다는 임금노동의 기회가 주어지지 않은 노동계급여성의 긴박한 경제적 현실 때문이었음을 에스더의 목소리를 통해서 들어 보자.

그러나 오! 내 딸이 아파 누웠고, 나는 나의 가게와 아이에게 동

---

91) Velverde, p. 169.

92) 노동계급여성들이 사치를 위해서 노동한다는 남성노동자들의 비난은 당대 여성노동자들에게 반발을 샀다. "숙녀 직조인"(*The Lady Weaver*)이라는 시에서 노아 쿡(Noah Cooke)이 "내가 내 모자에 나풀거리는 긴 깃털을 살 수만 있다면/ 내게 중요한 것이 무엇인가?" 라고 빈정거리자, "한 숙녀 직조인"(*A Lady Weaver*)이라는 시는 "술 마시는데 돈을 쓰느니 무해한 깃털을 사는 것이 천 배는 낫다"고 맞받아 쳤다. 남성들이 술을 마시는 것도 당대 노동계급의 문제점으로 언급되긴 하였지만, 여성노동자에게 있어서 사치의 문제는 여성의 고용반대와 연결되어서 논의되었다는 점에서 그 비판에는 저의가 있었다. *Kidderminster Shuttle* 31 (October 1874), p. 5; *Kidderminster Shuttle* 24 (October 1874), p. 5. Rose, *Limited*, p. 135에서 재인용.

시에 신경 쓸 수 없었어요. 그리고 일은 점차 악화되었지요. 나는 아이의 음식과 약을 사기 위한 돈을 마련하기 위해서 물건들을 팔았어요. 나는 아이의 아버지에게 도움을 청하는 편지를 여러 차례 보냈지만, 그는 집 주소를 바꿨음에 틀림없었어요. 답장을 받을 수가 없었으니까요. 집주인은 내가 남긴 실패와 테이프를 가게세로 차압했고, 우리가 이사해 갈 수밖에 없었던 작고 보잘 것 없는 방의 주인은 집세를 물지 않으면 우리를 쫓아낼 것이라고 위협했어요. 몇 주가 지났고, 차갑고 황량한 겨울이 되었어요. 나의 아이는 너무나 아팠고 나는 굶주리고 있었습니다. 나는 그 아이가 고통받는 것을 보는 것을 참을 수가 없었고, 차라리 우리가 함께 죽었으면 더 좋았을 것이라는 것을 잊고 말았지요. 오, 돈만 있었다면 아이의 고통을 덜어줄 수 있었을 텐데! 그래서 나는 1월의 어느 저녁에 거리로 나가게 되었어요. 당신은 신이 이 때문에 나를 벌할 것이라고 생각하나요?[93]

노동계급여성들이 직장을 얻기 어려운 현실은 그들로 하여금 자신의 성을 상품화시키도록 만들었다. 매춘으로의 유혹은 생계를 위해 다른 방법을 찾을 수 없는 노동계급여성들이 선택하게 되는 마지막 출구였다. 플리머스(Plymouth)와 사우스앰프톤(Southampton)의 매춘부들의 전직이 대개는 가정서비스의 최하층인 '일반하녀'(maids of all work)였으며 이들이 실업으로 인해서 매춘부로 일하게 되었다는 사실[94]은 이를 뒷받침한다. 19세기 런던의 밤거리를 가득 메운 4만 명의 매춘부에 대한 책임은, 여성의 사치가 아니라 여성을 피부양자로 규정함으로써 여성들에게는 적절한 생계수단을 제공하지 않았던 가정이데올로기라는

---

93) Gaskell, *Mary Barton*, pp. 161-162.
94) Judith Walkowitz, "The Making of an Outcast Group: Prostitutes and Working Women in Nineteenth-Century Plymouth and Southampton," *A Widening Sphere: Changing Roles of Victorian Women*, ed. Martha Vicinus (Bloomington : Indiana UP, 1977), p. 75.

점을 남성들은 외면하고 있는 것이다.[95]

차티스트운동을 통해서 남성노동자들은, 노동계급이 남성가장을 대표로 하는 공동이익을 추구하는 집단이라는 점과 노동자가정의 이익을 위해서 가정이데올로기를 실현해야한다는 점을 강조하였다. 그렇다면 노동계급남성들의 이익이 곧 여성의 그것과 동일하다는 남성차티스트들의 주장은 실제로 노동계급여성의 입장과 동일한 것일까? 남성노동자들이 주장한 대로 노동계급가정에서 가정이데올로기의 실현이란 가능한 것인가? 다음 장에서 다루어질 내용은 『메리 바튼』(1848)과 『시빌』(1845)이라는 19세기 남성노동자를 대변하는 텍스트 속에 재현된 노동계급여성의 현실이다. 차티스트들이 주장하는 가정이데올로기가 당대 산업소설에서 어떻게 재현되고 있는지, 그리고 이러한 남성노동자의 텍스트가 노동계급 남녀의 관계를 어떻게 위장하고 미화하는지를 통해서 현실과 문학 속에서 왜곡되고 희생당하는 여성노동자의 모습에 주목해 보겠다.

---

95) 월코위츠는 매춘부의 경제적 능력을 통해서 매춘부가 된 동기를 보다 구체적으로 설명한다. 모자제조사, 양재사, 양복사, 하녀, 세탁부로서 하루에 14시간을 일하는 여성노동자들은 1주일에 6-8실링 이상을 벌지 못하였으며 그것은 남성노동자들이 버는 것의 반에도 못 미치는 것이었다. 가족이나 친척, 애인에 의존할 수 없는 경제적 · 사회적으로 열악한 위치에 놓인 일부 여성들은 매춘이 보다 짧은 시간에 나은 임금을 받을 수 있는 해결책임을 알게 되었고, 매춘부들의 생활수준이 일반적인 여성노동자들과 비교해서 훨씬 낮다는 사실 역시 이 여성들로 하여금 매춘을 선택하도록 유혹하였다. 매춘부들의 생활수준은 다른 노동계급여성들보다 눈에 띄게 좋았는데, 한 매춘부는 단 하루에 일반적인 직업을 가진 노동계급여성의 1주일 임금을 벌 수 있었다. 그들은 자신의 방을 가지고 있었고, 옷도 더 잘 입었고 돈을 쓸 수 있었고 따뜻한 공간과 음식이 제공되는 술집을 이용할 수 있었다. 비록 성병에 걸리는 것이 이 직업의 위험이라고는 하지만 그들의 일반적인 건강상태는 하루에 14시간을 일하는 양재사와 세탁부보다 더 나았다. 매독보다는 과로와 영양부족에서 발생하는 폐병이 성인 여성의 가장 주요한 사망원인이었다는 사실은, 노동계급여성이 왜 차라리 창녀가 되는 것을 선택했는지를 보다 현실적으로 설명해준다. *Ibid,* p. 76.

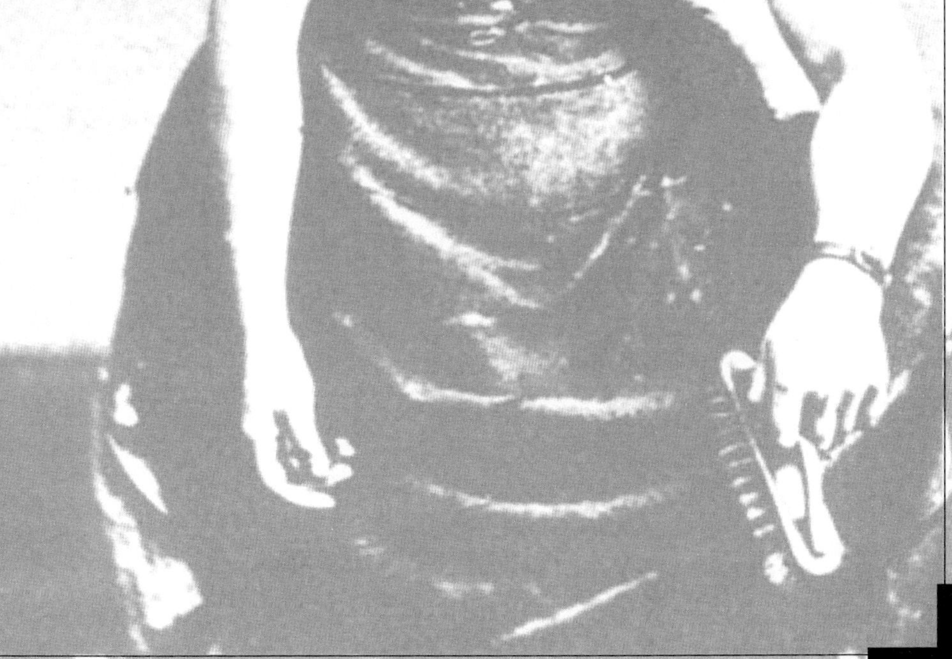

제6장 차티스트소설에 재현된 여성노동자의 현실
: 『메리 바튼』과 『시빌』을 중심으로

1. 노동계급과 남성성의 정치학

『메리 바튼』의 제목은 소설이 지향하는 이데올로기와 관련하여 출판
되기 이전부터 이슈가 되었다. 우그로(Jennifer S. Uglow)는 "채프만
(Edward Chapman)이 개스켈에게 원래의 제목, 『존 바튼』(*John
Barton*), 을 변경하도록 요구한 것은 제목을 살인자의 이름에서 따옴으
로써 대중들에게 충격을 주기를 원치 않았고, 이야기가 진행함에 따라
서 메리가 무대의 중심으로 이동하기 때문일 것"[1]이라고 추측하였다.
그러나 이 작품의 계급문제에 대한 당대 중류층 독자들의 비판과 관련
지어 생각할 때 제목 변경을 요구한 보다 설득력있는 설명은 『존 바튼
』이라는 제목이 노동계급남성의 입장을 옹호한다는 인상을 중류층 독
자들에게 줄 수 있다는 우려이다. 작가 역시 이 작품에서 의도했던 주
인공이 존 바튼이라는 것을 인정하였으며,[2] 이 작품에서 노동계급 문
제에 관한 논의는 주로 존이라는 노동계급남성의 입장을 통해서 제기
되었던 것이 사실이다. 존은 작품 시작에서부터 무위도식하는 숙녀들에

---

1) Macdonald Daly, "Introduction," *Mary Barton* (New York:
   Penguin Books, 1996), p. xx.
2) Chapple, p. 70.

대한 비판과 가난한 계급의 고통을 외면하는 중·상층에 대한 분노 표출을 통해서 계급 투쟁을 주도하였다는 점에서 중류층 독자들의 심기를 불편하게 했을 것이기 때문이다.

리사 서리지(Lisa Surridge) 역시 개스켈이 처음에 이 소설의 제목을 『존 바튼』으로 생각했었다는 것은, 이 소설이 노동계급의 저항과 남성노동자의 역할에 초점을 맞춘 것임을 말해준다고 본다. 서리지는 "개스켈이 『메리 바튼』에서 노동계급남성의 부권을 확신시키고 또 이것에 호소함으로써 차티스트의 정치적 요구를 재현하였다"는 점을 강조하며,3) 이 소설이 가정, 일, 남성성에 관한 차티스트의 이슈들을 명백하게 재현하고 있다고 본다. 서리지는, 차티스트들이 아이의 죽음과 같은 노동자가정의 비참한 현실을 "자본주의가 천부적인 부권을 빼앗아갔다는 차티스트의 담론"과 연결시킨다는 점을 상기하면서 이 작품을 읽어낸다. 이러한 독법에 따르면, 죽어가는 아이의 모티프는 남성노동자가 자신의 가족구성원을 보호하고 부양할 권리를 가진다는 차티스트의 정치적 신념과 연결된다. 차티스트들은 자신들의 남성성을 남성노동자의 투표권에 관한 정치적 투쟁과 연결시키고 노동계급가정을 "공략 당하는 남성성"4)의 장으로 재현했다. 사업에 바쁜 중류층 남성보다 노동계급남성이 가족을 더 잘 돌본다는 점을 강조하는 이 텍스트는, 카슨이 죽어가는 존을 포옹하는 장면마저 매우 부적절한 것으로 느껴지도록 만들었다.5) 서리지는, 존이 부양자로부터 고립과 폭력을 행사하는 자

---

3) Lisa Surridge, "Working-Class Masculinities in *Mary Barton*," *Victorian Literature and Culture* 28. 2 (2000), p. 341.
4) *Ibid*, p. 332.
5) 중류층남성인 카슨이 존을 포옹하는 소설의 마지막 장면은 계급투쟁을 온정주의적으로 해결한다는 점에서 맑시스트의 불만을 샀을 뿐만 아니라, 돌보기에 익숙치 않은 중류층남성의 이미지를 고려할 때 어울리지 않는다는 점에서 개스켈은 독자의 공감을 얻지 못하였다고 서리지는 주

로 전환한 것은 빈곤한 1840년대의 풍토에서 노동계급의 이상적 남성
성이 얼마나 취약한지를 상징한다고 해석하며, 노동계급의 남성성의 본
질이 위협된다고 인식되는 상황에서 개스켈이 노동계급 남성주인공에
관한 소설을 썼다고 확신한다.

『메리 바튼』이 노동계급 남성성을 재현한다는 서리지의 읽기는 텍스트
속의 여성노동자에 의해서도 지지되는 것이 사실이다. 여성노동자 제인
윌슨은 공장 일로 인해서 가정 일에 무지하였다는 자신의 경험을 통해서
여성의 가정 밖 노동에 대해서 반대하는 남성노동자에게 힘을 실어준다.

'메리, 나처럼 살림에 숙맥은 없을 거야. 그렇지만 그는 나와 결
혼해 주었어! 나는 5살 때부터 공장에서 일했고 빨래 같은 것은
물론이고 청소나 요리에 대해서 아무 것도 몰랐지. 우리가 결혼한
다음 날, 그는 아침식사를 하고 일터로 가면서 말했어, "제니, 우리
차가운 소고기와 감자를 먹자. 그게 왕자를 위한 점심이야." 내가
그를 편안하게 해주려고 얼마나 조바심을 냈는지 아무도 모를꺼야.
그러나 나는 감자요리를 어떻게 하는지 몰랐지. 나는 그것을 끓이
고 껍질을 벗기는 것은 알았지만 그게 전부였어. 그래서 나는 대충
집 청소를 하고 나서 저기 있는 시계를 봤지.' …… '그리고 그때가
9시였고 감자가 어쨌든 익을 것이라고 생각하고 나는 그것들을 즉
시 불 속에 집어넣었지(말하자면, 그것의 껍질을 벗기자 마자 말이
야, 그런데 그 일은 처음에는 힘든 일이었어.). 그리고 나서 나는
짐을 풀기 시작했어. 그리고 12시 20분이 되어서 그가 집에 돌아왔
고 나는 식탁에 고기를 준비했어. 그리고 냄비 속의 감자를 꺼내러
갔지. 그러나 오! 메리, 물은 졸아서 없어졌고 그것은 온 집안에
냄새를 풍기며 누런 덩어리가 되어 있었지. …… '
'아버지는 소녀들이 공장에서 일하는 것을 좋아하지 않지요' 메
리가 말하였다.

장하다. *Ibid*, p. 341.

　'맞아. 그가 좋아하지 않을 거라는 것을 나는 알지. 그리고 이유도 합당해. 그들은 결혼하고 나서는 [공장에] 가서는 안돼, 나는 거기에 대해서 확신해. 나는 셀 수 있어.' (손가락으로 세면서) '내가 알기로는 아내가 공장에서 일하기 때문에 9명의 남자가 술집으로 가게 되었지. 자기들의 어린 아이들을 남에게 맡기고, 집은 엉망이 되고 불은 꺼져있다는 것이 어떤 해도 되지 않을 것이라고 생각하다니. 그리고 그런 곳이 남편을 머물도록 유혹하는 장소란 말이지? 그는 곧 깨끗하고, 밝고, 불이 기분좋게 지펴지고, 그를 반기는 술집을 발견할 거야.'[6]

기혼여성의 노동의 문제점을 지적하는 제인의 주장은 차티스트들이 내세우는 가정이데올로기의 기본 입장과도 상통한다. 여성노동자 제인의 경험담은, 남성노동자들의 가정이데올로기가 남성만을 위한 것이라기보다는 노동계급가정 전체의 이익을 위해서 필요하다는 것을 말해줌으로써, 차티스트들이 내세우는 가정이데올로기를 노동계급의 보편적인 이데올로기로 내세우는 효과를 갖는다.

　남성부양자 개념을 지지하는 당대의 분위기는 가정의 영역에 머무는 노동계급 여주인공을 이상적인 여성으로 묘사하는 또 다른 소설에서도 찾아볼 수 있다. 존 바튼과 마찬가지로 『시빌』의 월터 제라드(Walter Gerard) 역시 노동계급의 이익을 위해 투쟁하며, 노조의 대표로 활동하느라고 공장에서 실직한 상태이다. 또한 제라드 가족 중 그 누구도 생계를 위해서 일하고 있다는 언급은 없다. 그러나 가족들이 실직한 가장에게 불만을 갖는 일반적인 경우[7]와는 달리, 시빌은 여전히 아버지를 존

---

6) Gaskell, *Mary Barton*, pp. 120-121.
7) 부양 못하는 남성은 더 이상 남편이 아니라고 보는 노동계급여성들의 생각은 이를 구실로 이중혼을 저지르는 것으로도 나타났다. 남편의 실업은 가정에 참을 수 없을 정도의 긴장을 초래하였으며, 때로는 런던 중앙형사재판소(The Old Bailey)에서 다루어진 폭행이나 살해 사건의

경하고 순종하는 딸로 나타난다. 노동계급가정에 대한 『시빌』의 비현실
적인 묘사는 그녀가 아버지의 임금이 끊긴 상태에서 무엇으로 생계를 이
어가고 있는지에 대해서 침묵함으로써 더욱 가중된다. 이 텍스트의 비개
연성은 보다 근본적으로는 노동계급인 시빌의 계급적 정체성의 문제에
서 찾아볼 수 있다. 시빌은 공장노동자의 딸이지만 소설 초부터 천상적
인 아름다움을 지닌 여성으로 그려짐으로써, 여성노동자의 문제를 공유
하지 않는다.

> 그때 성마리아 교회(Lady's chapel)로부터 마리아에게 바치는
> 저녁찬송가가 울려 퍼졌다. 한 사람의 목소리였다. 그러나 거의 초
> 자연적인 아름다움을 가진 음색이었다. 부드럽고 장엄하면서도 유
> 연성 있고 감동적인 것이었다. …… 신성한 선율은 그쳤다. ……
> 에그레몽의 입에서 이 아름답고 신성한 신비에 대해 어떤 설명을
> 요구하는 말이 막 나오려고 할 때 그는 그의 시선이 고정되어 있
> 는 공허하고 별빛으로 빛나는 아치에서 한 여성의 모습을 보았다.
> 그녀는 분명히 종교인의 옷을 입고 있었지만 수녀는 아닌 것 같았
> 다. 왜냐하면 그녀의 베일이, 만일 그것이 베일이었다면, 그녀의 어
> 깨 위로 흘러 내려왔으며 그녀의 길고도 풍성한 금발을 드러내주
> 었기 때문이다. 깊이 있는 감정에서 나오는 홍조가, 비록 매우 어
> 리지만, 거의 신성한 위엄으로 각인된 얼굴 위에 머물렀다.[8]

시빌은 수도원에서 생활하는 탈속적인 사람으로 그려지거나, 집에 머
무는 경우에도 생계를 걱정하는 일이 결코 없는 영적인 존재로 나타난
다. 그녀는 중·상층여성들이 결혼을 위한 교양과목으로 노래를 배우듯

원인으로 거론되었다. 남편의 실업으로 야기된 물질적 궁핍은 남편에 대
한 아내의 조소나 비난을 초래할 수 있었다. 가령 1870년대 말 엠마 트
리트너(Emma Tritner)에 대한 남편의 폭행은 남편의 실업으로 아내와
갈등을 겪게 된 결과물이었다. Ross, p. 581.

8) Disraeli, pp. 58-59.

이 소설 처음부터 아름다운 목소리로 노래하는 우아하고 매력적인 여성으로 나타난다. 시빌의 모호한 계급적 정체성은 그녀가 중류층 여성들과 교제한다는 사실에서도 나타난다. 시빌에게 노동계급여성의 '노동'은 의미가 없다. 그녀는 아버지의 실직에도 불구하고 생계비를 벌려고 애쓰지 않으며 오히려 자선을 함으로써 그녀의 정체성에 대한 독자의 혼란을 더욱 가중시킨다. 이것은 시빌이 처한 경제적 상황을 고려해서뿐만 아니라 당시에 자선이 숙녀들의 영역이었다는 점으로 인해서 더욱 그러하다. 물론 노동계급여성들이 빈곤한 삶 속에서도 이웃과 상부상조하는 관습은 있었지만, 시빌이 이웃들로부터 도움을 받았다는 그 어떠한 암시도 텍스트에서는 찾을 수 없다. 시빌로부터 자선을 받은 워너 부인(Mrs. Warner)이 그녀를 "천상에서 온 천사"라고 지칭한 것은 시빌의 정체를 보다 정확하게 표현한 것이라고 볼 수 있다.

노동계급의 딸로 등장하는 시빌에게서는 당대의 노동계급여성들의 현실이 아니라 차티스트들의 가정이데올로기가 이상화한 여성상만을 찾아볼 수 있을 뿐이다. 남성부양자의 권리를 위해서 투쟁하는 아버지에게 전폭적인 사랑과 지원을 아끼지 않는 여성을 이상화시키는 『시빌』의 내러티브는, 남성노동자들의 위대한 남성성만을 강조할 뿐 노동계급여성의 현실에는 무관심하다. 디즈레일리가 시빌을 노동자로 만들지 않은 이유를, 여공들이 빅토리아조 여주인공의 자질을 결여하고 있다는 점에서 찾는 네프의 견해[9] 역시 큰 틀에서 보면 노동계급여성의 비가시성의 문제와 맞닿는다. 노동계급여성은 남성노동자의 대의를 주장하는 텍스트에서뿐만 아니라 상류층여성을 여주인공으로 선택하는 문학 전통에서도 배제된 이름없는 존재였다.

당시 노동계급남성들이 중류계급의 가정이데올로기를 전유했던 배경

---

9) Neff, p. 86.

에 대해서 애나 클락은 다음과 같이 설명한다. 남성노동자들은 고용주의 억압으로 인해서 자신들의 남성성이 없어졌다고 느꼈으며, 특히 그들은 여성을 통제할 수 없게 된 것에 분노하였다. 부유한 자본주의자들로 말미암아 여성과 아이들이 생계를 위해서 공장에서 일할 수밖에 없다고 주장함으로써, 차티스트들은 가족의 붕괴를 상류층의 탓으로 돌리고 남녀노동자들에게 단결을 호소하였다. 그들은 남성성을 통한 붕괴된 가정의 복구라는 노동계급가정의 새 비전을 내세움으로써 토리급진주의자의 온정주의를 배격하였다. 더 나아가서, 그들은 노조운동으로부터 배제된 여성들을 회유하기 위해서 술 안마시고 책임있는 가장이 될 것을 약속하고 새로운 노동계급 남성성이라는 이상을 창출하였다. 차티스트들은 성적적대주의를 기사도로 변형시키는 새 수사전략을 따름으로써 많은 여성의 지지를 얻었고, 다양한 노동자들의 경험을 하나의 강력한 내러티브로 집약시킴으로써 영웅적인 차티스트 남성성을 강조하였다.10) 따라서 노동계급남성들이 주축이 된 차티스트의 주요 이슈는 아버지가 가족을 부양할 수 없고 아이나 아내가 가족을 부양하는 경우, '남성성이란 무엇인가'라는 점에 모아질 수 밖에 없었다.

남성에 의한 부양을 주장하는 차티스트들의 가정이데올로기는 노동계급가정의 현실뿐만 아니라 남성노동자들의 대표성 속에서 노동계급여성의 침묵과 희생을 강요한다는 점을 고려할 때 문제점을 갖는다. 남성 차티스트들은 멜로드라마적인 가정이데올로기를 이용하여 노동계급의 성적위기를 계급갈등으로 대체시킴으로써 노동계급여성을 실질적으로 성적 착취의 체계 속에 편입시킨다는 혐의를 지울 수 없기 때문이다. 『메리 바튼』에서 진정한 남성성은 '남성적 부양'(manly nurturance)을 실현하는 노동계급남성에게서 찾아볼 수 있다는 서리지의 주장 역

---

10) Anna Clark, pp. 220-223.

시 이 점에서 차티스트들의 맹점을 그대로 공유하고 있다. 이 텍스트에서 남성성에 대한 강조가 성의 문제에 무관심하거나 혹은 차티스트들의 의도대로 성의 이슈를 계급의 이슈 속에서 침묵시킨다는 문제는 차티스트들이 강조하는 남성에 의한 돌보기 개념을 해부하는 것에서부터 논의될 필요가 있다. 여기서 관건은 경제적인 의미에서의 부양의 의미뿐만 아니라 육체적인 돌보기의 측면에서 강조되고 있는 돌보는 남성상이 당대 노동계급 가정경제의 현실 그리고 가정이데올로기가 기초하고 있는 영역분리개념과 양립될 수 있는지 여부이며, 이를 통해 노동계급의 남성성의 정치학이 노동계급여성의 노동권과 인권에 미치는 영향에 주목하고자 한다.

2. 남성부양자개념의 허와 실

『메리 바튼』에서 남성노동자들은 노동계급 기혼여성이 가정에 머무를 것을 전제로 남성들의 가족부양임금을 위해서 투쟁한다. 이 소설에서 소녀들과 노처녀를 제외한 대부분의 기혼여성들은 임금노동에 종사하지 않는 것으로 설정된다. 제인 윌슨은 5살 때부터 공장노동을 하였지만, 결혼과 동시에 가정에서 살림하는 여성으로 등장한다. 소설 초반에만 등장하고 있는 존의 아내 역시 도시의 여성들과 대조되는 농촌의 신선한 아름다움을 가지고 있다고 묘사되는 것으로 보아서 임금노동을 하지 않고 있음이 암시된다. 이런 점에서 두 가정 모두 남성부양자라는 차티스트들의 가정이데올로기를 지향하는 가정이라고 볼 수 있다. 물론 존도 불황시에는 먹을 것이 없어서 아이가 굶어죽는 고통을 경험하였지만 자신만의 임금으로 이제까지 생계를 꾸려왔다는 점에서 '남성부양자'로서의 차티스트의 자부심을 가지고 있다. 그의 집은 부엌살림도구를 비롯해서 호경기에 장만한 가구로 소박하지만 볼만한 구경거리를 제공하고 있다.

> 그 방은 상당히 컸고 많은 편리한 물건들을 갖추고 있었다. …… 창문과 화로 사이의 구석에 놓여있는 찬장은 접시, 사발, 컵, 받침접시, 그리고 그 소유주가 어떤 용도로 쓰는지는 알 수 없는 특징 없는 물건들, 가령 칼과 포오크로 인해서 테이블 보가 더럽혀지는 것을 방지하기 위해 사용되는 삼각 유리와 같은 것으로 가득 차 있었다. 바튼 부인은 그녀의 도자기와 유리그릇을 자랑스럽게 여겼음이 분명하다. 왜냐하면 그녀는 찬장을 열고 만족과 즐거움이 담긴 눈빛으로 그것들을 바라보았기 때문이다. …… 그 장소는 (공장의 호경기의 확실한 증거로서) 가구들로 거의 가득 찬 것 같아 보였다. 창문 아래는 세 개의 깊숙한 서랍이 달린 화장대가 있었다. …… [테이블] 위에는 가운데서 포옹하고 있는 한 쌍의 주홍빛 연인들이 그려진 옻칠한 밝은 초록빛 차받침이 있었다. 불빛은 그 위에서 즐겁게 춤추었고 정말로 그것은 방의 양쪽에 색채의 풍부함을 안겨주었다. …… 만일 당신이, 흐리지만 깨끗한 스텐실로 된 벽면의 패턴과 함께 이 모든 것을 상상한다면 당신은 존 바튼의 집에 대해서 알 수 있을 것이다.[11]

그러나 또 다른 공장노동자의 집에서는 이와는 다른 장면이 연출된다. 카슨의 공장에서 일하는 벤 데이븐포트(Ben Davenport)가 사는 지하실 집을 살펴보자. 거리의 오물이 마루로부터 스며 올라와서 온 집안을 더럽히고 악취를 풍기는 이 집은 엥겔스에 의해서 묘사된 도시노동자의 비참한 주거환경을 옮겨놓은 듯 하다.

> 방안은 매우 어두웠다. 창유리는 거의 깨어져서 천으로 막아놓았으며 이로 인해서 대낮에도 이 곳은 어두운 빛만이 스며들었다. …… 데이븐포트가 사는 지하실로 들어가면 악취가 너무 심해서 두

---

11) Gaskell, *Mary Barton*, pp. 14-15.

사람을 기절시킬 정도였다. 이러한 것들에 익숙한 [존과 조지는] 재빨리 정신을 차리고 어둠 속에서 3-4명의 아이들이 습기차고 젖은 벽돌바닥에서 뒹굴고 있는 것을 보았다. 그 바닥을 통해서 거리에 고여있는 더러운 습기가 올라왔다. 화로는 비어있었고 시커맸다.[12]

이 텍스트 속에 나타나는 노동계급가정의 비참한 현실은, 엥겔스의 고발에서도 알 수 있듯이, 당대에 흔히 목격할 수 있는 보다 일반적인 노동계급가정의 모습이며 차티스트들이 주장하는 남성부양자임금이 당대 일반적인 노동계급가정의 경제적 상황에서 현실성 있는 요구인지에 대해서 의문을 갖게 한다. 비록 가정이데올로기가 노동계급여성들의 가정 밖 임금노동을 금지하고는 있었지만, 여성의 임금노동이 빈곤한 노동계급가정에 여전히 중요한 의미를 가지고 있었다는 점은 자명해 보인다.

노동계급가정에서 남성임금만으로는 생존이 불가능하였다는 점은 산업화 과정에서 나타나는 노동계급가정의 경제구조의 변화를 통해서 설명될 수 있다, 한스 메딕(Hans Medick)에 의하면 초기산업화는 농촌가족의 경우보다 도시 가족에게 더 유연한 역할을 할당하였다. 땅의 세분화와 새로운 고용기회로 인해서 땅의 세습을 통한 자식통제가 깨어졌으며 자식들은 빨리 결혼하여 가정을 이루게 되었다. 이러한 상황에서 수입의 극대화는 아이의 수에 달려있게 되었으며 초기 산업화 시기의 어른노동자는 그 자신만의 임금으로는 가족의 생계를 부양할 수 없었다.[13] 가족의 생계가 전 가족의 협조에 의존하게 되었다는 19세기 노동계급의 역사는, 남성부양자 개념에 바탕을 둔 가정이데올로기가 노동계급 가정경제의 역사적 흐름과는 부합될 수 없음을 말해주고 있다.

---

12) *Ibid*, p. 60.
13) Hans Medick, "Proto-industrial Family Economy," *Social History* 3 (1976), p. 304, p. 307, p. 310. Berg, pp. 153-154에서 재인용.

차티스트들에 의해 주장된 남성부양자임금과 여성고용반대는 19세기 산업화 사회에 주요 이슈가 되었다. 히더 빅(Ada Heather-Bigg)은, 한스 메딕과는 달리, 여성노동이 그 시대의 산물만이 아님을 강조하며, 여성이 임금시장에서 일하는 것에 대한 남성들의 분노는 사회적·산업적 역사에 대한 기본적 무지에서 비롯된다고 비판하였다. 그녀는 역사에 나타난 여성들의 활동에 관한 증거에도 불구하고 현재 여성의 고용증가에 대한 논의는 증거 없이 주장되었다고 본다. 따라서 여성고용 증가에 대해 비난하고 여성노동자를 양성하고 남녀 간의 경쟁을 일으켰다는 부담을 19세기 문명에게 지우는 것은 아주 어리석은 일이라고 일축한다. 더 나아가서 그녀는 아내의 임금벌이에 대한 남성들의 반대는 남편 대신 아내가 부양자로 대체될지도 모른다는 두려움에서 비롯된다지만, 만일 그랬다면 이미 이러한 대체는 오래 전에 있었어야 했다고 말한다. 말하자면, 여성노동의 보조적 성격이나 저임금을 고려할 때 이러한 대체란 불가능하며, 우리는 "대체의 과정이 아니라 드러나는 과정을 목격할 뿐"이라는 것이다.[14]

보다 구체적으로 남성부양자개념의 비현실성은, 로스가 말하듯이, 런던의 대부분의 노동계급가정에서 도전받지 않는 남성의 권력이란 상대적으로 드물었다는 점에서 증명된다.

---

14) 그러나 히더 빅은 여성노동에 대해 반대입장을 표명하는 당대의 남성노동자들에게 여성노동이 그들이 생각하는 것처럼 남성노동자의 위상을 손상시키지는 않을 것이라는 점과 아내의 경제적 '협력'의 필요성을 역설할 뿐, 여성노동이 여성의 독립과 연결되어야 한다는 의식을 보이지 않는다. 뿐만 아니라 그녀는 아내의 가정 일이 현재는 거의 부담이 되지 않을 정도라고 봄으로써 당대의 가사노동을 매우 사소하게 간주한다는 점에서 우를 범하고 있다. 이와 같은 당대인의 태도는 여성노동이 여전히 주체로서의 여성의 노동이라기보다는 주요부양자인 남성을 보조하는 협력의 차원에 그친다는 19세기의 가부장적 이데올로기를 반영하고 있다. Ada Heather-Bigg, "The Wife's Contribution to the Family Income," *Economic Journal* 4 (1894), pp. 51-58.

남성 권력의 경제적 기초는 런던의 노동자 남편들의 반 정도에게
는 매우 불안정한 것이었다. 많은 런던의 직장들은 자본이 불충분하
거나 소규모이거나 불안정하거나 소득성이 없는 2차부문이었다.
1890년대에 런던의 성인노동인구의 약 ⅙만이 공장에 고용되었으
며, 성인남성노동자의 25%는 비기술자였다. 건축, 의복, 신발, 가구,
그리고 부두 일은 계절을 타는 업종이었다. 경제 불황, 병, 혹은 부
상은 남성들이 가족에게 생계를 의존하게 만들었다. 남편들은 가족
을 "부양하도록" 되어 있었으나, 모든 사람들은 실제로는 그들이 일
상적으로 그렇게 할 수 없다는 것을 알고 있었다.[15]

초기 자본주의 경제의 불안정성으로 인해서 당대의 경제학자들도 인정
하듯이 노동계급가정에서 여성의 가정경제에 대한 공헌은 필수적이었
다.[16] "노동계급가정의 반 이상이 단지 나이 든 아동의 도움과 더불어
아버지의 노동에 의해 생계를 유지하고 있다고 한 것은 진실과 거리가
있었다."[17] 남성 직조공들이 일 잘하는 아내를 신부감으로 찾았다는
기록은 남성노동자들조차 여성노동의 필요성을 인정한다는 증거였다.
직조공의 경우 여성의 경제적 능력은 신부감의 조건이 되었으며 심지
어 직조 일을 잘 못하는 여성은 능력 있는 남편을 만나기 힘들었다.[18]

이와 같은 엄연한 현실을 고려할 때, 차티스트들이 주장한 노동계급

---

15) Ross, p. 576.
16) 마소 시니어(Massau Senior)에 의하면, "우리는 기혼노동자의 임금에
　　그의 아내와 출가하지 않은 아이들의 임금을 포함시킨다. …… 많은
　　맨체스터의 직조인이나 방적공의 아내와 아이들의 임금은 남성의 것
　　을 능가하거나 비슷하다." 쏘롤드 로저스(Thorold Rogers)는 영국에
　　서 페스트 이전에 농업노동자의 전체 수입과 부수입은 1년에 £1 15s.
　　4d.라고 말하며, 아내가 1년에 단지 100일을 일한다고 가정한다면,
　　가족수입에 있어서 아내의 공헌은 8s. 4d., 혹은 전체의 ⅙ 조금 안
　　된다고 평가한다. Heather-Bigg, p. 55.
17) *Ibid*, p. 56.
18) Anna Clark, p. 65.

의 유토피아적인 가정이라는 이상은 1840년대와 50년대 노동자들에게
는 낭만적인 꿈에 불과했다. 불안정한 경제 상황하에서 대부분의 남성
노동자들의 저임금과 실업이 불가피하였던 당대의 현실에서 유토피아
가정의 전제인 남성부양자임금 개념은, 노동계급가정이 여성의 경제적
공헌[19] 없이 유지될 수 없다는 현실을 숨기고 있었다. 결국, 여성의 경
제 참여로 인한 "산업에서의 남녀노동자의 경쟁은 대체로 가족차원에
서는 아내의 산업 노동에 대한 새로운 의존"[20]으로 종종 나타남으로
써 자본주의는 노동자의 가정생활에 지대한 영향을 미쳤다.

이런 상황에서 19세기 노동계급남성들은 자신들의 '노동권을 독점하
기 위한 전략'으로 여전히 남성부양자임금을 주장하였다. 『메리 바튼』
의 남성노동자들의 주장을 들어보자. 노동자 대표 중의 한 사람인 존
바튼에게 한 남성노동자는 노동계급이 당면한 다양한 문제들을 의회에
가서 말할 것을 요구한다.

> 그들에게 우리의 생각을 말하시오. 우리가 너무나 오랫동안 굶주
> 려 왔다는 것에 대해서 우리가 어떻게 생각하는지, 우리가 태어난
> 이래로 우리 모두가 갈구하는 것을 그들이 우리에게 줄 수 없을 때
> 그들이 어떤 좋은 일을 하는지 우리가 알 수 없다는 것을 말이오.[21]

남성노동자들은 자신들이 굶주리고 있다는 사실을 통해서 노동자 전체

---

19) 초기자료를 이용하여 학자들은 여성의 경제적 공헌이 다양한 요인들 즉,
'자본주의의 발전, 여성 임금노동의 장소변화, 노동계급 가계부양에 대한
그들의 공헌 양상과 시기'에 따라서 변화했던 복잡한 방식들을 보여주었다.
이에 관해서는 Rose, "Gender," pp. 113-117을 참고할 것. 아내의 기술과 에
너지는 단순한 생존을 넘어서 편안한 생활을 가능케 한다는 점에 대해서는
Ellen Ross, "'Fierce Question and Taunts': Married Life in Working-
Class London, 1870-1914"를 참고할 것.
20) Taylor, "The Men," p. 28.
21) Gaskell, *Mary Barton*, p. 87.

의 문제를 중·상층에게 알려 줄 필요성뿐만 아니라, 노동계급 전체의 이익을 위해서 여성노동자들의 노동을 통제하기 위한 법의 제정이 필요하다고 주장한다. 노동계급여성인 제인 윌슨에 의해서도 주장되었던 여성고용의 문제는, 의회에 청원을 하려는 남성노동자들의 공적 이슈 중의 하나이다. 굶주린 한 남성노동자가 존에게 요구한 것도 바로 이것이었다. "내 입장으로는 당신이 그들에게 시간단축법안을 통과시키라고 주장했으면 좋겠소."[22] 1830년에 시작되었던 시간단축에 대한 의회의 논의는 결국 1847년 '10시간 법'(The Ten Hours Act)으로 결실을 맺게 되었다. 이 법은 여성과 18세 이하의 아동은 하루에 10시간 혹은 1주일에 58시간 이상을 일해서는 안 된다는 성차별에 기초한 노동법이었다. 여성노동의 법적 제한은, 1844년 의회에 의해서 여성은 아동과 마찬가지로 정부의 보호가 필요하고 공장법의 지배를 받아야하는 "자유롭지 않은 인력"(unfree agents)으로 공식적으로 분류됨으로써 이루어졌다. 노동자 대변인들 역시 "법의 목적은 우리가 여성과 아동을 보호할 수 있도록 하는 것이다. 우리는 남성을 보호하지 않았으며 현재도 마찬가지다."[23]라고 공장법 개혁안을 지지하였다.

그러나 이러한 공장법에 대해서 여권론자들의 입장은 달랐다. 밀리슨트 포셋(Millicent Fawcett)은 그 법이 여성노동을 제한하고 방해한다고 보았다. 1871년 주로 부르주아여성에 의해서 구성된 '개인적 권리의 보호와 여성에게 불리한 법 항목의 개정을 위한 경계협회'(The Vigilance Association for the Defence of Personal Rights and for the Amendment of the Law in Points wherein it is Injurious to Women)는 여성의 이익에 배치되는 공장법 조치를 반대하는 주요조직으로서, 성과 계급과 무관하게 법 앞에서 만인의 평등을 주장하였다. 보호노동

---

22) *Ibid*, p. 87.
23) Rose, *Limited*, p. 62.

법의 문제점은 아동복지를 여성에게 모두 책임지우고 일하는 아내를 둔 남성노동자를 도덕적 실패자로 비난하며 고용주들이 임금을 적게 주는 문제를 덮어두었다는 점만이 아니었다. 그 법은 노동계급 남녀에게 영역분리를 강화시키고 합법화시켰다는 점에서 노동계급여성의 노동권을 부정한다는 점에서 문제가 되었다.

　여성노동시간 제한법은 여성노동자들을 보호한다는 명목을 내세웠으나 실질적으로는 남성노동자들이 주장한 남성부양자임금을 위한 하나의 단계였다.[24] 그러나 노동계급남성들에 의한 이와 같은 여성노동 통제는 노동계급 전체의 이익을 위한 보편적인 투쟁의 일환으로 주장되었으며 이것은 『메리 바튼』의 여성노동자들의 의식 속에서도 나타난다. 존이 남성노동자들의 이슈를 의회에 전달하기 위해서 런던에 가기 전날 이웃여성이 그에게 보여준 관심은 남성노동자들의 계급투쟁이 남녀 공동의 이익을 추구하는 행위임을 믿어 의심치 않는데서 비롯된다.

　　'보세요, 아버지. 당신이 런던에서 얼마나 멋쟁이가 될는지! 데이븐포트 부인이 당신에게 이것을 가져오셨어요. 유행에 따라 새로 만들어진 것이예요. 아버지를 생각해주셔서 고마워요.'
　　'오 메리!'하고 데이븐포트 부인은 낮은 목소리로 말하였다. '이것이, 그가 나와 나의 가족을 위해서 한 일들에 대해서 내가 할 수 있는 전부가 아니겠어? 그런데, 메리, 이 여행 때문에 네가 바쁠 테니 도와줄게.'[25]

---

24) 로즈는 노동계급여성들이 노동시간 축소 찬성 운동에 참여하였다는 기록은 있지만, 여성노동자의 조직이 없기 때문에 여성노동자들의 공장법에 대한 견해를 확인하기는 힘들다고 본다. 그러나 1874년 여성노조연맹(Women's Trade Union League)이 여성노동규제 확장에 대해서 반대하였다는 증거는 명백하다. Rose, *Limited*, pp. 69-70.
25) Gaskell, *Mary Barton*, p. 87.

데이븐포트 부인이 말하고 있는 '나와 나의 가족'을 위해 존이 해 준 일이란 그녀의 가족이 얼마 전 그로부터 받은 개인적 도움을 의미하기도 하지만 근본적으로는 그가 노동계급의 투쟁에서 희생적으로 일하고 있다는 사실을 말한다. 노동계급여성인 데이븐포트 부인 역시 남성노동자의 계급투쟁의 목표가 곧 남녀노동자 모두의 목표라고 인식하는 점에서 바로 차티스트들의 논의를 반복하고 있는 셈이다.

실제로 여성들은 차티스트운동에서 비록 주도적 위치를 차지하지 못했지만 남성들을 도와서 투쟁에 적극 가담하였으며 종종 가두시위나 폭력적인 투쟁에서 매우 격렬하게 활동하였다.[26] 여성들은 깃발을 들고 대중행진을 주도하였으며 경찰과 파업파괴자에게 돌을 던지며 투쟁함으로써, 폭력은 여성이 동원된 시위에 공통적으로 나타나는 특징이 되었다. 종종 남성노동자들은 여성들로 하여금 폭력적 시위를 주도하게 함으로써 이 여성들이 대신 감옥에 들어가도록 하였고 자신들은 뒤에서 조정하고 협상하는 역할을 맡았다. 남성 방적공은 여성을 선두에 배치하고 자신들은 "멀리 떨어져" 있었다. 당국자의 말에 의하면, 여성들은 더 격렬하게 파업에 가담하였다. 남성방적공들은 자신들의 정당성을 변호하는 팜플렛에서 중류층의 여론을 설득하기 위해서, "어리석고," "유치한" 행동을 하는 여성과 어린이들을 온정주의적으로 묘사하고 그들과는 거리를 두었다. 남성노동자들은 자신들의 투쟁이 남녀노동자 모두의 일이라는 것을 여성들에게 주입시킴으로써 여성들이 파업 후 겪게 되는 후유증에 대한 책임에서도 벗어날 수 있었다. 따라서 파업 후 실직당한 여성들이 생계를 위해서 매춘을 하게 되는 경우도 여성들은 남성노동자가 아니라 고용주들을 비난하고 남성노동자들이 자신들과

---

26) 호전적인 여성노조원에 대한 증거 자료로 Jo O'Brien, "Women's Liberation in Labour History: a Case Study from Nottingham," *Spokesman Pamphlets* 24를 참고할 것.

이익을 함께 하는 동료라는 흔들림 없는 믿음을 보여주었다.[27]

"남성노동자들은 여성을 보조직에 한정시키고 그들의 저임금노동을 이용하고 그들의 노동에 반대해서 파업을 하였지만, 파업에서는 숫적으로 많은 여성노동자들의 도움을 요청하고 여성이 동등한 임금을 받아야한다고 주장하기도 하였다."[28] 그러나 기본적으로 여성노동자들의 권리는 남성노동자들의 투쟁에서 고려되지 않고 있다는 점에서 남성들은 여성들을 자신들의 투쟁에 이용할 뿐이었다. 여성노조원 역시 엄마, 아내, 여동생으로서 노조활동을 함으로써 남성을 자신들의 대표자로 인정하였다(그림 3 참조). 따라서 1834년 런던에서 여성노동자의 연설의 전형적인 서두가 "나는 공원(operative)일 뿐만 아니라 어머니로서 이 자리에 섰습니다"로 시작되었다는 사실은 놀라운 일이 아니다.[29] 성과 계급의 이데올로기가 맞물려 있음으로써 노동계급여성들에 대한 억압은 보다 강하고 효율적으로 이루어질 수 있었다.

> 여성들이 남성들과 동일한 조건에서 투쟁에 참여하기 위해서 그들의 성 역할을 잊는다는 것이 어려웠던 것처럼, 계급억압의 언어를 탈성화(de-sexualize)하는 것은 불가능하였다. 성과 계급은 그들의 삶과 그들의 사고에서 피할 수 없을 정도로 상호 연결되어 있었다. …… 확실히 1834년 노동계급여성들은 노동계급에서의 성 역할의 기본구조에 대해서 의문을 제기하지 않았으며, 이러한 역할에 구현된 종속에 대해서 도전할 말이나 사고방식을 발견할 수 없었다.[30]

---

27) Anna Clark, p. 135.
28) *Ibid*, p. 121.
29) Taylor, "The Men," p. 20.
30) *Ibid*, pp. 20-21.

▌그림 3▐ 전투를 위해 무장하는 차티스트 노동자[31]

　　여성들의 '모성애'는 가정 밖으로 나와서 지배층 고용주에게 과격한 방식으로 저항하도록 만들었으며, 이런 점에서 노동계급여성들이 파업에 참여하는 동기는 '남성성의 회복'을 파업의 주요한 목표로 삼았던 남성차티스트들과는 근본적으로 차이를 보였다. 그러나 대외적으로 남성노동자들은 자신들은 "남성에 대한 보호를 요구하지도 않았으며 현

---

31) M. Lemon, ed., *Punch or The London Charivari* XV (1848), p. 101.

재도 요구하지 않는다"[32]고 공공연하게 말하였다. 남성노동자들의 부양임금은 흔히 가족, 특히 굶주리고 있는 아이에 대해 연민을 일으키는 수사법을 통해서 피력됨으로써 차티스트들의 투쟁에서 강력한 효과를 발휘했다. 이와 같은 차티스트의 수사법은 남성부양자임금을 쟁취하기 위한 존의 투쟁을 매우 호소력있게 전달하고 있다.

　'나는 아이를 자신의 눈 앞에서 굶어죽도록 내버려두느니 차라리 아이를 죽였던 한 아버지를 보았습니다. 그리고 그는 다정한 사람이었지요.'
　그는 평상시의 어조로 다시 시작하였다. '우리는 내가 방금 말한 것들을 고용주들에게 요구하기 위해서 부푼 마음을 안고 그들에게 갔습니다. 우리가 그들을 위해서 돈을 벌어주기 때문에 그들이 돈을 벌 수 있다는 것을 우리는 알고 있습니다. …… 우리는 그 돈에 대해서 우리의 몫을 요구하는 것입니다. …… 우리는 우리의 몫을 가져야만 하고, 가질 것입니다. 우리는 기만당하지 않을 것입니다. 우리는 생계를 위해서, 생존을 위해서 그것을 원합니다. 우리들 자신의 삶을 위해서 원하는 것이 아닙니다. (내가 알기로는 누워서 이 지겨운 세상을 하직하는 것을 기뻐하고 고마워할 사람들이 여기 많이 있습니다.) 삶이 무엇인지를 아직 모르고 죽음을 두려워하는 어린 것들의 생명을 위해서 입니다.[33]

　가족의 생계를 책임지고자 하는 남성노동자들의 의지는 파업을 시도하는 것으로 혹은 굶주리는 가족을 위해서 '파업방해자'가 되는 것까지 마다하지 않는 것으로 나타난다. 이 작품에서 남성노동자의 부양자로서의 책임감과 이로 인한 희생을 가장 처절하게 보여주는 장면은 바로 파업노동자의 공격으로 눈까지 멀게 된 남성 파업방해자에 관한 묘사이다. 가족을 위해서 일하다 변을 당한 이 남성노동자의 절규는 차티스

---

32) Rose, *Limited*, p. 62.
33) Gaskell, *Mary Barton*, p. 188.

트들의 가족부양임금에 대한 주장을 남성의 눈물로 호소한다는 점에서 감동적으로 묘사된다. "메리, 메리, 나는 다시는 너를 보지 못하겠지? 메리, 내 사랑, 그들은 내가 당신과 우리 아이를 위해서 일했다고 해서 내 눈을 멀게 만들었어. 오 메리, 메리!"[34]

그러나 가정을 부양하느라 자신을 희생한 이 남성노동자에 대한 감상적인 재현은 당대 현실을 비추어 볼 때 이율배반적으로 보인다. 남성 차티스트들이, 런던 양복사들의 파업에서 파업파괴자였던 여성노동자들을 공격하고 그들의 물건을 빼앗은 것이 노동자 전체의 대의를 위한 것이었다고 정당화하였다면, 이 텍스트는 '남성'이 파업파괴자가 되자 남성에 의한 가족부양임금으로 초점을 바꾼다. 텍스트는, 이 남성노동자가 노동자 전체의 대의를 거슬린 파업파괴자라는 사실에 대해서 눈 감아주고 그를 가족을 부양하는 비극적 인물로 감동적으로 묘사함으로써 여성파업파괴자에 대해서 남성노동자들이 보였던 적대감과는 사뭇 다른 태도를 보여준다. 그러나 남성에 의한 가족부양임금을 주장하는 남성노동자들은 남성의 부양을 받을 수 없는 수많은 노동계급여성의 현실뿐만 아니라 여성의 기본적인 노동권을 외면하고 있다는 점에서 이들의 주장은 편파적이 아닐 수 없다.

> 나는 남편이 넉 달 동안이나 아파서 그동안 홀로 남편과 세 아이를 부양한 한 여성을 알고 있다. 그 남편은 이제 죽었다. 그리고 만일 남성들이 현재의 악마적 목적을 성공시킨다면, 이러한 정직한 …… 여성과 그녀의 아이들은 굶어죽거나 구빈원에 가야한다. 이것은 유사한 수백 사례 중 단지 하나에 불과하다.[35]

가족의 생계를 위해서 파업방해자로 일했던 '여성노동자'를 공격했던

---

34) *Ibid*, p. 189.
35) Taylor, "The Men," p. 25.

남성노동자들이, 비록 남성파업방해노동자에게도 공격을 하였지만, 같은 이유로 파업방해자가 된 '남성노동자'에게는 동정적인 태도를 보였다는 사실은 남성노동자들의 성적 편견을 여실히 보여주고 있다. 따라서 가족 혹은 최소한 자신의 생계를 위해서 일할 수밖에 없었던 여성들의 노동을 계급의 이익을 해치는 것이라고 주장하였던 텍스트의 담론은, 여성의 노동이 보다 정확하게는 가족전체의 이익이 아니라 남성노동자의 이익과 배치된다는 점을 말해주고 있는 셈이다.

3. 온정주의적 남성상과 아내구타

남성노동자의 남성성을 옹호하는 텍스트의 특징 중 하나는 남성노동자를 가족의 부양자로서 뿐만 아니라 가사를 돕고 가족과 이웃을 돌보는 인물로 묘사한다는 점이다. 『메리 바튼』에서도 남성의 돌보기 개념은 아내와 아이를 돌보는 자상한 남성상뿐만 아니라 불쌍한 이웃들을 보살피는 위대한 남성노동자의 이미지를 강조하였다. 노조의 적극적 일원으로 활동하다가 직장을 잃은 존은 딸이 벌어다 준 돈으로 생계를 유지해야 했지만, 노조에서 제공하고자 한 생활보조비마저 자기보다 더 어려운 노동자에게 양보하는 이타적인 남성으로 묘사된다.

　한번은 그가 하루종일 굶고 나서 험상궂은 표정으로 면도도 하지 않고 멍하게 불가에 앉아있을 때, [메리가] 그에게 왜 마을에서 주는 보조금을 받지 않았는지를 물었다. 그는 몸을 돌려서 무섭게 분노하며 말하였다. '나는 돈을 원치 않아, 얘야! 제기랄 그들의 자선과 그들의 돈이라니! 나는 일을 원하고 그것이 나의 권리야. 나는 일을 원해.'

　그는 이 모든 것을 견뎌낼 것이라고 혼잣말로 말하였다. 그리고 그는 그것을 견뎌냈지만 온건하게는 아니었다. 그것은 기대할 수 없는 것이었다. …… 그에게 친절한 사람은 거의 없었다. 그러나 그 모든 것에도 불구하고 그는 굳은 결심으로 노조가 그에게 제공하려한 원조를 거부하였다. [노조는] 많은 돈을 주는 것은 아니었지만, 부양할 대가족을 가진 적극적이지 않은 사람들을 돕는 것보다는 적극적이고 유용한 일원을 돕는 것이 더 낫다고 세속적 지혜로 생각하였다. 존은 그렇게 생각하지 않았다. 그에게는 급한 사람을 돕는 것이 옳은 것이었다.

　'그것을 톰 더비셔에게 주시오' 그는 말하였다. '그는 아이가 7명이나 있는 사람이니 나보다 그것을 더 많이 필요로 하는 사람이오.'[36]

　존은, 가족부양자로서의 의무를 이행하지 못한 상태에서도 남성은 끊임없이 [누군가를] 보살핌으로써 위대한 남성성을 발휘해야 한다는 강박관념을 가지고 있으며 이로 인해 딸 메리의 끝없는 희생과 인내를 요구하는 이중성을 보인다. 메리는 아버지를 부양하기 위해서 일을 하지만 그녀가 받는 임금은 집세를 내면 남는 것이 없을 정도로 저임금이다. 메리는 다음 날 아버지의 식사비로 지불할 몇 펜스를 더 벌기 위해서 밤새도록 일하지만, 아버지는 딸이 고생하는 것보다 다른 사람의 어려움에 더 관심을 보이는 '위대한' 공인의 특성을 보인다. 가난한 데이븐포트의 집을 방문한 조지(George Wilson)와 존을 통해서 주장한 돌보는 남성노동자의 이미지는, 자기 가족뿐만 아니라 어려운 이웃까지

---

36) Gaskell, *Mary Barton*, pp. 115-116.

챙길 줄 아는 온정주의적 남성상이다. 그러나 이 텍스트에서 주목해야 할 것은, 굶주리는 상황에서도 노조보조금을 양보하는 존의 위대성은 딸의 희생을 담보로 한다는 점이며 이것에 대해서 텍스트는 침묵한다는 사실이다.

노동계급여성들이 이웃과의 연대를 통해서 가난과 병을 극복해왔던 것이 현실이었다면, 가난한 이웃을 돌보는 남성노동자상은 매우 낯선 이미지이다. 노동계급여성들에게는 이웃끼리 돈을 빌리거나, 아이를 낳거나 병이 들었을 때 간호를 하는 등 상부상조하면서 어려운 시기를 극복하던 전통이 있었다. 『메리 바튼』에서 볼 수 있는 이웃여성들에 대한 앨리스의 봉사가 바로 그 예이다.37) 이웃여성들간의 상호 원조라는 노동계급여성들의 영역을 모방한 위대한 남성상 만들기는, 노동계급 전체의 복지를 책임지는 남성노동자상을 각인시킴으로써 차티스트들의 가정이데올로기를 미화시키는데 공헌하고 있다는 점에서 주목된다.

남성노동자들의 가정이데올로기의 전유는 남성부양자개념의 정립을 통해 남성노동권을 독점하는 것을 목표로 하였으며, 이러한 남성부양자개념은 온정주의적 남성상을 통해서 강조되었다. 『메리 바튼』에서 가장 눈에 띄는 온정주의적 남성노동자의 특징은, 소설 시작에서부터 등장하는, 아기를 돌보고 가족을 보살피는 부성적 돌보기이다. 첫 장에서 아이돌보기는 어머니뿐만 아니라 아버지에 의해서도 이루어지며, 이것은 그 장의 명구(epigraph)를 통해서도 강조된다.

---

37) 이웃을 기반으로 하는 자선 교환은 여성들에 의해서 주로 조직되었는데 이들 여성들의 우정과 대화의 네트워크는 암묵적으로 상호 원조의 필요성을 받아들였기 때문에 이들을 사회적으로 뿐만 아니라 물질적으로 결속시켰다. 이웃들은 아프거나 버림당하거나 실업의 시기에 서로를 지탱해주었으며 병, 노년, 그리고 출산시 서로의 부양에 기여하였다. 실업자가 된 한 생선상사의 가족은 이런 식으로 9주를 생존하였다. Ross, p. 587.

저기 리차드가 그의 아이를 안고 온다.
　그리고 메리는 어린 제인을 안고 있다.
그리고 그들은 다정스럽게 거닐고 있다.
　숲과 찔레 길을 따라서[38]

『메리 바튼』에 등장하는 남성들은 참으로 자상하다. 존과 조지는 가족을 데리고 산보하며, 조지는 "아이를 부드럽게 팔에 안고" 연약한 아내의 아이돌보기를 돕는다. 어려서 고아가 된 마가렛을 런던에서 데리고 온 사람은 친할아버지와 외할아버지이며, 어린 그녀를 이제까지 키운 사람 역시 외할아버지인 욥 리(Job Legh)이다. 존은 윌슨가족을 초대하고 식사준비를 하는 아내를 도와서 사야 될 물건들을 함께 챙긴다. 이쯤 되면 이 노동계급 가정에서는, 남편이 임금을 벌어옴에도 불구하고, 가정 내의 노동분리가 깨어진 듯하다.

그러나 가족의 생계를 책임지는 남성이 가족까지 보살핀다는 『메리 바튼』에 나타난 돌보는 남성성이란 개념은, 영역분리에 기초하고 있는 가정이데올로기와 본질적으로 양립할 수 없다. 이것은 당시 급진적인 페미니즘으로 간주되었던 오웬주의페미니즘에서 찾아볼 수 있었던 것보다도 진보된 개념이다. 오웬주의페미니스트들은 가족과 성적관계를 재조직해야 된다는 것을 강조하고, 기존의 가족구조와 거기서 구현되는 성적위계질서를 새로운 사회공동체들의 구성으로 대체할 필요성을 주장하였다. 그러나 오웬주의페미니즘은 공동화된 가사노동의 책임을 여전히 공동체의 여성들에게 전가시켰다는 점에서 당대의 성적 편견이라는 한계를 벗어나지 못했다. 노동의 성적분리에 대해서 공격한 실질적인 인습타파론자들 역시 가사를 담당할 적절한 대체자로 남성보다는

---

38) Gaskell, *Mary Barton*, p. 5.

연약한 아이들을 제시하였다는 점에서 당대에 성에 의한 영역분리를 거부한다는 것은 혁명적인 개념이었다.[39] 따라서 19세기 노동계급 가정에 관한 많은 증언에서 남편이 '아내의 일'을 거든다는 것을 남성적이지 못한 일로 간주하고 있었다는 점은 놀라운 사실이 아니다. 남성들은 가사로 시끄러운 가정을 빠져나가서 술집에서 시간을 보냈으며 여성들은 가정 일을 혼자 감당해야 했다. 이러한 관행은 임금노동과 가사 의무를 병행해야 했던 여성노동자들에게도 해당되는 것이었다. 토나의 소설에서 부모가 모두 임금노동을 하였던 조셉 코벳(Joseph Corbett)의 회고는 노동계급여성의 각박했던 현실을 보여준다.

> 가족이 늘어남에 따라서 편안함 같은 것은 완전히 사라졌다. 나는 내 아버지의 지붕 밑에서 한 순간의 행복도 찾아볼 수 없었다. …… 그는 폭음을 하였고 그의 폭음은 [어머니]를 궁핍하게 만들었다. 그녀는 가게 일을 하지 않으려고 애를 썼지만, 금전적 곤궁으로 말미암아 다시 가게에 나갈 수밖에 없었다. 나의 가족은 대가족이었고, 집에서 [그녀는] 매우 바빴다. 나는 그녀가 힘든 하루 일을 마치고 돌아와서도 며칠을 계속해서 빨래를 하고 옷을 수선하며 밤을 새우는 것을 보았다. 나의 아버지는 여기서 어떤 편안함도 가질 수 없었다. 잘 정돈된 가정에서는(알뜰하고 관리가 잘 되어 있는 노동자의 집에서도) 가사로 인해 남편이 불편해지지 않았던 반면, [나의 집에서 행해졌던] 가사는 나의 아버지를 성가시게 만들었다. 그는 무지하고 잘못된 생각으로 인해서 술집에서 편안함을 찾았다.[40]

여성의 고용을 반대하는 주장들이 공통적으로 강조하고 있는 것은 남편들이 집 밖에서 일하고 돌아온 후 여성들은 남성에게 편안한 휴식

---

39) Taylor, "The Men," p. 13.
40) Tonna, *Wrongs* II, p. 441.

처를 제공하여야 한다는 것이다. 이것은 여성노동자들이 가정 밖에서 임금노동을 마친 경우에도 예외가 될 수 없다. 영역분리에 대한 이와 같은 노동계급의 현실을 고려해 볼 때, 서리지가 『메리 바튼』에서 언급한 남성노동자의 가족돌보기는 가정적 영역을 여성의 의무로 규정하고 있는 가정이데올로기와는 배치된다. 여성이 생물학적 생산자에서 아이 양육자로 규정됨으로써 공적영역에서 배제되고 사적영역을 담당하게 되었다는 역사를 돌이켜볼 때, 그리고 무엇보다도 당대의 분리영역이데올로기를 고려할 때, 서리지가 언급하고 있는 생계부양자이자 가족돌보기를 하는 남성이란 현실적으로 불가능하다. 따라서 이 텍스트에서 묘사된 남성노동자에 의한 아이돌보기를 "노동계급남성의 여성화"(feminisation)라고 본 스톤맨[41]은 가정이데올로기의 개념을 제대로 이해하였다고 보이지만, 이러한 해석 역시 노동계급남성이 가사에 무관심하였다는 역사적 현실을 외면하고 있다.

노동계급가정에서 가사노동을 담당하던 주체는 단지 성인여성들만은 아니었다. 대부분의 노동계급가정에서 소녀들은 가사를 도와야 했지만 남자형제들은 여기서 제외되었다. 1870년대 더비셔(Derbyshire)의 가난한 농부의 딸인 해나 미첼(Hannah Mitchell)은 자신이 8살 때 남자형제의 양말을 포함해서 모든 양말을 기워야했던데 비해서 남자형제들은 카드나 도미노 놀이를 했다고 회상하였다.[42] 가사를 여성이 전담함으로써 기혼 여성노동자들이 임금노동과 가사노동이라는 이중적인 부담을 안았다면, 이것은 또한 아들과 딸의 교육에도 차이를 초래함으로써 미혼 여성들에게는 직업선택을 제한시키는 결과를 가져왔다. 노동계급여성인 레이튼 부인은 자서전에서, 어머니가 빨래하는 월요일이면 언니와 자신은 동생들을 돌보느라고 학교에 가지 못하였던 어린시절을 회

---

41) Patsy Stoneman, *Elizabeth Gaskell* (Bloomington: Indiana UP, 1987), p. 69.
42) Joan Perkin, *Victorian Women* (New York: New York UP, 1995), pp. 19-20.

상한다.[43] 가사를 돕느라고 딸들이 학교에 결석하는 이와 같은 관행은 사회적으로 묵인되는 분위기였다. 많은 직조산업에서 소년·소녀가 그 일의 모든 분야를 배웠지만, 소녀들은 종종 임시직과 가사를 병행하느라 매우 불규칙적인 훈련을 받을 수 밖에 없었으며 이로 인해서 기술을 요하는 직업을 갖는 것이 사실상 구조적으로 통제되었다.[44] "교육받을 기회를 갖지 못했을 뿐만 아니라 좋은 책을 빌려볼 수도, 글을 읽을 시간도 낼 수 없었다"는 레이튼 부인의 고백은, 그녀의 남자형제가 교사가 된 반면 그녀는 하녀로 머물 수밖에 없었던 배경을 설명해준다.

> 노동계급의 딸들은 버려진 자식으로, 남자형제들을 존중해 주기 위해서 존재하였으며 가사, 아이돌보기 등을 하였다. 딸들은 기술직을 위한 훈련을 받지 못하였으며, 이러한 상황에서 부모의 전제에서 탈출하기 위해서 사랑없이도 결혼하였다.[45]

돌보는 남성상의 비현실성은, 강한 경제적 상호의존에도 불구하고 노동계급 남녀가 매우 엄격한 영역분리에 의해 그들의 책임이 규정되는 분리된 세계에서 살았다는 점을 통해서도 드러난다. 한편으로는 아내와 아이 사이에, 다른 한편으로는 아내와 남편 사이에 존재한 균열은 [결혼생활의] 정상적인 부분으로 받아들여졌다. 런던의 노동계급의 결혼생활은 특히 이웃이나 친척과 같은 부부 외의 집단에 의해서 제공된 동료애와 물질적 도움에 의해서 유지되었다. 상품, 서비스, 우정, 나아가서 가게, 술집, 출입구, 거리와 같은 공간은 배우자가 아니라 같은 성의 구성원들과 공유되었다.[46] 이처럼 성에 의해서 분리된 노동계급의 문화는 도제제를 통해서 배타적인 남성우애집단을 형성했던 장인문화에

---

43) Davies, p. 4.
44) Berg, p. 158.
45) Benenson, p. 4.
46) Ross, p. 5/8.

서 잘 드러났으며, 노동계급 남녀 사이에 나타나는 성적 긴장은 직업의 경계를 가로질러 나타났다. 남성들은 자기 집에서 지배자가 되기를 원했고 자신들의 동료에게서 위안을 추구하였으며, 여성들은 남편들이 술집에서 쓰는 돈과 시간에 분노하였다.[47] 노동계급운동을 주도한 차티스트 역시 거의 남성들이었으며 여성구성원에 대해서는 배타적이었다. 이러한 노동계급 내에서의 남녀분리 현상은 '술집과 노동조합에서 남성의 문화를 누리는 남성들'과 '가정에서 아이돌보기와 살림에 시달리는 여성들'을 낳음으로써 성에 의해서 분리된 이질적 문화를 형성하였다.

『메리 바튼』과 『시빌』에 나타난 노동계급가정의 남녀 역시 성적으로 분리된 공간 속에서 살아간다. 남성노동자는 노동계급의 대의를 위해서 노조에서 시간을 보내는 반면 여성은 임금노동을 하는 경우를 제외하고는 가정이라는 사적인 영역에 머문다. 이러한 영역분리는 노동계급여성이 노동계급투쟁을 이해할 수 없을 정도로 무지하며 사적인 영역에나 알맞는 존재라는 전제가 깔려 있다.

> 이 모든 것에도 불구하고 메리는 아버지의 온 정신을 사로잡기 시작한 문제에 대해 아버지와 같은 확신을 가질 수 없었다. 그녀는 그가 단체에 가입하였고 노조의 적극적 일원이 되었다는 것을 알고 있었지만, 메리 나이의 소녀가 (어머니가 돌아가신 지 2-3년이 지나서조차도) 고용주와 피고용인의 차이에 크게 관심을 가져야 되는 것 같지는 않았다.[48]

눈물로써 남성의 대의를 흔들어 놓으려는 시빌을 꾸짖지만 여전히 여성의 나약함을 사랑한다는 남성노동자의 논리 역시, 나약하고 사적인

---

47) Anna Clark, p. 41.
48) Gaskell, *Mary Barton*, p. 23.

여성성을 강인하고 공적인 남성성과 대조시키고자 하는 의도와 함께, 이러한 대조를 위해서 역설적으로 여성의 나약을 요구(사랑)하는 남성들의 이율배반성이 도사리고 있다.

> 시빌은 조용하게 그에게 다가갔다. 그녀는 마치 그에게 작별하듯이 그의 손을 잡았다. 그녀는 잠시 그 손을 잡고 진지하고도 부드러운 시선으로 그의 얼굴을 물끄러미 바라보았다. 그리고 그녀의 팔을 그의 목에 감고 그녀의 볼을 그의 가슴에 기대고 속삭였다. '오! 아버지, 당신의 딸은 가장 불행해요.'
> '시빌,' 그는 애정어린 비난의 어조로 말하였다. '이것은 여자같은 나약함(womanish weakness)이야. 나는 그것을 사랑하지만 공유해서는 안 돼.'[49)]

차티스트들이 전유한 가정이데올로기는 가족을 부양하고 보호하는 부양자로서의 남성상과 연약하고 보호를 필요로 하는 여성상에 기초한다. 여성은 노동시장에서 접하게 될 수 있는 도덕적 타락과 거친 노동의 세계로부터 보호받아야 하며 바로 이 여성을 보호하는 자는 이들의 남편과 아버지라는 것이다. 그러나 이와 같은 노동계급 남성상은 노동계급남성들에 의해 흔히 자행되었던 아내(여성)구타 문제 앞에서 설득력을 상실한다. 아내구타자에 관한 자료(표 5 참조)는 당시 차티스트들이 주장한 경제적 의미에서의 돌보는 남성상뿐만 아니라 육체적 의미에서의 돌보는 남성성이 노동계급 가정의 현실과 얼마나 거리를 가지고 있었는지를 보여준다.

그렇다면, 아내구타가 '노동계급'의 문제로 제기되는 이유는 무엇일까? 이것은 흔히 생각할 수 있듯이 남녀 노동자의 경제적 권력관계의 표현으로 볼 수 있을까? 또한 차티스트들의 가정이데올로기가 내세우

---

49) Disraeli, p. 254.

┃표 5┃ 아내구타로 기소된 남성의 직업, 랭캐스터 카운티, 1799-1834[50]

	1799-1820 (수 = 110)	1821-1834 (수 = 85)	점유인구, 1831 (수 = 313,097)
전문직/신사	2.7%	1.0%	5.6%
소매업	10.6	10.8	12.5
기술직	28.6	22.3	15.0
생산직	28.8	24.7	31.1
직조인	(16.2)	(20.0)	[30-80?]
노동자	15.6	29.4	26.7
농부/소작인/기타 농업인	8.3	4.7	5.2
기타	5.4%	7.1%	3.9%

는 남성성과 아내구타는 어떤 관계를 가지고 있는 것일까? 아내구타자의 직업 비율에 관한 연구에 의하면, 구두제조공은 전체 인구의 2.9%에 해당하는 반면 구타자의 6.2%를 차지함으로써 아내구타 비율이 가장 높은 직종이었다. 반면 남녀노동자의 협력이 요구되는 직조노동자,[51] 특히 수직기 직조공의 경우 구타율이 인구비율보다 적었다. 이러한 자료를 통해서 알 수 있는 것은, 비록 일부 예외를 인정하더라도, 성적으로 협동하는 직조산업의 문화는 여성에 대한 폭력을 줄인다는 사실이다. 그러나 여성의 경제적 능력이 아내구타를 막을 수 있으리라고 보는 것은 당대의 서민생활을 살펴볼 때 지나친 경제학적 접근이다.

---

50) Anna Clark, p. 77.
51) 면직산업에서 노동의 성적분리의 기원과 변화는 산업혁명 역사의 주요 관심사 중의 하나였다. 직물업이 급속히 성장함에 따라서 고용주들은 견습을 받지 못한 직조공을 고용하기 시작하였으며, 수직기 직공과 다른 남성직물노동자들은, 견습받은 장인들과는 달리, 여성의 노동이 초기산업의 가족경제에 중요하다는 것을 수용하였다. *Ibid,* p. 6.

비록 양성간에 협력하는 문화로 인해서 직조노동자들의 아내구타율이 다른 직종에 비해서 적었던 것도 사실이지만, 가족부양을 거부하고 아내임금으로 사는 남편이 아내를 구타하는 사례들[52]은 여성의 경제적 능력이 부부의 권력역학에서 절대적인 역할을 하고 있지는 않다는 것을 말해준다.

톰스(Nancy Tomes) 역시 아내구타의 문제를 가정 내에서 여성의 지위와 여성의 경제적 지위 하락과의 관계에서 고려하는 기존 견해에 이의를 제기한다. 산업화와 도시화로 19세기 노동계급여성의 가정 내 위치가 하락하였다는 관점에 따르면, 전통적인 가족에서 노동계급여성은 비현금적인 많은 경제활동을 통해서 가정경제에 공헌하였고 '노동하는 배우자'로서 가정 내에서 상당한 권력을 누렸다. 그러나 산업화와 도시화로 인해서 고용의 기회가 제공되지 않은 노동계급여성들은 점차 남성부양자에게 의존하게 되었으며 남성에게 경제적으로 의존하게 됨으로써 노동계급여성의 운명은 일반적으로 악화되었다는 것이다.[53] 이에 대해서 톰스는 남성부양자에게 의존하게 되는 것이 필연적으로 남성에 의한 여성의 취급을 악화시킨다는 이와 같은 전제는 재고되어야 한다고 말한다.

> 남녀 사이의 육체적 갈등은 여성에 대한 남성의 완전한 지배보다는 남성들의 불안정한 상황을 말해준다. 남성 역할의 불안정성과 폭력과의 관계는, '아내구타'와 '아내에 대한 자신들의 우월성을 유지하는데 있어서 남성들이 느끼는 긴장이나 좌절' 사이의 높은 상관관계를 드러낸다.[54]

---

52) *Ibid*, p. 78.
53) Nancy Tomes, "A 'Torrent of Abuse': Crimes of Violence between Working-Class Men and Women in London, 1840-1875," *Journal of Social History* 11. 3 (1978), p. 328.
54) *Ibid*, p. 338.

톰스의 주장을 이해하기 위해서는 구타의 문제에 나타나는 주요한 특징들을 살펴볼 필요가 있다. 우선 구타는 돈을 둘러싼 문제로 인해서 야기되는 경우가 많다는 점이다. 한 아내는 남편이 주당 20실링을 벌지만 살림에 7실링만을 주면서 자기가 음식을 준비하지 못했을 경우에 구타를 하였다고 말했다.[55] 한 지역 간호사는 매주 토요일 오후와 일요일에 집중된 부부싸움에 대해서 다음과 같이 증언하였다.

> 임금이 지급되는 토요일 오후부터 월요일 아침까지 법정은 종종 전쟁과 피흘리는 장소가 되었으며 일요일은 불행한 날이었다. …… 내가 그 통로를 지나갈 때면, 두 번째 아치길의 모습은 끔찍하였다. ─남자는 법정근처에서 축구공처럼 아내를 발로 차고, 여자는 야생호랑이처럼 싸웠다! 나는 눈을 푸른 하늘에 고정시키고 머리를 들고 격노하는 바다를 통과하여 나의 길을 갔다.[56]

남녀 간에 폭력을 부르는 또 다른 이유는, 아내의 잔소리, 비웃음, 모욕이 남편을 화나게 한다는 것이다.[57] 조지 에이콘(George Acorn)은 그의 자서전에서 그의 부모가 규칙적으로 토요일 오후에 싸움을 하였다고 고백한다. 그의 어머니는 남편이 돈을 어디에 썼는지에 대해서 "날카로운 질문과 조소"를 하였으며 그리고 나서 "그들은 서로 마루에서 뒹굴며 야수처럼 할퀴고 때리면서 싸웠고 그 소란에 여주인이 올라와서 그들을 떼어놓을 때에야 싸움을 그치곤 하였다."[58]

---

55) *Ibid*, p. 331.

56) Ross, p. 582.

57) 아내에 대한 남편의 조롱 역시 아내의 폭력을 불렀다. 윌리엄 히바드(William Hibbard)는 임시 고용직에서 일하였는데 아내를 조롱하고 정기적으로 아내를 구타한 잔인한 남편이었다. 그가 9실링의 임금에서 1실링만을 그녀에게 주고 그녀를 경멸적으로 대하였을 때, 그녀는 더 이상 참을 수 없었고 그가 술집에서 나오자 거리에서 그를 찔러 죽였다. Ross, p. 582.

구타문제에서 나타나는 이러한 특징들을 종합하면, 남편의 저임금으로 여성들이 가정경영에 어려움을 겪게 되면서 남성에게 조롱이나 모욕을 가하며, 이로 인한 남성권위의 상실은 '폭력으로 왜곡된 남성성'의 주장으로 발전되었다고 볼 수 있다. 차티스트들의 '남성성'이 숨기고 있는 이 이중성은 "새로운 결혼의 이상이 기사도라는 포장 속에 여전히 폭력의 씨앗을 포함하고 있다"는 점을 말해준다. "나는 정말 결혼하고 싶어요"(I Should Dearly Like to Marry)라는 노래는 이상적 아내의 조건으로 "사랑스럽고, 인내심 있고, 요리 잘하는 좋은 엄마" 외에도 구타를 해도 잘 참는 미덕을 꼽고 있다.59) 따라서 아내폭행이라는 노동계급의 현실은 아내의 열등한 경제적 위치에서 비롯되는 남녀 간의 불균등한 권력관계를 반영한다고 볼 수도 있지만 이것보다는 남성성이 위협당하는 노동계급의 불안정한 현실을 말해준다고 할 수 있다. 가난에 시달린 노동계급의 아내들이 "사나운 말을 하는 어머니"(bitter-tongued mothers)가 되었을 때 남성들 역시 "극단적인 아버지"(desperate fathers)60)가 되었던 것이다. 『시빌』에서 벌어지는 노동계급 부부의 말다툼도 가족을 먹여 살릴 수 없는 무능한 남편에 대한 아내의 비난에서 비롯된다.

> '그러면 어떻게 우리가 음식을 얻지요?' 그의 아내가 물었다. '당신은 그 애가 우리를 떠나지 못하게 했어야 했어요. 당신은 아무것도 하지 않았어요, 워너. 당신은 당신 스스로 임금을 벌지 못하였고 딸까지 도망가도록 방치하였어요.'
> '당신이 다시 그 얘기를 한다면 나도 도망가겠소' 그 직조공은 말하였다. '나는 토요일 저녁까지 가져가야 할 이 천을 완성하기 위해서 3시간 동안 일하고 있소.'

---

58) George Acorn(pseud.), *One of the Multitude: An Autobiography by a Resident of Bethnal Green* (London: William Heinemann, 1911), p. 2.
59) Anna Clark, pp. 261-262.
60) Gaskell, *Mary Barton*, p. 58.

'그러나 당신은 그것에 대한 임금을 이미 받았잖아요. 당신은 그 일에 대해서 받을 것이 없잖아요. 1시간에 1페니라니! 시간당 1페니 받는 일은 어떤 종류의 일이지요?

'당신이 종종 감탄하였던 일이요, 메리, 그리고 이전에는 상당한 것을 가져다주었던 것이지. 그러나 당신이 이 일을 좋아하지 않는다면,' 하고 그 남자는 그의 직조기에서 일어나면서 말하였다. '이 일은 하지 말지. 이 천 덕분에 우리가 굶주림을 해결한 것으로 충분할테니. 그러나 어쨌든, 우리는 조만간 굶게 될 거야. 당장 [굶는 것을] 시작하자고.'

'아니어요. 안돼요, 필립! 일하세요. 무슨 일이 있어도 우리가 굶지 않도록 해 주세요.

……

'나는 당신을 조롱하지 않겠어요'라고 그의 아내는 보다 친절한 어조로 말하였다.[61]

남편의 경제적 무능력을 공격하는 아내의 조롱은 남성부양자를 자처하는 남성노동자들의 자존심을 상하게 하는 일이었다. 노동계급남성들은 아내를 집 밖에서 일하게 한다는 것에 대해서 부끄럽게 생각하였으며,[62] 특히 자신의 피부양자인 아내로부터 조롱을 받는 경우 아내구타를 함으로써 역설적으로 남성성을 발휘하고자 하였다. 그러나 당대의 이러한 노동계급가정의 현실과 달리, 소설 『시빌』에서 아내의 조롱은 '관대한' 남편 덕분에 구타로 연결되고 있지는 않다. 필립의 아내 역시 너그러운 남편에 기대고 순종하는 피부양자의 역할을 떠맡음으로써 이들 부부는 가정이데올로기가 추구하는 남녀상을 재정립하고 있다.

---

61) Disraeli, p. 101.
62) 노동계급남성들은 아내를 집안에 머물게 할 수 있다는 것에 자부심을 가졌으며(Roberts, p. 138), 아내의 임금노동이 남성의 경제적 무능력을 의미하게 됨에 따라서, 인구조사에서 임금노동 하는 아내를 가진 남편들은 아내 직업란을 공란으로 남기는 경향이 있었다. Rose, *Limited*, p. 81.

『메리 바튼』에 등장하는 남성노동자들도 차티스트들의 이상적 남성상인 관대한 남성가장을 재현하기는 마찬가지다. 제인의 회상에서는 자신을 돌봐주고 너그러웠던 남편에 대한 존경심이 담겨있다.[63] 아내가 가정의 영역에서 가사일을 제대로 해 내지 못했음에도 불구하고 아내를 너그럽게 용서하는 조지는 죽은 후까지도 아내의 칭송을 받는 관대한 가장으로 기억된다. "그는 정말로 훌륭한 남편이었다. …… 내가 그에게서 잃은 것이 무엇인지를 아무도 모를 것이다. 왜냐하면, 나처럼 그의 가치를 아는 사람은 아무도 없다."[64] 그러나 현실 속에서 노동계급여성은 이런 이상적 노동계급남성을 만나기가 어려웠던 것 같다. 제인처럼 식사준비를 제때에 하지 못한 한 차륜제조공의 아내는, 제인과는 달리, "남편이 집에 왔을 때 식사를 준비하지 않았다는 그 이유만으로"[65] 남편에게 구타당해야 했다.

아내구타는 19세기 초 서민들의 일상사였으며 엄지손가락보다 크지 않은 막대기로 아내를 구타할 수 있다는 내용을 담은 당시의 한 민요는 노동계급이 아내구타를 매우 흔하게, 그리고 자연스럽게 받아들이고 있다는 것을 말해주고 있다.[66] 이것은 1853년까지도 사법 당국이 아내

---

63) Gaskell, *Mary Barton*, pp. 120-121.
64) *Ibid*, p. 119.
65) Tomes, p. 331.
66) Anna Clark, p. 73. 아내구타는 이웃에서 흔히 접하는 일상적인 일이었으며 이웃들은 부부 간의 폭력이 생명을 위협하는 것처럼 보이지 않는 한 개입하지 않았다. 노동계급 공동체는 아내구타를 통제하는 가장 간접적인 방식을 선호하였던 것이다. 아내가 남편의 화를 돋구면 "남편은 아내를 구타할 권리"를 가지고 있다는 것이 이웃들의 기본적인 믿음이었으며, 공동체는 아내구타를 어느 정도까지 허용하였다. 그러나 지나친 폭력에 도달했다고 생각되는 경우에는 경찰을 불렀다. 공동체가 경찰을 부르는 것은 남편이 아내를 구타하기 때문이 아니라 그가 아내를 살해하려 한다고 생각될 때였다. Tomes, p. 336.

구타가 합법적인 교정인지 형법적 폭행인지에 대해서 모호하게 대처하였다는 점에서도 잘 드러난다. 아내구타보다 딸구타에 더 심한 벌을 내리는 판사의 판결[67]은 지배계급 역시 아내를 경시하는 노동계급의 문화를 묵인하고 있음을 보여준다. 1860년대에 성 가일즈거리의 커다란 전당포에는 주말마다 많은 노동계급여성들이 남편 몰래 전당을 잡히는 일이 성행하였는데 이를 들킬 경우 여성들은 남편으로부터 구타를 당하곤 했다. 한 전당포 견습생의 다음과 같은 회상은 아내구타가 노동계급여성들에게 얼마나 평범한 경험이었는지를 보여준다.

> 그 토요일 저녁에는 몇 년 동안 알려졌던 것보다 더 많은 사건이 경찰서에 보고되었는데, 월요일 아침이 되어, 만일 당신이 길거리를 걷고 있었다면, 여성들 사이에 눈을 검게 만들고[멍들게 하고] 얼굴에 반창고를 멋들어지게 붙이는 것이 유행이라고 생각했을 것이다.[68]

차티스트들은 가정이데올로기를 전유하면서 남편은 '사랑을 가지고 지배'할 것을 약속하였다. 그러나 남성 지배를 전제로 하는 가정이데올로기는, 임금노동으로 독립의식을 얻은 아내와 갈등을 일으킴으로써 아내구타는 노동계급의 일상사가 되었다. '가부장적 동료관계'라는 노동계급 부부의 이상적 관계는 동등한 관계를 표방했지만 이들의 현실은 사실상 가부장적 가족의 틀 속에 여전히 놓여있었다. 아내들의 충고는 가부장적 권위를 손상시키지 않는 한에서만 용납되었으며, 잔소리 심한 아내는 구타를 초래하였다. 아내의 입을 꿰매는 구두제조공의 모습은 당시 아내구타에 대한 노동계급 일반의 인식을 반영하고 있다(그림 4 참조). 아내의 입을 꿰매는 구두장이의 모습은 아내의 말할 권리를 부정하고, 아내가 남편의 종속자라는 가부장적 이데올로기를 강조한다.

---

67) Anna Clark, p. 73.
68) Ross, p. 591.

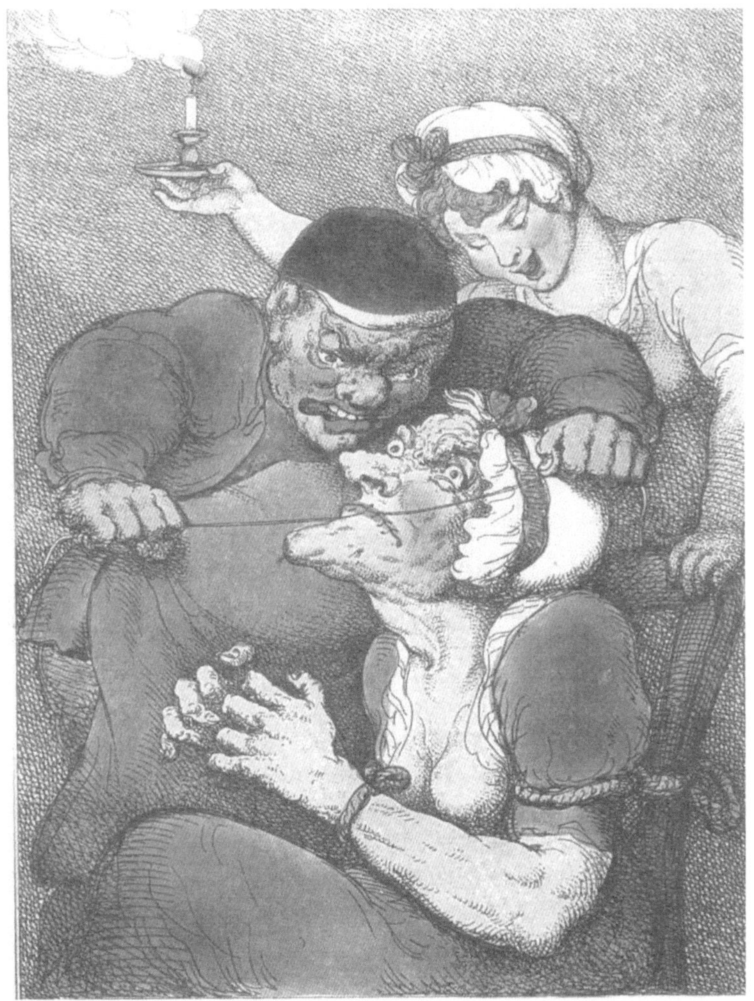

│그림 4│ 잔소리꾼 아내를 치료하는 구두수선공[69]

또한 이 그림을 보는 사람에게 기대하는 반응이 놀람이나 분노 혹은
개선에의 의지라기보다는 웃음이라는 점에서 아내폭행은 일반적 삶으
로 받아들여지고 있음을 암시한다.

---

69) Anna Clark, p. 72.

아내폭행은 노동계급여성의 가정내 위상을 보다 구체적으로 말해주고 있으며, 구타에 대한 아내들의 반응 역시 노동계급부부의 권력관계를 설명해준다. 톰스에 따르면, 남편의 구타에 일부 아내들은 부상을 감내하였지만 다른 아내들은 포크와 나이프를 가지고 격렬하게 자신을 방어하였다. 그러나 대부분의 아내들은 육체적으로 열세하였기 때문에 남편에게 굴복할 수밖에 없었다. 간혹 남편을 폭행죄로 고소하는 경우도 있었지만 이것 역시 죽음이나 복수를 각오해야 했다는 점에서 일반적인 해결책이 될 수 없었다.[70] 남편의 구타로 인해 죽음을 맞게 된 한 여성은 "자신이 남편을 화나게 해왔기 때문에 자신은 남편에게 어떤 해가 되는 것을 원치 않는다"고 말하였다. 또 다른 여성도 남편에게 해가 되지 않기를 바라며, "나는 당해도 싸요." "내가 그를 먼저 때렸으니까요"라고 구타의 책임을 스스로에게 돌렸다.

여성은 폭력의 원인을 제공하였다고 비난받았는데 이러한 여성들의 인식은 『메리 바튼』의 구타사건에서도 예외가 아니다. 노조에서 제공되는 실업수당마저 거절한 존의 가정은 불기조차 찾아 볼 수 없고 생필품조차 살 돈이 없어 빈곤에 시달린다. 이러한 상황에서 메리와 존은 비록 부부는 아니지만 빈곤한 가정에서 궁핍이 초래하는 전형적인 노동계급 남녀 사이의 갈등을 보여준다.

---

70) 경찰청의 통계와 기록자료들은 노동계급아내들이 남편을 기소하는 것을 꺼려한다는 보편적인 특성을 확인시켜준다. 1850-1854년 사이의 사건 중 약 10%는 여성고소인이 법정에 나타나지 않음으로써 기각되었으며, 이러한 경향은 1875년까지도 사라지지 않았다. 아내가 법정에 나타났다 할지라도 그녀는 남편에 대해서 불리한 증언을 하기를 여전히 거부하였다. 수 년간의 경험을 가진 판사 에드워드 콕스(Edward Cox)는, 증인석의 아내들이 스스로가 치안판사에게 말했던 모든 것을 부정하였다고 증언한다. 만일 부상을 당한 경우 그녀는 "그 부상은 남편에게 맞아서 생긴 것이 아니라 실수로 칼에 베인 것이다. 멍든 눈은 침대 모서리에 부딪쳐서 생긴 것이다"라고 말하였으며, 그 경우 사건은 증거 부족으로 기각되었다. Tomes, p. 333.

만일 그녀의 아버지가 집에 있었다 하더라도 더 나을 것이 없었다. 정말로 그것이 더 문제다. 그는 이전보다 더 말을 하지 않았다. 그리고 종종 그가 말을 할 때 그 말은 그가 그녀에게 과거에는 하지 않았던 날카롭고 화가 난 말이었다. 그리고 한번은 그가 화가 나서 그녀를 구타하였다. 만일 그 때 샐리 리드비터(Sally Leadbitter)나 카슨 씨가 가까이 있었더라면 메리는 영원히 집을 떠나려고 했을 것이다. 아버지가 집을 나가버린 후 그녀는 홀로 앉아서 지나간 일들을 비통하게 생각하고 있었다. 그녀 자신의 성급함에 화가 났으며, 그녀의 아버지가 자신을 사랑하지 않는다고 믿었다. 고통스런 생각들을 하나하나 차곡차곡 쌓아갔다. 그녀를 누가 돌봐줄 수 있는가? 아마도 카슨 씨라면 그럴 수 있을 지도 모른다. 그러나 이런 슬픔에서는 그것도 위안이 되지 않는 것 같았다. 어머니는 돌아가셨다! 아버지는 종종 화를 내고 최근에는 잔인하기까지 했다. (심한 구타를 당한 메리의 부드럽고 하얀 피부는 물집이 생기고 벌겋게 되어 고통스러웠다.) 그리고 나서 그녀는 마음을 바꿔, 얼마나 자기가 화가 나 보였으며 격분해서 말했는지 그리고 얼마나 많이 아버지가 참아야 했는지를 후회하며 돌이켜 보았다. 그리고 이 시련이 있기 전에는 얼마나 그가 친절하고 애정있는 부모였던가. 그의 부성애적 사랑을 보여주는 사소한 예에 대한 기억들이 하나하나 그녀의 마음을 사로잡았고 그녀는 어떻게 자신이 그렇게 그에게 행동할 수 있었는지에 대해서 의아해하기 시작하였다.71)

아버지가 딸을 부양하지 못하는 상황은 피부양자이어야 할 메리를 사실상의 부양자로 바꾸어 놓았으며, 이러한 사실은 가장으로서 존의 자존심을 손상시킨다. 부양자로서의 의무를 다하지 못한 존이 남성성이 손상 당한데 대한 분노와 불안을 느꼈다면 피부양자로 규정된 메리는, 그 후 그녀가 고백하듯이, 아버지의 권위에 대해서 도전하게 된다. 그러나 흥미롭게도 구타를 당한 메리의 반응에서는 구타당한 여성들이

---

71) Gaskell, *Mary Barton*, p. 117.

응당 느끼게 되는 순간적인 분노의 감정과 더불어 가정이데올로기가 규정한 이상적인 여성의 태도를 동시에 발견할 수 있다. 우선, 아버지의 구타에 분노하는 메리에게서 우리는 19세기 노동계급의 일상적 삶에서 흔히 만날 수 있는 여성을 보게 된다. 분노하는 메리는 남편의 폭정에 대해 저항한 수많은 노동계급여성의 목소리를 대변하고 있다.

> 성경은 남편들에게 아내를 사랑하고 존중하도록 명령하였습니다라고 그 늙은 여성은 적었다. "그러나 그러한 가식적 사랑이 얼마나 종종 미움으로 변했는지……" 그리고 애정은 맞비난과 학대로 바뀌었습니다. "가난한 여성은 쓴 잔을 마셔야 하지요! 그리고 만일 그녀가 조금이라도 저항한다면, 그것은 그녀의 목에 쏟아 부어지며, 남편의 주먹질이나, 이가 부러지거나, 남성이 자신의 피보다 열등하다고 생각하는 피를 쏟는 것을 동반합니다. 그는 성의 군주이기 때문에 그는 주인이며 그에게 복종해야 되며……"[72]

그러나 분노하는 메리에 이어 마주치게 되는 것은 자신의 행동을 돌이켜 보며 반성하는 메리의 복종적인 모습이다. 폭행을 훈육의 기능으로 보고 '정상적'인 것으로 간주하는 남성문화는 남편들로 하여금 응징에 대해서 후회를 느끼지 않게 하였던 반면, 아내들로 하여금 자신들이 그것을 자초하였다고 생각하게 만들었다. 메리를 구타한 후 부녀가 다시 만나서 나누는 대화는 바로 훈육하는 남성상과 복종해야 하는 여성상을 확인하는 장이 된다.

> 그때 그가 집으로 돌아왔다. 수치심만 없었더라면, 그녀는 회개하는 말을 하였을 것이다. 그러나 그녀는 감정을 가라앉히려는 노력 때문에 시무룩해 보였다. 그리고 잠시 그녀의 아버지는 무슨 말

---

72) "An English Woman," "To the Editor," *The Pioneer* 1. 32 (April 12, 1834), p. 295. Taylor, "The Men," pp. 21-22에서 재인용.

을 시작할 지를 몰랐다. 마침내 그는 자존심을 삼키며 말했다.

'메리, 나는 너를 때린 것에 대해서 미안하다고 말하는 것을 꺼리진 않는다. 너는 [나를] 좀 약올렸으며, 나도 예전의 내가 아니다. 그러나 그것은 잘못된 것이었으며 나는 다시는 너를 구타하지 않으려고 노력할 것이다.

그리고 그는 팔을 내밀었고 그녀는 눈물을 흘리면서 그녀의 잘못에 대해서 그에게 사과하였다.

여전히, 그는 종종 화를 낸다. 그러나 그것은 침묵보다는 더 나았다.[73]

노동계급여성들이 구타당한 후 스스로를 비난하는 것은 남성을 존경과 복종의 대상으로 여겨서가 아니라 공포와 경제적 의존의 대상으로 보았기 때문이다. "가정이데올로기, 남편에게 의존해야 하는 현실, 보복의 두려움"[74]으로 인해서 1830, 40년대의 아내들은 남편의 구타에 대해서 자신들을 탓하는 경향이 있었다. 구타당한 이후 보이는 메리의 반응은 이러한 당대 여성들의 경향을 반영하고 있다. 구타 후 존은 비록 자신의 행동에 대해서 사과는 하지만 여전히 남성으로서의 자존심을 의식하며 구타 이유를 합리화한다. 존의 손상된 남성성이 요구하는 것은 바로 아무런 변명없이 회개의 눈물을 흘리는 순종적 여성이며 이를 통해서 위기에 처한 남성노동자들의 남성성은 회복될 수 있게 된다.

『메리 바튼』과 『시빌』에 나타난 문학적 재현 속에서 우리가 찾아내야 하는 것은 바로 차티스트들이 주장하는 '남성성'의 담론 속에서 가리워지고 침묵될 수밖에 없는 노동계급여성의 현실이다. 중류층가정의 이데올로기를 표방하는 이러한 텍스트 속의 노동계급가정에는, 굶주리고 구타당하는 여성, 노동시장에서 차별받는 여성들 대신에 구타를 자

---

73) Gaskell, *Mary Barton*, pp. 117-118.
74) Anna Clark, p. 262.

초하였다고 회개하는 여성, 아내와 어머니로서 가정에 머무는 여성, 남편과 아버지를 존경하는 여성이라는 허구적 인물들로 가득차게 된다. 남성노동자들이 전유한 가정이데올로기 속에서 여성은 남성에게 복종을 강요당하며 여성들의 저항은 패배를 피할 수 없다. "아내구타와 같은 노동계급 부부의 문제가 일탈이 아니라 가정적 이상의 결과"[75]였다는 지적은 바로 가정이데올로기가 표방하는 것과 그 이데올로기의 실제적 작용 사이의 괴리를 정확히 말해준다. 이렇게 볼 때 『메리 바튼』을 통해서 "개스켈이 노동계급의 남성성에 관한 당대의 논쟁을 풍부하게 재현"[76]하였다는 서리지의 해석은, 개스켈이 계급의 문제에 주목하는 과정에서 노동계급여성의 문제에 무관심하였고 이들의 존재를 침묵시킴으로써 또 다른 차별논쟁을 야기시키고 있다는 점을 간과하고 있다. 서리지의 『메리 바튼』 읽기는, 노동계급남성의 부권과 남성성을 통해서 그들이 추구하는 가정이데올로기와 차티스트의 대의를 설명해주지만, 여성노동자들이 가부장적 이데올로기에 의해서 공적 영역에서 축출되고 가정 내에서 권익을 박탈당하는 현실을 왜곡시키고 미화한다는 점에서 문제를 안고 있다.

---

75) *Ibid*, p. 263.
76) Surridge, p. 332.

제7장 결 론

19세기 노동계급여성의 문제를 당대 현실과 관련지어 생각할 때 중요한 배경은 계급과 성에 관한 지배이데올로기이다. 산업화시대에 노동계급남성들이 겪었던 권력관계가 중상층과의 계급적 관계였다면, 노동계급여성들은 계급뿐만 아니라 성의 차원에서 권력관계를 경험하여야 했다. 노동계급여성의 문제는 성과 계급에 관한 지배이데올로기에 의해서 이중적인 억압을 겪는 심각한 문제였음에도 불구하고 당대는 물론이고 20세기 초반까지도 타자해방 운동인 계급운동과 여성운동, 그리고 문학적 재현에서조차 배제되어왔던 것이 사실이다. 지배계급에 대항해서 남성들이 벌였던 노동운동이 차티스트들에 의해서 주도되고 막시즘에 의해서 사상적으로 지지된 반면, 여성노동자들의 문제는 조직적으로 이슈화되지 못했다. 차티즘과 막시즘은 노동계급남성의 문제를 중심으로 계급의 문제에 접근함으로써 남성노동자로 대표된 노동계급의 문제는 '성'의 문제를 '계급'의 문제로 덮어버렸다. 그들은 '계급'의 문제가 '성'의 문제에 앞서는 보다 긴박한 문제라고 내세움으로써 전체 노동자의 문제를 남성노동자의 문제로 축소시켰다.

노동계급여성의 문제는 남성노동자의 이해를 중심으로 전개된 계급운동에 의해서 무시되었을 뿐만 아니라 당대에 태동하기 시작한 여성운동에서도 역시 주목받지 못하였다. 산업화를 경험한 남성노동자들이 주체로서 계급의식을 고양하였던 19세기는, 역사 이래로 구조화되어오고 당연하게 받아들여졌던 성차별에 대해서 여성들이 문제의식을 일으켰던 격동의 시대이기도 했다. 여성들은 비록 씌여진 역사 이전에는 모계사회를 구성할 정도로 남성과의 권력관계에서 주체적 역할을 하였지만, 그리스 시대 이래로 계속되어온 가부장제에 의해서 "성적 타자"의 위치를 대물림하여왔다. 당대에 싹튼 페미니즘은 "여성"이 공유해온 이와 같은 위치에 대해서 의문을 제기하고 불변적인 여성종속의 개념에 도전하였다는 점에서 여성역사에서 획기적인 것이었다. 그러나 여성의 주체를 회복하고자 하는 이 운동은 계급적으로 우월한 중·상층여성에 의해서 주도되면서 노동계급여성은 여성운동에서조차 또 다시 소외되었다. 물론, 19세기 자유주의페미니스트들은 노동계급여성을 자매로 규정하고 보다 열등한 위치에 놓여있던 이들에게 경제적·정서적 지원을 하였지만, 근본적으로 계급적 기반이 다른 이들이 동등한 자매로 공동의 목표를 가질 수는 없었다. 중·상층여성들로 이루어진 자유주의페미니스트들에게 있어서 여성의 문제는 계급적으로 우월한 여성들이 갖는 특수계급여성의 문제였다. 이들 페미니스트들은 노동계급여성의 문제를 중상층여성으로 대표되는 "보편적 여성"의 문제로 환원함으로써 "여성들"의 문제를 덮어버렸다. 비록 중상층여성들이 하층계급 여성들에게 보여준 관심은 구역방문과 같은 자선행위, 매춘부들의 인격을 모독한 "전염병법안"의 철폐운동 등으로 표현되었지만, 근본적으로 다른 계급의 여성들이 동반자가 되지는 못했다.

노동계급여성과 중·상층여성은 "여성"이라는 사실로 인해서 가부장제의 희생자가 되었다는 공통점에도 불구하고 이 "여성들"의 삶과 당면한 문제는 다른 계급적 기반 위에서 세분화될 필요가 있었다. 노동계급여성의 계급적 위상은 우선 이들이 중·상층여성과는 다른 삶의 양태를 가진다는 점을 통해서 살펴볼 수 있다. 노동계급여성의 삶을 중·상층여성의 그것과 비교할 때 중요한 차이점은 노동계급여성들은 생계를 위해서 노동하여야 했다는 점이다. 이들 여성들은 주로 착취산업의 노동자로서 대부분 비정규직, 임시직에 한정되어 일하였다. 이들은 여공, 하녀, 양재사 등으로 하루에 14시간 이상을 일하였으며, 심지어 하루에 2-3시간만을 자면서 중노동에 시달렸다는 기록이 남아있다. 노동계급여성들의 각박한 삶은, '적어도 생계노동을 할 필요가 없거나' 혹은 소비와 사치만을 일삼았던 중·상층여성의 그것과는 근본적으로 다른 것이었다. 중·상층여성과 노동계급여성은 대조적인 계급코드로 규정되면서 19세기 소설들에서 '가냘프고 건강치 않은,' '정숙한,' '한가한' 숙녀의 모습 그리고 남성 못지 않은 노동을 하지만 '굶주리는,' '여성답지 못한,' 심지어 '타락한' 노동자의 모습으로 각각 그려졌다. 『엠마』와 같은 소설에서 결혼을 해야 할 경제적 필요성조차 느끼지 못하는 중상층여성 엠마의 한가한 삶은, 상향결혼을 통해서 경제적 문제를 해결하고자 하는 헤리엇 스미스, 생계를 해결하기 위해 직업교육을 받은 가정교사 제인 페어팩스, 그리고 19세기 노동계급여성의 자서전으로 유명한 해나 컬윅의 고달픈 삶과는 근본적으로 차별화 되었다.

계급적 타자로서 노동계급여성의 삶은 또한 중·상층여성과의 '관계'를 통해서도 살펴볼 수 있다. 19세기 산업화시대에 남성노동자와 고용주가 온정주의적인 전통적 관계에서 탈피해서 금전에 의한 새로운 계약관계를 가졌던데 비해서, 노동계급여성과 그들의 고용주와의 관계는 단순히 근대적인 계약관계로 규정될 수 없었다. 산업화 시대에 부상한 중류층들이 하인을 고용함으로써 자신들의 계급적 지위를 과시함에 따라서 19세기에는 시대착오적으로 하인의 수가 급증하였는데, 특히 노동의 기회가 남성보다 적은 여성들의 경우 하녀직은 여성의 보편적인 직종이 되었기 때문이다. 고용주와의 봉건적 관계를 전제하는 하녀직에 많은 여성들이 종사함으로써 이들 노동계급여성들은 고용주인 중·상층여성과 온정주의적 관계를 적어도 '피상적'으로는 유지할 수밖에 없었다. 그러나 '개인주의,' '합리주의'라는 당대의 시대정신, 그리고 경제구조의 변화는 이들 하녀들로 하여금 금전에 의한 새로운 고용관계에 눈뜨게 만들었다. 가령 실제 인물이었던 하녀 해나는 하녀로서의 위치를 지켜야 된다고 주입받았지만, 그녀는 자신에게 주어진 개인 시간을 더 이상 주인에게 할애하기를 거부함으로써 전통적 관계를 거부한다. 봉건적인 관계를 역설하는 주인의 말을 반박하고 자신의 의견을 주장하는 그녀의 모습에서는 개인주의와 합리주의라는 시대의 흐름을 따르려는 노동계급여성의 변화된 모습을 찾아보기에 충분하다. 중·상층여성과의 관계에서 노동계급여성들은 계급에 무관하게 그리고 개인성에 근거하여 자신의 정체성을 주장하기도 했지만, 남성노동자들의 계급의식이 노동운동을 통해서 발전될 수 있었던 반면 노동계급여성은 계급의식을 정립할 수 있는 공식적 통로를 갖지 못했다는 점에서 한계가 있었다.

노동계급여성의 의식을 살펴볼 때 흥미로운 사실은 이 여성들의 가치관에 영향을 미쳤던 것은 중류층의 가정이데올로기였다는 점이다. 가정이데올로기에 의해서 중·상층여성의 한가하고 사적인 삶이 이상적인 여성의 삶으로 각인됨으로써 노동계급여성은 '일'에 대한 자긍심보다는 일을 해야만 하는 상황을 수치스럽게 받아들였다. 가정이데올로기는 노동계급여성들로 하여금 한가하고 비생산적인 숙녀의 삶을 이상화하고 성취될 수 없는 이상에 대한 끊임없는 '욕망'을 일으켰다. 뿐만 아니라 여성의 성공을 일이 아닌 결혼에서 정의하는 가정이데올로기는 노동계급여성들로 하여금 일보다는 결혼을 통해서 계급상승의 꿈을 성취하도록 부추겼다. 남성들에 비해서 직업을 얻을 기회가 적었던 노동계급여성들은 일부 노동계급남성들처럼 기술직이나 사업 등을 통해서 사회적·경제적 성공을 이루기보다는 여성에게 허용된 유일한 계급상 승 수단인 결혼에 의지하지 않을 수 없었다.

　그러나 노동계급여성을 다룬 당대의 소설에서 간혹 언급된 계급상승 의 꿈은 당대사회에서 뿐만 아니라 문학에서조차 금기시 되는 것이었다. 개스켈의 소설 『메리 바튼』에서 공장주의 아들과의 결혼을 꿈꾸던 메리, 『루스』에서 귀족과의 만남을 지속하고자 했던 루스와 같은 여성들이 겪 는 좌절은 당대의 엄격한 계급이데올로기를 반영하는 것이었다. 이렇게 볼 때 가정교사 소설의 주인공 제인 에어의 성공적 결혼은 보기 드문 성공 사례이며, 이 소설은 '자신의 생계를 스스로 해결해야만 하는 여성' 이 자신의 계급을 대변하여 계급차별에 저항하고 이를 극복한 좋은 실 례를 남겼던 것처럼 보인다. 그러나 텍스트의 메시지를 "혁명적"인 것 으로 읽어내는 많은 비평들이 간과하고 있는 것은, 결혼을 통한 제인의 신분상승이 이미 '유산'을 받고 신분상승을 이룬 후에 이루어진 것이라 는 점이다. 제인의 성공신화는 사실상 지배이데올로기의 틀 내에서 행 해지는 지극히 보수적인 성격의 것이며, 노동계급여성의 입장을 대변한 다고 여겨졌던 제인 에어와 작가인 브론테의 내러티브 역시 그 혁명적 인 외관 속에 보수적 이데올로기를 내재하고 있다. 비록 텍스트는 계급 적/성적 차별을 겪었던 제인과 브론테가 갖는 저항 의식을 보여주지만 이것이 텍스트에서 일관성있게 유지되지 않는것은 바로 이런 이유에서 이다. 자신의 과거를 회고하는 제인과 이미 사회적·경제적 기반을 갖 춘 중상층작가로서 브론테는, 지배이데올로기를 수용함으로써 이전의 자신의 모습을 재평가하고 자신이 행했던 혁명적 발언들을 지워버리는 역할을 하고 있는 셈이다. 버지니아 울프도 강조하였듯이, 재현의 주체 는 자신이 속하지 않은 계급의 문제를 진정으로 재현할 수 없으며, 이런 점에서 가정교사였던 제인이 피지배층여성의 대변자로서 적절한 자격을 갖췄다고 여겨졌던 것이 사실이다. 그러나 제인과 브론테가 각각 성공적인 중산층 여주인과 작가로서 안착하여 노동계급여성의 문제에 접근하게 될 때 노동계급여성의 문제는 자신들의 문제가 아니라 '그들의' 문제로 남게 될 수 밖에 없었다.

계급이데올로기 외에도 노동계급여성의 억압의 수위를 측정하는 또 다른 기제로서 성이데올로기는 노동계급남성뿐만 아니라 중·상층남성과의 관계에서 이 여성들의 문제를 조명하게 한다. 노동계급여성들의 임금노동은 이들을 중·상층여성과 계급적으로 차별화시켰을 뿐만 아니라 중상층남성의 착취의 대상이 되게 만들었다는 점에서 주목된다. 중류층의 이데올로기인 가정이데올로기는 근본적으로 여성의 임금노동을 부정적으로 규정했음에도 불구하고 고용주들은 노동계급여성들의 각별한 사정을 고려해서 그들에게 생계노동 기회를 제공해야 한다고 이례적으로 주장하였다. 그렇지만 고용주들은 또 다시 남성들을 가족부양자로 규정하는 가정이데올로기를 내세우면서 남성들보다 여성들의 임금이 낮아야 된다는 것은 당연하다고 첨언한다. 말하자면, 고용주들은 노동계급여성을 고용하는 것은 여성들의 궁핍한 경제사정을 참작한 것이라고 하면서도 정작 이 빈곤한 여성들에게 남성노동자들이 받는 임금의 ½ 내지 ⅓만을 제공함으로써 자신들의 이기적 관행을 정당화시켰던 것이다.

이러한 고용주들의 행위는 단지 노동계급여성들의 착취에서 끝나지 않았다. 최대이윤을 목표로 하는 고용주들이 남성노동자를 저임금노동자인 여성노동자로 대체했던 관행은 점차 남성노동자의 노동권을 위협하게 됨으로써 보다 복잡한 이해관계를 낳았다. 임금삭감과 실업의 위기를 겪게 된 노동계급남성들은 차티스트운동을 통해서 여성노동자의 고용을 반대하였으며 경제권을 빼앗김으로써 상실한 자신들의 남성성을 회복하고자 하였다. 이리하여 고용주들의 이기적 고용관행은 여성노동자를 착취하는 것을 넘어서서 여성노동자와 남성노동자의 갈등을 야기시켰고, 여성노동자는 고용주뿐만 아니라 남성노동자와의 이해관계 속에서 보다 열악한 타자로 자리매김되었다.

여성의 노동은 고용주와 남성노동자의 이해관계에 따라서 규정되는 매우 불안정한 개념이 되었다. 남성노동자들은 비록 자신이 가족을 혼자서 부양할 수 없었고 아내의 경제적 공헌을 필요로 하였음에도 불구하고 여성의 노동을 가정의 행복을 해치는 바람직하지 못한 일로 간주하였다. 남성노동자들은 노동조합과 차티스트운동이라는 공식적인 통로를 통해서 자신들의 주장을 펼쳤으며, 아이러니하게도 자신들이 이룰 수 없었던 중류층의 가정이데올로기에 의해서 "가정성"(domesticity)이라는 수사학을 가다듬었다. 가정이데올로기에 의하면, 남성들은 경제의 주체로서 '일,' '공적'인 세계에 있어야 하며, 여성들은 집안을 관리하고 아이와 남편을 보살피기 위해서 '가정,' '사적'인 영역에 머물러야 했다. 가정이데올로기는 근본적으로 중류층이 새로운 정치·경제적 세력으로 등장하면서 자신들을 다른 계급과 차별화시키기 위해서 내세운 것이었으며 경제적으로 여유가 있는 중상층에 의해서나 실현될 수 있는 것이었다. 남성부양자의 임금만으로 아내와 아이들을 부양할 수 있다는 "남성부양자임금" 개념은 19세기 노동계급가정의 경제구조에서는 근본적으로 불가능한 개념이었으나, 남성노동자들은 아내를 가정에 안주시키고 성실하게 일하는 가장의 모습을 약속함으로써 가정 안팎에서 노동에 시달리는 노동계급여성의 지지를 유도하였다. 따라서 이들이 내세운 낭만적인 비전은 현실성이 없었으며 남성노동자들의 노동권을 확보하는 전략으로 전유되었다. 문학적 재현에서 나타나는 노동계급가정의 여성에 대한 자원배분의 불평등[1]이나 아내 폭력과 같은 예는 바로 이러

---

1) 산업화 시대의 남녀노동자의 권력관계를 보여주는 지표로 사용될 수 있는

한 노동계급남성의 수사학의 허위성을 증거하는 것이다.

이런 점에서 『메리 바튼』을 노동계급의 남성성을 주장한 차티스트의 텍스트로 읽어 낸 리사 서리지의 읽기는, 『제인 에어』의 텍스트가 성과 계급에 관한 보수적 이데올로기를 숨기고 있었듯이, 성적 보수성을 숨기고 있다는 점에서 문제 될 수 있다. 텍스트는 남성노동권과 가족부양 임금에 관한 존 바튼의 주장을 죽어가는 아들을 살려내려는 부성적 행위로 묘사하고 있다. 그러나 가족을 보살펴야 할 존이 자신을 부양하는 딸을 구타하고 이를 정당화하거나 가족의 희생을 담보로 온정주의의 화신이 되는 내러티브는, 서리지의 독법이 숨기고 있는 성적 타자로서의 노동계급여성의 문제를 증후적으로 보여준다. 존은 딸을 구타하고 나서 여성구타가 다시 일어나서는 안될 유감스런 일이라고 인정은 하지만 그 구타를 유도한 딸의 행위를 여전히 문제삼고 있으며 딸 역시 자신의 '잘못'을 회개함으로써 텍스트는 여전히 남성의 입장을 지지한다. 이는 노동계급가정에서 빈번히 일어나는 아내폭행과 같은 행위를 남성적 자존심을 지키기 위한 어쩔 수 없는 방편으로 정당화함으로써 노동계급여성을 성적 타자로 자리매김하고자 하는 텍스트의 음모이다. 따라서 이러한 노동계급남성의 텍스트에서 숨겨져 있는 성적타자인 여성의 목소리를 회복하는 것이야말로 바로 『메리 바튼』과 같은 텍스트에서 찾아내야 할 과제라고 할 수 있다.

것은 아내구타 문제뿐만 아니라 음식이나 용돈과 같은 자원의 배분이다. 노동계급가정에서 남성가장은 음식을 비롯해서 가장 많은 자원을 누린데 비해서 여성은 영양과 칼로리의 부족을 항상 겪었는데, 이것은 생활비를 버는 남성노동자의 노동을 가정경제에 필수적이라고 보고 여성의 노동을 평가절하 하는데서 비롯된다. 그러나 실업자인 남편에게조차도 용돈을 허용하는 사례는 불공평한 자원분배가 경제력에 대한 평가에서 비롯될 뿐만 아니라 근본적으로는 성이데올로기에 기반한 것임을 증거한다. Laura Oren, "The Welfare of Women in Laboring Families: England 1860-1950," *Feminist Studies* 1 (1973), p. 18. 그 밖에도 Ross, pp. 575-602를 참고할 것.

노동계급여성들은 계급적 차원에서뿐만 아니라 성적 차원에서 열등한 '타자'로 자리매김됨으로써 사실상 19세기의 권력관계에서 가장 열악한 위치를 차지하였다. 이런 점에서 노동계급여성에게 있어서 '손'은 상징하는 바가 크다. 여성노동자의 손은 계급적·성적 코드에 의해서 노동계급여성의 계급적·성적 타자성을 의미한다. 우선, 그들의 손은 더럽고 근육질이며 외적인 아름다움을 결여했다고 해서 조롱받고 무시된 계급적 타자의 손이다. '희고' '섬세한' 숙녀의 손과 대조되는 '거칠고' '더러운' 손은 노동계급여성의 계급적 위상의 결과물이자 이들의 소외되고 고단한 삶을 증거한다. 손의 의미는 또한 남성노동자와 비교해서 여성노동자의 성적 타자성을 보여주는 것이기도 하다. 남성노동자의 손은 가정이데올로기에 의해서 사회로부터 인정받은 공식적인 손이고 기술직을 독점하고 경제력을 상징하는 마이더스의 손인 반면, 여성노동자의 손은 인정받지 못하고 노동의 기회를 거부당한 비공식적인 손이다. 그들의 손은 남성노동자의 손이 닿기를 꺼리는 저임금 착취노동도 마다하지 않는 궁핍한 손이다.

그러나 이 여성들의 손은 부지런하고 강인하며, 희고 나약한 중·상층여성의 손과 달리 무언가를 생산해내고 '창조'할 수 있는 힘을 가지고 있다. 그들의 손은 더러움을 청결하게 변화시키며 음식을 만듦으로써 인간의 힘을 '재생산'해내며 산업화 시대의 경제에 기여한 '아름다운' 손이다. 여성노동자의 손은 가정을 보살피면서 가족의 생계비를 벌어왔으며 국가 경제에 기여했다는 점에서 이제까지 소외되고 거부당한 이들의 거칠고 검은 손은 진정한 가치를 재평가 받아야만 한다. 이것은 역사적 현실을 통해서 뿐만 아니라 문학적 재현에서도 마찬가지이다. 바로 이 점에서 이 책이 가지는 의의는 19세기 여성노동자를 역사적으로 재평가하고 이들 여성들의 존재를 소외시킨 문학적 재현으로부터도 이들의 존재와 이들이 가지는 의미를 되살리고자 하는 것이다.

참고문헌

■Primary Sources

Austen, Jane. *Emma*. New York: Norton, 1972.

______. *Mansfield Park*. Oxford & New York: Oxford UP, 1980.

Brontë, Charlotte. *Jane Eyre*. ed. Richard Dunn. New York: Norton, 1971.

Disraeli, Benjamin. *Sybil*. Hertfordshire: Wordsworth Classics, 1995.

Gakell, Elizabeth. *Mary Barton*. New York: Penguin Classics, 1996.

______. *Ruth*. New York: Penguin Classics, 1997.

______. *Cranford*. Oxford: Oxford UP, 1980.

Gissing, George. *The Odd Women*. New York: Penguin Classics, 1993.

Hardy, Thomas. *Jude the Obscure*, ed. Norman Page. New York: Norton, 1978.

Harkness, Margaret. *A City Girl: A Real Story*. New York & London: Garland Publishing, 1984.

Martineau, Harriet. *Illustrations of Political Economy: A Manchester Strike*. London: Charles Fox, 1832.

Thackeray, William. *Vanity Fair*. New York: Penguin Books, 1978.

Tonna, Charlotte Elizabeth. *Helen Fleetwood*. in *The Works of Charlotte Elizabeth*. Vol II. New York: M. W. Dodd, 1845. 43-184.

______. *The Wrongs of Women*. in *The Works of Charlotte Elizabeth*. Vol III. New York: M. W. Dodd, 1845. 397-502.

■ Secondary Sources

Abrams, M. H. et al., eds. *The Norton Anthology of English Literature*. New York & London: Norton, 2000.

Acorn, George (pseud.). *One of the Multitude: An Autobiography by a Resident of Bethnal Green*. London: William Heinemann, 1911.

Anderson, Gregory, ed. *The White-Blouse Revolution: Female Office Workers Since 1870*. Manchester & New York: Manchester UP, 1988.

Anonymous, "Women and the Social System." *Fraser's Magazine* 21 (1840): 689-702.

__________. "The Female Character." *Fraser's Magazine* 7 (1833): 591-601.

__________. "The Changing Status of Women." *The Westminster Review* 128 (1887): 818-828.

__________. "The Emancipation of Women." *The Westminster Review* 128 (1887): 165-173.

__________. "Social Position of Governess." *Fraser's Magazine* 37 (1848): 411-414.

__________. "The Subjection of Women." *The Westminster Review* 93 (1870): 63-89.

__________. "The Capacities of Women." *The Westminster Review* 84 (1865): 352-380.

__________. "The Capabilities and Disabilities of Women." *The Westminster Review* 67 (1857): 23-40.

__________. *My Secret Life*. New York: Grove Press, 1966.

Avineri, Shlomo. *The Social and Political Thought of Karl Marx*. London: Cambridge UP, 1971.

Aytonn, W. E. "The Rights of Woman." *Blackwood's Magazine* 92 (1862): 183-201.

Barker, Leonard Diana & Sheila Allen, eds. *Dependence and*

Exploitation in Work and Marriage. London: Longman, 1976.

Barrett, Michele. *Women's Oppression Today.* New York: Verso, 1980.

Benenson, Harold. "Victorian Sexual Ideology and Marx's Theory of the Working Class." *International Labor and Working Class History* 25 (Spring 1984): 1–23.

Berg, Maxine. *The Age of Manufactures: Industry, Innovation and Work in Britain 1700–1820.* Totowa, New Jersey: Barnes & Noble Books, 1985.

Boumelha, Penny. *Thomas Hardy and Women: Sexual Ideology and Narrative Form.* Madison: Wisconsin UP, 1985.

Bout, Michael. *Following in Father's Footsteps.* Cambridge: Harvard UP, 1989.

Carlyle, Thomas. *Chartism.* London: Chapman & Hall, 1858.

Chapple, J. A. V. & Arthur Pollard, eds. *Letters of Mrs. Gaskell.* Manchester: Manchester UP, 1966.

Clark, Alice. *Working Life of Women in the Seventeenth Century.* London, Boston & Henley: Routledge & Kegan Paul, 1982 [1919].

Clark, Anna. *The Struggle for the Breeches: Gender and Making of the British Working Class.* Berkeley & Los Angeles: California UP, 1995.

Clements, Patircia, ed. *Virginia Woolf: New Critical Essays.* Totowa, New Jersey: Barnes & Noble, 1983.

Cobbe, Frances Power. "The Little Health of Ladies." *Contemporary Review* 31 (1878): 276–296.

Coyle, Angela. "The Protection Racket?" *Feminist Review* 4 (1980): 1–14.

Davidoff, Leonore. *Worlds Between: Historical Perspectives on Gender & Class.* Cambridge: Polity Press, 1995.

______. "Class and Gender in Victorian England: The Diaries of Arthur J. Munby and Hannah Cullwick." *Feminist Studies* 5. 1 (1979):

87-141 .

______. "Mastered For Life: Servant and Wife in Victorian and Edwardian England." *Journal of Social History* 7. 4 Summer (1974): 406-428.

______. "The Rationalization of Housework." *Dependence and Exploitation in Work and Marriage,* eds. Diana Leonard Barker & Sheila Allen. London: Longman. 1976. 121-151.

Davidoff, Leonore and Catherine Hall. *Family Fortunes: Men and Women of the English Middle Class, 1780-1850.* Chicago: Chicago UP, 1987.

Davies, Margaret Llewelyn, ed. *Life as We Have Known It.* New York: Norton, 1975.

Easson, Angus, ed. *Elizabeth Gaskell: the Critical Heritage.* London & New York: Routledge, 1991.

Eisenstein, Zillah R. *The Radical Future of Liberal Feminism.* Longman: New York & London, 1981.

Elliott, Dorice Williams. "Servants and Hands: Representing the Working Classes in Victorian Factory Novels." *Victorian Literature and Culture* 28. 2 (2000): 377-390.

Engels, Frederic. *The Condition of the Working-Class in England.* Stanford: Stanford UP, 1968.

______. "The Origin of the Family, Private Property, and the State." *The Marx-Engels Reader,* ed. Robert C. Tucker. New York: Norton, 1978. 734-759.

Fasick, Laura. *Vessels of Meaning: Women's Bodies, Gender Norms, and Class Bias from Richardson to Lawrence.* Illinois: Northern Illinois UP, 1997.

Figes, E. *Patriarchal Attitude.* London: Faber & Faber, 1970.

Finch, Janet. *Married to the Job: Wives' Incorporation in Men's Work.* London & Boston: G. Allen & Unwin, 1983.

Gaskell, Elizabeth. *The Life of Charlotte Brontë,* ed. Angus Easson.

Oxford and New York: Oxford UP, 1996.

Gilbert, Sandra M. & Susan Gubar. *The Madwoman in the Attic*. New Haven: Yale UP, 1984.

Gillis, John R. "Servants, Sexual Relations, and the Risks of all Illegitimacy in London, 1801-1900." *Feminist Studies*. 5. 1 (1979): 142-173.

Hall, Catherine. "The Early Formation of Victorian Domestic Ideology." *Fit Work for Women*, ed. Sandra Burman. New York: St. Martin's Press, 1979. 15-32.

Hammerton, A. James. "Feminism and Female Emigration, 1861-1886." *A Widening Sphere: Changing Roles of Victorian Women*, ed. Martha Vicinus. Bloomington: Indiana UP, 1977. 52-71.

Hanson, J. L. *A Dictionary of Economics and Commerce*. London: Macdonald & Evans, 1974.

Harrison, J. F. C. "The Victorian Gospel of Success." *Victorian Studies* 1 (December 1957): 155-164.

Heather-Bigg, Ada. "The Wife's Contribution to the Family Income." *Economic Journal* 4 (1894): 51-58.

Hellerstein, Erna Olafso, et al., eds. *Victorian Women: A Documentary Account of Women's Lives in Nineteenth-Century England, France, and the United States*. Stanford: Stanford UP, 1981.

Helsinger, Elizabeth K. & Robin Lauterbach Sheets & William Veeder. *The Woman Question: Society and Literature in Britain and America, 1837-1883*. Vol I -Ⅲ. New York & London: Garland Publishing Inc., 1983.

Hennessy, Rosemary & Chrys Ingraham, eds. *Materialist Feminism*. New York & London: Routledge, 1997.

Higonnet, Margaret R., ed. *The Sense of Sex: Feminist Perspectives on Hardy*. Urbana: Illinois UP, 1993.

Hirsch, Marianne & Evelyn Fox Keller. *Conflicts in Feminism*. New York & London: Routledge, 1990.

Hobsbawm, Eric. *Labouring Men: Studies in the History of Labour*. New York: Basic Books, 1964.

Humphries, Jane. "The Working Class Family: A Marxist Perspective." *The Family in Political Thought*, ed. Jean Bethke Elshtain. Amherst: Massachusetts UP, 1982. 197–222.

Hutton, Diane. "Women in Fourteenth Century Shrewsbury." *Women and Work in Pre-Industrial England*, eds. Lindsey Charles & Lorna Duffin. London: Croom Helm, 1985. 83–99.

Ingham, Patricia. "The Evolution of *Jude the Obscure*." *Review of English Studies* 27 (1976): 27–37.

______. *Language of Gender and Class*. London & New York: Routledge, 1996.

Jameson, A. B. M. *Sisters of Charity, Catholic and Protestant And The Communion of Labor*. Boston: Ticknor & Fields, 1857.

Jenkins, Carol. "The Major Silence: Autobiographies of Working Women in the Nineteenth Century." *Writing and Victorianism*, ed. J.B. Bullen. London and New York: Longman, 1997. 38–53.

Jones, Gareth Stedman. *Outcast London: A Study in the Relationship Between Classes in Victorian Society*. Harmondsworth: Penguin, 1976.

Kanner, S. Barbara. "The Women of England in a Century of Social Change, 1815–1914." *Suffer and Be Still*, ed. Martha Vicinus. Bloomington: Indiana UP, 1972. 173–206.

Katz, Claudio J. *From Feudalism to Capitalism: Marxian Theories of Class Struggle and Social Change*. New York: Greenwood Press, 1989.

Keohane, Nannerl O., et al., eds. *Feminist Theory: A Critique of Ideology*. Chicago: Chicago UP, 1982.

Lansbury, Coral. *Elizabeth Gaskell: The Novel of Social Crisis*. London: Elek Books, 1975.

Lawler, Steph. " 'Getting Out and Getting Away': Women's Narratives of Class Mobility." *Feminist Review* 63 (1999): 3-24.

Lecaros, Cecilia Wadsö. *The Victorian Governess Novel.* Lund: Lund UP, 2001.

Lewis, Jane. *Women in England 1870-1950: Sexual Divisions & Social Change.* Bloomington: Indiana UP, 1984.

Lown, Judy. *Women and Industrialization: Gender at Work in Nineteenth-Century England.* Minneapolis: Minnesota UP, 1990.

Ludlow, J. F. "Ruth: A Novel." *North British Review* 19 (1853): 151-174.

Macherey, Pierre. *A Theory of Literary Production.* Trans. Geoffrey Wall. London: Routledge, 1978.

MacKinnon, Catharine A. "Feminism, Marxism, Method, and the State: An Agenda for Theory." *Feminist Theory: A Critique of Ideology*, et al eds. Nannerl O. Keohane. Chicago: Chicago UP, 1982. 1-30.

Medick, Hans. "Proto-industrial Family Economy: the structural function of household and family during the transition from peasant society to industrial capitalism." *Social History* 3 (1976): 291-315.

Middleton, Chris. "The Familiar Fate of the *Famulae*: Gender Divisions in the History of Wage Labour." *On Work: historical, comparative and theoretical approaches*, ed. Raymond E. Pahl. Oxford: Basil Blackwell, 1988. 21-47.

Miles, Andrew. *Social Mobility in Nineteenth- and Early Twentieth-Century England.* London: Macmillan Press, 1999.

Mill, John Stuart. "The Subjection of Women." *Essays on Sex Equality*, ed. Alice S. Rossi. Chicago: Chicago UP, 1970. 123-242.

Millett, Kate. "The Debate over Women: Ruskin vs. Mill." *Suffer and Be Still: Women in the Victorian Age.* Bloomington: Indiana UP, 1972. 121-139.

______. *Sexual Politics.* New York: Doubleday & Company, 1970.

Neff, Wanda Fraiken. *Victorian Working Women: An Historical and*

Literary Study of Women in British Industries and Professions 1832-1850. New York: Columbia UP, 1929.

Oliphant, M. "Mill on the Subjection of Women." *Edinburgh Review* 130 (1869): 291-307.

______. "The Condition of Women." *Blackwood's Magazine* 83 (1858): 139-154.

Oren, Laura. "The Welfare of Women in Laboring Families: England 1860-1950." *Feminist Studies* 1 (1973): 107-121.

Owen, David. *English Philanthropy 1660-1960*. Massachusetts: Belknap Press of Harvard UP, 1964.

Packe, Michael S John. *The Life of John Stuart Mill*. New York: Capricorn Books, 1854.

Parker, Pamela Corpron. "Fictional Philanthropy in Elizabeth Gaskell's *Mary Barton* and *North and South*." *Victorian Literature and Culture* 25 (1997): 321-331.

Perkin, Joan. *Victorian Women*. New York: New York UP, 1995.

Phillips, Anne & Barbara Taylor. "Sex and Skill: Notes towards a Feminist Economics." *Feminist Review* 6 (1980): 79-88.

Pinchbeck, Ivy. *Women Workers and the Industrial Revolution 1750-1850*. London: Virago Press, 1981.

Poovey, Mary. *Uneven Developments: the Ideological Work of Gender in Mid-Victorian England*. Chicago: Chicago UP, 1988.

Rigby, Elizabeth. "An Anti-Christian Composition." *Jane Eyre*, ed. Richard J. Dunn. New York: Norton, 1971. 449-453.

Robbins, Bruce. *The Servant's Hand: English Fiction from Below*. Durham and London: Duke UP, 1993.

Roberts, Elizabeth. *A Woman's Place: An Oral History of Working-Class Women, 1890-1940*. Oxford: Basil Blackwell, 1984.

Rose, Sonya O. *Limited Livelihoods: Gender and Class in Nineteenth-Century England*. Berkeley: California UP, 1992.

______. " 'Gender at Work': Sex, Class, and Industrial Capitalism."

History Workshop Journal 21 (1986): 113-131.

Ross, Ellen. "'Fierce Question and Taunts': Married Life in Working-Class London, 1870-1914." *Feminist Studies* 8. 3 (Fall 1982): 575-602.

Rossi, Alice S., ed. *Essays on Sex Equality: John Stuart Mill & Harriet Taylor Mill*. Chicago: Chicago UP, 1970.

Rubenius, Aina. *The Woman Question in Mrs. Gaskell's Life and Works*. New York: Russell & Russell, 1973.

Ruether, Rosemary. "Misogynism and Virginal Feminism in the Fathers of the Church." *Religion and Sexism: Images of Women in the Jewish and Christian Tradition*, ed. R. Ruether. New York: Simon & Schuster, 1974. 150-183.

Schwarzkopf, Jutta. *Women in the Chartist Movement*. New York: St. Martin's Press, 1991.

Sen, Gita. "The Sexual Division of Labor and the Working- class Family." *The Review of Radical Political Economics* 12. 2 (Sum, 1980): 76-86.

Sewell, William H. *Structure and Mobility: The Men and Women of Marseille, 1820-1870*. Cambridge: Cambridge UP, 1985.

Shanley, Mary Lyndon. *Feminism, Marriage, and the Law in Victorian England, 1850-1895*. Princeton: Princeton UP, 1989.

Showalter, Elaine. *A Literature of Their Own: British Women Novelists from Brontë to Lessing*. Princeton: Princeton UP, 1999.

Shuttleworth, Sally. "*Jane Eyre*: 'lurid hieroglyphics.'" *Charlotte Brontë and Victorian Psychology*. Cambridge & New York: Cambridge UP, 1977. 148-182.

Simpson, Anne B. "Sue Bridehead Revisited." *Victorian Literature and Culture* 19 (1991): 55-66.

Skeggs, Beverley. *Formations of Class and Gender: Becoming Respectable*. London: Sage Publications, 1997.

Smelser, Neil. *Social Change in the Industrial Revolution.* Chicago: Chicago UP, 1959.

Spivak, Gayatri C. "Can the Subaltern Speak?" *Marxism and the Interpretation of Culture,* ed. Cary Nelson and Lawrence Grossberg. London: Macmillan, 1988. 271–313.

Stanley, Liz, ed. *The Diaries of Hannah Cullwick, Victorian Maidservant.* New Brunswick: Rutgers UP, 1984.

Stoneman, Patsy. *Elizabeth Gaskell.* Bloomington: Indiana UP, 1987.

Surridge, Lisa. "Working–Class Masculinities in *Mary Barton.*" *Victorian Literature and Culture* 28. 2 (2000): 331–343.

Taylor, Barbara. *Eve and the New Jerusalem: Socialism and Feminism in the Nineteenth Century.* New York: Pantheon, 1983.

______. " 'The Men Are as Bad as Their Masters': Socialism, Feminism, and Sexual Antagonism in the London Tailoring Trade in the Early 1830s." *Feminist Studies* 5. 1 (Spring 1979): 7–40.

Tholfsen, Trygve R. *Working Class Radicalism in Mid–Victorian England.* New York: Columbia UP, 1977.

Thomas, Janet. "Women and Capitalism: Oppression or Emancipation? A Review Article." *Comparative Studies in Society and History* 30. 3 (1988): 534–549.

Tomes, Nancy. "A 'Torrent of Abuse': Crimes of Violence between Working–Class Men and Women in London, 1840–1875." *Journal of Social History* 11. 3 (1978): 328–345.

Tong, Rosemarie. *Feminist Thought: A Comprehensive Introduction.* Boulder: Westview Press, 1988.

Tucker, Robert C. ed. *The Marx–Engels Reader.* New York: Norton, 1978.

Valverde, Mariana. "The Love of Finery: Fashion and the Fallen Woman in Nineteenth–Century Social Discourse." *Victorian Studies* 32. 2 (1989): 169–188.

Vicinus, Martha. ed. *Suffer and Be Still*. Bloomington: Indiana UP, 1972.

______, ed. *A Widening Sphere: Changing Roles of Victorian Women*. Bloomington: Indiana UP, 1977.

Vincent, David. *Bread, Knowledge and Freedom: A Study of Nineteenth-Century Working Class Autobiography*. London: The Gresham Press, 1981.

Walkowitz, Judith. "The Making of an Outcast Group: Prostitutes and Working Women in Nineteenth-Century Plymouth and Southampton." *A Widening Sphere: Changing Roles of Victorian Women*, ed. Martha Vicinus. Bloomington: Indiana UP, 1977. 72-93.

Widdowson, Frances. *Going Up Into the Next Class: Women and Elementary Teacher Training 1840-1914*. London: Hutchinson, 1983.

Wollstonecraft, Mary. *Mary, A Fiction and The Wrongs of Woman*. London: Oxford UP, 1976.

______. *A Vindication of the Rights of Women*, ed. Charles Hagelman Jr. New York: Norton, 1967.

Wright, Terence. *Elizabeth Gaskell, "We are not angels" : realism, gender, values*. London: Macmillan Press, 1995.

Wrigley, ?. "A Plate-Layer's Wife." *Life as We Have Known It*, ed. Margaret Llewelyn Davies. New York: Norton, 1975. 56-66.

■ Illustration

Appelbaum, Stanley & Richard Kelly, eds. *Great Drawings and Illustrations from Punch 1841-1901*. New York: Dover Publications, 1981.

Lemon, M. ed. Punch or The London Charivari XV (1848): 101.

· 저자 ·

정 미 경   저자는 연세대학교 영문학과에서 학부와 석사·박사학위를 마치고 현재
는 인디애나 대학교에서 포스트닥터과정을 밟고 있다. 저자의 관심분야
는 19세기 영국소설과 에세이, 사회학, 역사학, 페미니즘, 계급이론 등이
며 주요논문으로는, "환타지, 과학, 『드라큘라』의 성담론"(한국영어영문
학회 52.3); "『메리 바튼』에 나타난 차티스트담론과 노동계급여성의 문
제"(한국영어영문학회 50.2); "19세기 영소설과 역사 속에 나타난 여성
노동자와 신데렐라의 꿈"(19세기 영어권 문학회 8.1); "『제인 에어』에
나타난 빅토리아조의 성/계급 이데올로기"(한국영어영문학회 46.1);
"『각성』에 나타난 타자해방의 문제"(안과밖, 7) 등이 있다.

주목받지 못한 존재
19세기 영국 노동계급여성의 삶과 재현

· 초판 인쇄	2007년 6월 12일
· 초판 발행	2007년 6월 12일
· 지 은 이	정미경
· 펴 낸 이	채종준
· 펴 낸 곳	한국학술정보㈜
	경기도 파주시 교하읍 문발리 526-2
	파주출판문화정보산업단지
	전화 031) 908-3181(대표)·팩스 031) 908-3189
	홈페이지 http://www.kstudy.com
	e-mail(출판사업부) publish@kstudy.com
· 등 록	제일산-115호(2000. 6. 19)
· 가 격	27,000원

ISBN   978-89-534-4468-3 93740 (Paper Book)
        978-89-534-4469-0 98740 (e-Book)